《그리스도인의 생각 사용법》은 마음의 혼란을 겪고 있는 모든 이를 위한 강력한 안내자이다. 카일 아이들먼은 성경과 개인적인 경험, 실천적인 전략들을 솜씨 좋게 하나로 버무려 내, 독자들이 자신의 생각을 사로잡아 진정한 변화를 경험하도록 돕는다. 정신적인 견고한 진을 무너뜨리고 싶다면 이 책이 답이다.

— **크레이그 그로쉘**
라이프교회(Life. Church) 담임목사

생각이 바뀌면 삶이 바뀐다. 《그리스도인의 생각 사용법》에서 카일 아이들먼은 실용적인 지혜를 성경적 계시와 하나로 엮으면서 실생활에 적용까지 하는 작업을 완벽에 가깝게 해낸다. 이 책을 읽는 내내 중요한 문장에 밑줄을 긋고, 다른 이들에게 권해 줄 페이지를 표시해 두었다. 이 책은 당신의 삶을 바꿔 놓을 것이다. 나아가, 당신이 이 책을 건네 준 이들의 삶도 변화시킬 것이다.

— **캘리 발라리**
Take Every Thought Captive(모든 생각을 사로잡으라) 저자, 강사

부정적인 생각의 소용돌이에 갇히면 삶이 고단하다. 카일 아이들먼은 이 점을 너무도 잘 안다. 동시에 그는 옳은 생각의 힘이 모든 것을 바꿔 놓을 수 있다는 점도 안다. 성경적인 지혜와 오랜 세월의 경험이 농축된 이 책은 마음을 새롭게 하고, "위의 것을 생각"(골 3:2)하는 법을 보여 준다.

— **마크 배터슨**
내셔널커뮤니티교회(National Community Church) 담임목사

이 책은 내가 카일 아이들먼의 글이라면 무조건 읽는 이유를
제대로 보여 준다. 참신하고, 실용적이며, 스스로를 돌아보게
한다. 또한 용기와 도전을 준다. 성경적인 원칙들을 내 삶에
적용하면 더 나은 사람이 될 수 있다. 카일 아이들먼은
내가 그렇게 하도록 도와준다. 이 책을 읽고 발견과 변화의
여정에서 그를 안내자로 삼으라. 마음을 새롭게 하여 인생
변화를 경험하라!

— **리 스트로벨**
《예수는 역사다》 저자

오늘날 우리는 '우리가 보고 듣는 것'의 영적 중요성을
간과하는 듯하다. 이 책은 우리가 마음에 무엇을 들일지
선택할 자유와 책임이 있으며, 그런 선택이 우리가 무엇을
어떻게 믿을지에 영향을 미친다는 사실을 일깨우는 반가운
메시지이다. 물론 생각을 사로잡는 것이 말처럼 쉽지는 않지만
《그리스도인의 생각 사용법》은 그것을 어떻게 시작할지를
알려 주는 훌륭한 실용적 지침서이다.

— **저스틴 휘트멀 얼리**
비즈니스 변호사,《크리스천 일상 정리법》저자

나는 영적인 깊이와 뛰어난 가독성에 친근함까지 겸비한
작가로서의 카일 아이들먼의 스타일을 정말 좋아한다. 특히 이
책은 우리가 살면서 쓸 수 있는 가장 중요한 자원, 곧 '온전한
주의 집중'의 핵심을 정확히 짚어 낸다. 그가 이 주제로 글을
써 주어 정말 고맙다.

— **브랜트 핸슨**
라디오 진행자,
Unoffendable(화나게 할 수 없는 사람) 저자

우리의 감정이 마음속의 불에서 피어오르는 연기와 같다는 말을 들은 적이 있다. 집에서 연기가 나면 연기 자체만 봐서는 안 된다. 불을 찾아야 한다. 카일 아이들먼은 정말 필요한 일은 영혼 깊은 곳에서 복음을 만나는 것인데도 너무도 많은 사람이 행동 교정으로 삶 속의 '연기'만 잡으려 한다고 주장한다. 이 책은 당신에게 더없이 큰 도움이 될 것이다. 카일 아이들먼은 우리 세대 최고의 이야기꾼 중 한 명이다. 통찰력, 공감하고 격려하는 능력, 신중함까지 고루 다 갖추었다.

— **J. D. 그리어**
써밋교회(The Summit Church) 담임목사

우리는 성장하고, 변화하고, 낡은 습관을 끊고, 관계를 개선하고, 그리스도를 닮아 가기 위한 노력을 '잘못된 지점'에서 시작할 때가 너무도 많다. 물론 좋은 의도와 의지력도 중요하지만, 카일 아이들먼은 무엇보다 진짜 변화가 이루어지는 근원으로 우리를 안내한다. 그 근원은 바로 우리의 생각이다. 카일 특유의 진솔하고 섬세한 문체로, 생각을 바꿈으로써 삶이 달라지는 성경적이고 실천적인 여행으로 우리를 이끈다.

— **칩 잉그램**
리빙온디엣지(Living on the Edge) 대표, 설교 목사

Every Thought Captive

Copyright © 2025 by Kyle Idleman
Originally published in English by HarperCollins Christian Publishing, Inc.,
Nashville, TN, U.S.A.
All rights reserved.

This Korean translation edition © 2025 by Duranno Ministry, Seoul, Republic of Korea
Published by arrangement with HarperCollins Christian Publishing, Inc.
through rMaeng2, Seoul, Republic of Korea

이 한국어판의 저작권은 알맹2를 통하여 HarperCollins Christian Publishing, Inc.와
독점 계약한 두란노서원에 있습니다.
신 저작권법에 의하여 한국 내에서 보호받는 저작물이므로 무단 전재와 무단 복제를 금합니다.

그리스도인의 생각 사용법

지은이 | 카일 아이들먼
옮긴이 | 정성묵
초판 발행 | 2025. 8. 13.
3쇄 발행 | 2025. 9. 9.
등록번호 | 제1988-000080호
등록된 곳 | 서울특별시 용산구 서빙고로65길 38
발행처 | 사단법인 두란노서원
영업부 | 02)2078-3333 FAX | 080-749-3705
출판부 | 02)2078-3230

책값은 뒤표지에 있습니다.
ISBN 978-89-531-5144-4 03230

독자의 의견을 기다립니다.
tpress@duranno.com   www.duranno.com

두란노서원은 바울 사도가 3차 전도 여행 때 에베소에서 성령 받은 제자들을 따로 세워 하나님의 말씀으로 양육
하던 장소입니다. 사도행전 19장 8-20절의 정신에 따라 첫째 목회자를 돕는 사역과 평신도를 훈련시키는 사역,
둘째 세계선교™와 문서선교단행본·잡지 사역, 셋째 예수문화 및 경배와 찬양 사역, 그리고 가정·상담 사역 등을 감
당하고 있습니다. 1980년 12월 22일에 창립된 두란노서원은 주님 오실 때까지 이 사역들을 계속할 것입니다.

그리스도인의
생각 사용법

모든 생각을 사로잡아 그리스도께

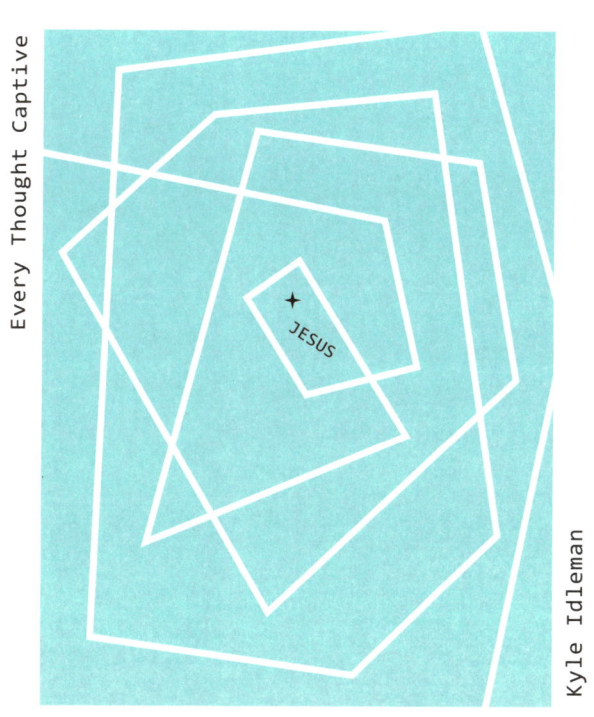

카일 아이들먼 지음

두란노

사랑하는 나의 아들과 사위들에게.

가장 큰 싸움은 마음 깊은 곳에서 벌어지며,
아무도 보지 않는 순간에
가장 고귀한 승리가 이루어진다는 것을
너희는 잘 알고 있구나.

모든 생각을 사로잡아 예수님께 내어 드릴 때
진정한 힘이 솟아난다는 것을 배운 너희에게서,
나는 가장 용기 있는 항복을 본단다.

≈ Contents ≈

프롤로그.
비켜 갈 수 없는 모두의 씨름 / 11

Part 1 ·

삶을 지휘하는 생각의 힘

▸• 인생, 마음의 틀에 따라 나온다

01 보이지 않는 틀이 지금도 삶을 빚어낸다 / 21

02 알게 모르게 견고한 진을 쌓아 가다 / 45

03 '내가 자주 보고 듣는 것'은 힘이 세다 / 67

Part 2

이 시대를 휘어잡은 다섯 가지 생각 패턴
▸• 세상이 밀어 넣은 틀에서 빠져나올 용기

04 불안의 패턴 깨기 ╱ 97
　　내 안의 비판자를 잠재우고, 그리스도 안에서 자유하다

05 주의 산만의 패턴 깨기 ╱ 119
　　정신없는 삶을 멈추고, 집중의 기쁨을 회복하다

06 분노의 패턴 깨기 ╱ 147
　　쉽게 발끈하는 마음을 다스리고, 용서로 평화를 누리다

07 쾌락의 패턴 깨기 ╱ 175
　　덧없는 만족을 버리고, 영원한 가치를 추구하다

08 절망의 패턴 깨기 ╱ 201
　　왜곡된 생각의 굴레를 끊고, 기도로 돌파하다

Part 3.

그리스도인의 생각 사용법

▸• '마음의 창조주'를 힘입어 일상을 온전하게

09 작전명: 모든 생각을 사로잡아 그리스도께 /231

10 선명한 생각 필터로, 하늘의 시각을 키우다 /255

11 말씀 선포로, 내 안의 거짓을 깨부수다 /287

12 아침을 주도해, 하루의 방향을 정하다 /311

13 모든 순간, 영원을 생각하며 살아가다 /335

부록.
생각 일기 쓰는 법 /361

주. /366

프롤로그

[비켜 갈 수 없는 모두의 씨름]

오랜 세월 동안 나는 변화를 절실히 원하는 수많은 사람들과 동행했다. 그들의 이야기는 저마다 다르고 독특했지만, 좌절과 낙심이라는 공통점이 있었다. 그중 세 가지 사례만 소개해 보겠다.

젊은 직장인인 재크는 극심한 불안 탓에 직장 생활을 제대로 이어 나가지 못할 지경이다. 수년간 치료를 받고 자기 계발서도 읽어 봤지만, 폭주하는 생각과 최악의 시나리오에 갇혀 영 헤어 나오지 못한다.

몇 달간 중독을 이겨 낸 마크는 다시 무너질까 봐 늘 노심초사한다. 실제로 그는 몇 번이나 같은 유혹에 넘어갔다. 그래서 이번만큼은 다르기를 간절히 바라고 있다. 그의 마음이 마치 자신을 상대로 전쟁을 벌이는 것과도 같은 형국이다. 마음이 지난 실패의 기억을 계속해서 상기시키며 어차피 가망 없는 인생이니 그냥 예전의 패턴으로 돌아가라고 유혹하기 때문이다.

세 아이의 엄마인 헬렌은 분노 문제로 가정이 파탄 날 지경이다. 그녀는 자기 엄마와는 다른 삶을 살겠다고 굳게 다짐했지만, 악순환의 고리를 좀처럼 끊지 못한다. 그녀는 말과 행동을 지배하는 감정의 폭풍 앞에서 지독한 무기력감을 느낀다.

이런 이야기는 인류 공통의 문제를 보여 준다. 모든 사람이 자기 마음과 전쟁 중이다. 우리의 생각이 마치 별도의 의지를 가진 것처럼 우리로 하여금 원치 않는 행동을 하고 원치 않는 사람이 되게 한다. 즉 이러한 내면의 씨름은 우리 모두의 이야기이다.

이 내면의 전쟁은 분명 실재하지만 새로운 현상은 아니다. 약

2,000년 전에 사도 바울도 이렇게 기록했다. "하나님 아는 것을 대적하여 높아진 것을 다 무너뜨리고 모든 생각을 사로잡아 그리스도에게 복종하게 하니."^{고후 10:5} 지나치게 많은 정보가 우리의 정신을 흐트러뜨리는 현대 사회에서 이 고대의 지혜는 그 어느 때보다도 중요하며, 동시에 이를 적용하기가 더욱 어려워졌다.

그래서 이 책을 썼다. 수년간 목회 상담을 하고, 성경을 깊이 탐독하며, 개인적인 여정을 거친 끝에, 나는 근본적인 변화의 열쇠는 행동 교정이나 의지력이 아니라는 결론을 내렸다. 그것만으로는 부족하다. 무엇보다 우리는 생각을 사로잡는 법을 배워야 한다. 정말 중요한 사안이다. 생각은 우리의 감정을 일으키고, 행동을 이끌며, 궁극적으로 삶의 방향을 결정하기 때문이다. 잘못된 생각을 방치하면 그것이 우리를 파멸의 길로 이끈다. 파멸까지는 아니더라도 최소한, 정체되거나 평범한 삶에 머물 수밖에 없다. 하지만 우리가 마음의 힘을 활용하고 생각을 하나님의 진리에 맞추면, 깊은 변화와 풍성한 삶의 문이 열린다.

특히 흥미로운 대목은 성경이 수천 년 동안 가르쳐 온 것을 이제 현대 신경과학이 증명하고 있다는 사실이다. 수 세기 동안 인간은 뇌를 고정되어 있어 변하지 않는 신체 기관으로 여겼다. 하지만 최근 연구는 이 오해를 바로잡고, 신경가소성^{neuroplasticity}이라는 뇌의 놀라운 변화 능력을 밝혀냈다. 이러한 과학적 발견은 마음을 새롭게 해야 한다는 성경 로마서 12장 2절의 가르침과 완벽히 일치한다. "너희는 이 세대를 본받지 말고 오직 마음^{mind, NIV}을 새롭게 함으로 변화를 받아."

성경의 지혜와 신경과학적 발견이 만나는 이 지점에서 우리는 개인적인 변화를 위한 새로운 소망과 실용적인 전략을 얻을 수 있다. 생각을 사로잡는 이 여정을 시작하는 것은 단순히 책을 읽거나 영적 훈련에 참여하는 것을 넘어선다. 이는 곧 우리 뇌의 물리적 구조 자체를 적극적으로 재형성하는 과정이다.

앞으로 우리는 성경적 토대 위에 굳건히 서 있고 과학적으로도 입증된 다음 전략들을 살펴볼 것이다.

* 해로운 생각 패턴 식별하기
* 부정적인 정신적 고리 끊기
* 거짓을 진리로 대체하기
* 신경가소성의 힘을 활용해 지속적인 변화 이루기
* 건강한 생각 패턴 강화를 위한 실용적 일상 습관 실천하기
* 생각, 감정, 육체적 안녕 사이에 작용하는 초자연적인 연결 활용하기
* 참된 평안과 기쁨, 목적으로 이끄는 마음가짐 기르기

이 책은 또 한 권의 자기 계발서가 아니다. 마음을 근본적으로 재구성하여 삶의 모든 측면을 변화시킬 힘을 지닌 초대장이다. 우리의 마음은 우리 삶의 모든 측면을 변화시킬 힘을 지니고 있다. 재크처럼 불안과 싸우고 있든, 마크처럼 중독과 씨름하고 있든, 헬렌

처럼 분노라는 어려움을 겪고 있든, 혹은 다른 어떤 정신적 견고한 진을 마주하고 있든, 이 책은 성경의 지혜와 성령의 능력에 의지하여 자유로 가는 로드맵을 제시한다.

로마서 12장 2절에 근거하여 한 가지 약속한다. 이 책에서 설명하는 원칙과 습관들을 꾸준히 따른다면, 당신은 새로운 마음과 변화된 삶을 경험하게 될 것이다. 인생의 상황에 단순히 반응하는 것이 아니라, 의도적인 사고의 힘으로 당신의 현실을 주도적으로 형성해 가는 능력을 기를 것이다.

모든 생각을 사로잡아 당신이 마땅히 살아야 할 삶으로 들어갈 준비가 되었는가? 자, 이제 이 여행을 함께 떠나 보자.

Part 1

삶을 지휘하는
생각의 힘

인생,
마음의 틀에 따라
나온다

THE POWER OF OUR THOUGHTS

우리의 마음mind은 끊임없이 형성되고 빚어지고 있다. 우리가 의식하든 못 하든, 매일, 매 순간 보이는 힘과 보이지 않는 힘이 우리의 생각을 형성한다. 우리가 보는 텔레비전 프로그램, 우리가 들여다보는 소셜 미디어, 우리가 나누는 대화, 우리가 곱씹는 기억들…… 이 모든 경험이 우리의 뇌를 재배선하며, 우리의 생각과 감정, 삶을 결정하는 신경 경로를 만든다.

이는 고대의 지혜일 뿐 아니라, 현대 심리학이 주장하는 바와도 일치한다. 사도 바울은 2,000년 전 이에 관해 말하며 "이 세대를 본받지 말라"고 경고했다. 오늘날 신경과학자들은 반복된 생각과 경험으로 뇌가 재구성되는 능력, 즉 신경가소성을 통해 이 '본받는' 과정이 우리 뇌에서 일어나는 것을 관찰한다.

1부에서는 생각의 힘에 관한 세 가지 근본적인 진리를 탐구하려 한다. 첫째, 우리가 인식하든 못 하든 우리 마음이 끊임없이 형성된다는 진실과 마주할 것이다. 그리고 우리가 가장 깊이 생각하는 것들이 우리를 어떤 사람으로 빚어내는지 볼 것이다. 둘째, 인지의 법칙을 알아볼 것이다. 우리의 생각이 믿음을 만들고, 믿음이 감정을 낳고, 감정이 행동을 이끌며, 궁극적으로 그 행동이 우리의 삶을 결정한다는 것이다. 마지막으로, 노출의 법칙을 살펴볼 것이다. 우리가 보고, 듣고, 경험하는 것들이 어떻게 우리 생각의 원재료가 되고, 삶의 청사진이 되는지 말이다.

    이러한 원리들을 이해하는 것은 단순히 학문적 탐구가 아니다. 파괴적인 사고방식에서 벗어나 진정한 변화를 경험하고자 하는 사람이라면 반드시 거쳐야 할 과정이다. 현실은 명확하다. 당신이 생각을 사로잡거나, 아니면 생각이 당신을 사로잡을 것이다.

chapter 1.

보이지 않는 틀이
지금도 삶을 빚어낸다

당신의 생각이 삶에 얼마나 많은 영향을 주는지 곰곰이 생각해 본 적이 있는가? 당신이 직면한 어려움, 감당하기 힘든 감정, 끊을 수 없을 것만 같은 습관, 진저리 나는 관계 갈등까지…… 이 모든 것은 당신의 마음에서 비롯된 것이다.

자, 생각해 보라. 밤잠을 설치게 만드는 반복되는 당신의 불안감은 하나의 생각에서 시작되었다. 당신을 지치게 하고 관계를 삐걱거리게 만드는 갈등은 생각의 패턴들이 부채질한 결과이다. 떨쳐 낼 수 없는 영적 침체는 당신의 정체된 생각에 깊이 뿌리박고 있다. 심지어 수년간 좇아온 목표가 손에 잡히지 않는 상황도, 당신의 생각이 중요한 역할을 하고 있을 가능성이 높다.

만약 당신이 생각하는 방식을 바꾼다면 당신의 삶은 어떻게 달라질까? 당신의 발목을 잡는 마음속 이야기들을 소망과 확신, 목적이 담긴 성경적 생각들로 대체한다면 삶이 어떤 모습으로 빚어지게 될까? 사실, 지금 이 순간에도 당신의 생각이 당신의 삶을 만들어 간다. 당신은 그 형성 과정에 적극적으로 참여하고 있는가, 아니면 그냥 내버려두고 있는가?

이번 장에서 우리는 마음 형성의 원리를 깊이 파헤칠 것이다.

우리의 생각이 우리 삶의 현실을 어떻게 형성하는지, 또 모든 생각을 사로잡는 법을 배우는 것이 어째서 중요한지 알아볼 것이다. 한 가지 이야기로 이 탐구를 시작하고 싶다. 단, 먼저 일러둘 것이 있다. 나나 아내는 대마초나 관련 용품을 홍보하거나 판매할 의사가 전혀 없다. 이 사실을 분명히 밝히면서 우리 부부가 경험한 당황스러운 사건을 이야기하겠다.

몇 년 전, 아내가 크리스마스 선물로 쿠키 틀을 받았다. 이는 마치 배변 훈련을 갓 마친 아이가 축하 선물로 기저귀를 받거나 막 운전면허증을 딴 10대가 축하 선물로 자전거를 선물받은 것과도 비슷한 상황이었다. 우리는 크리스마스 당일에 받은 크리스마스 쿠키 틀을, 처치 곤란한 주방용품들과 잡동사니를 넣어 둔 깊숙한 서랍에 보관했다.

이듬해 크리스마스가 다가오자 우리는 크리스마스 정신을 발휘해 이웃들과 동네 노인 시설 어르신들에게 드릴 쿠키를 굽기로 했다. 그때 아내는 그 쿠키 틀을 기억하고 서랍에서 꺼냈다. 그 예쁜 잎사귀 모양이 크리스마스 분위기를 한껏 북돋아 주리라 믿어 의심치 않으면서 말이다.

집에 와서 식탁 위에 펼쳐진 갓 구운 쿠키 샘플을 보자마자, 나는 순진무구한 아내가 미처 알아채지 못한 중요한 사실을 알아챘다. 아뿔싸! 아내는 우리 구주의 탄생을 축하하기 위해 대마초 잎 모양 쿠키를 만든 것이다. 하마터면 나는 예수님의 성육신을 축하하기 위해 대마초 모양 크리스마스 쿠키를 나눠 준 목사가 될 뻔

했다.

혹시 대마초 모양 쿠키가 하나라도 외부로 나갔을까 확인하는 동안 짧은 순간이나마 공포감이 몰려왔다. 동네 노인 시설 앞에서 생중계되는 뉴스 인터뷰를 상상했다. 무의식적으로 나는 변명을 준비했다. "우린 몰랐어요! 전혀 의도하지 않았습니다. 단지 누군가가 준 틀을 받았을 뿐이라고요!"

맞는 말이지만, 우리의 의도나 인식과는 상관없이 그 틀은 '분명' 대마초 잎 모양이었다. 그리고 물론 쿠키는 틀의 모양 그대로 나왔다. 바로 그것이 틀의 기능이니까.

틀에는 힘이 있다. 틀은 틀에 넣어진 것을 자신의 모양대로 만들어 낸다. 그 반대의 경우는 절대로 일어나지 않는다. 하지만 우리 부부의 대마초 틀 소동에서처럼 우리는 삶을 빚어내는 틀에 별로 관심이 없다. 그 틀이 결국 우리의 삶을 형성하고, 우리의 감정을 이끌고, 우리의 관계를 조정하며, 우리의 미래를 결정하는데도 별로 신경 쓰지 않는다.

자기 틀에 우리를 밀어 넣으려는 세상

당연한 말처럼 들릴지 모르지만, 당신에게 가장 중요한 것은 바로 당신이 어떤 사람이 되어 가는가이다. 탁월한 기독교 철학자 달라스 윌라드 Dallas Willard의 표현이 참 좋다. "당신의 삶은 바로 당신이 되어 가는 그 사람이다. 그런데 우리는 삶을 종종 성과의 측면에서만 생각할 때가 너무도 많다. 이는 정말 비극적인 실수이다. 당신이 자신의 삶에서 거두는 열매와 하나님이 당신의 삶에서 거두시는 열매는 바로 당신이 되어 가는 그 사람이다."¹

그런데 우리 대부분은 자신이 어떤 사람이 될지 깊이 생각하지 않고 그저 되는 대로 살아간다. 우리 삶의 모습은 우리가 통제할 수 없는 일들, 즉 우리에게 일어나는 사건들의 결과인 셈이다.

반면에 자신이 어떤 사람이 될지가 자신의 의도에 따라 결정된다고 생각하는 이들이 있다. 삶이 원하는 모습이 아니라 해도 자신의 의도만큼은 좋았으니 괜찮다고 스스로를 위로하기도 한다. 그러나 우리의 삶은 좋은 의도로 형성되는 게 아니다. 당신은 필시 특정한 사람이 되겠다는 의도를 품었을 것이다. 어쩌면 특정한 부류의 사람은 되지 않겠다는 의도였을 수도 있다. 당신은 어떤 남자나 여자, 어떤 남편이나 아내, 어떤 아버지나 어머니, 어떤 그리스도인이 되겠다는 생각을 했을 것이다. 그렇다면 지금 당신은 어떤 사람인가?

당신이 하기 싫어할 만한 활동을 하나 제안하겠다. 잠시 이 책을 내려놓고 거울 앞에 가서 최소한 1분 동안 자신을 바라보며 아주 중요한 다음 질문을 숙고해 보라.

* 나는 어떤 사람이 되어 가고 있는가?
* 나는 그런 사람이 되고 싶은가?

당신이 이 간단한 활동을 반기지 않으리라는 것을 아는 건, 내가 나를 잘 알기 때문이다. 나라도 한창 잘 읽고 있는 책을 내려놓고 갑자기 거울을 바라보며 삶의 본질적인 질문을 던지라는 글을 읽으면, 눈을 흘기며 그냥 읽기를 계속하거나 이미 답을 아는 질문이라고 생각하고 넘어갈 게 뻔하다. 하지만 자신의 생각이 어떻게 자신의 삶을 형성해 왔는지 이해하려면 자신의 삶이 지금 어떤 모양인지를 솔직히 점검해야 한다.

그러니 잠시 이 책을 내려놓고 거울 앞으로 가라. 거울을 바라보며 이 두 가지 질문을 곰곰이 생각해 보라. '나는 어떤 사람이 되어 가고 있는가?' '나는 그런 사람이 되고 싶은가?'

방금 시키는 대로 했는가? 그랬다면 이 문단은 건너뛰어도 좋다. 여전히 그냥 이 책을 읽고 있는가? 뭐, 그리 놀랄 일은 아니다. 생각에 관한 이 책은 당신에게 잠시 멈춰 서서 몇 가지를 곰곰이 생각해 보라고 끊임없이 촉구할 것이다. 우리의 문제점 중 하나는 우리의 마음이 '능동적으로 생각하는 주체'가 아니라 '수동적인 소비자'로 전락하게 방치한다는 것이다. 만약 당신이 스스로 생각하지 않고 이 책을 그냥 소비하기만 한다면 이 책의 핵심을 놓치게 될 것이다.

그래서 이 책을 펼 때마다 많은 페이지를 단숨에 읽으려는 독자들을 위해 다음과 같이 하고자 한다. 당신이 읽기를 멈추고 이른바 '생각에 대한 생각'을 연습하도록 빈 줄이 있는 노트 공간을 마련할 것이다. 그럴 때마다 읽기를 멈추고 오직 당신의 생각에 대해서만 곰곰이 생각하기를 바란다. 이 연습이 어렵게 느껴지는 사람일수록 이 활동이 더욱 필요하다.

보통 사람들이 한 페이지를 읽는 데 약 1분 42초가 소요된다. 내 책의 독자들은 평균 이상일 거라는 합리적인 추정에 따라 이 소요 시간을 약 1분 30초로 줄이겠다. 이 책 곳곳에서 노트 페이지가 나오면 당신의 생각을 사로잡는 연습에 약 3분 정도를 할애하라는 뜻이다. 이런 페이지가 나타날 때마다 '생각에 대한 생각'을 하는 연습 시간을 가지기를 바란다.

자, 다시 시도해 보자. 거울 앞에서 3분간 자신을 바라보며 다음 두 가지 질문을 생각하라. '나는 어떤 사람이 되어 가고 있는가?' '나는 그런 사람이 되고 싶은가?'

---

chapter 1.

우리가 고민할 다음 질문은 이것이다. '나는 어떻게 지금의 내가 되었는가?' 앞으로 이 질문을 함께 탐구할 것이다. 이 질문에 대한 답을 찾으면 '당신이 어떻게 지금의 당신이 되었는지'뿐만 아니라, '앞으로 어떤 사람이 되어 갈지'도 알 수 있다. 이 과정의 핵심은 바로 이것이다. '당신은 빚어지고 ^{형성되고} 있다.'

사도 바울은 로마서 12장 2절에서 이렇게 말한다. "너희는 이 세대를 본받지$^{conform, NIV}$ 말고 오직 마음을 새롭게 함으로 변화를 받아." 헬라어 원문에서 바울이 "본받다"의 의미로 사용한 단어는 "쉬스케마티조"다. 쉬스케마티조는 외부의 어떤 것에 의해 형성된다는 뜻이다. 필립스^{Phillips} 성경은 이 구절을 이렇게 번역한다. "주변 세상이 자기 틀에 당신을 **밀어 넣게** 하지 말고, 하나님이 당신의 마음을 내면에서부터 다시 형성하시도록 맡기라."

바울은 "하지 말라$^{Do\ not}$"라는 말로 시작한다. 헬라어 원문에서 이 단어는 현재 명령 동사 시제로 쓰여 '하던 것을 멈추라'는 뜻을 전달한다. 이 문장이 명령법으로 쓰인 것은 로마의 신자들이 이미 세상의 패턴에 의해 형성되고 있었다는 사실을 함축한다.

금년에 나는 우리 교회에서 로마서를 강해하고 있다. 이 설교를 준비하기 위해 로마에서 얼마간 시간을 보냈다. 나는 고대 로마를 '틀에 넣어 찍어 내는 기계'라고 부르고 싶다. 로마는 여러 문화권에서 사람들을 끌어들여 그들 모두를 더 로마스럽게 만들겠다는 의도로 '로마인'으로 주조했다. 로마는 바울이 로마서 12장에서 암시하는 사실, 즉 사람들이 '세상을 본받는세상에 동화되는' 일이 일어난다는 사실을 알았던 듯하다. 세상이 사람들의 생각에 영향을 미칠 수 있다면, 그들은 원하든 원치 않든 세상을 '본받게' 될 것이다. 예나 지금이나 그렇다.

나는 문화를 맹목적으로 비난하는 사람이 아니다. 나도 텔레비전과 영화를 보고, 큐피드 셔플 춤을 알며, 틱톡 동영상도 한두 편 봤다. 하지만 세상이 특정한 틀을 갖고 있으며, 우리를 그 틀 속에 밀어 넣으려고 계속해서 시도하고 있다고 분명히 믿는다. 당신의 삶이 어떻게 형성되어 왔는지를 생각하다 보면 자신도 모르게 방어적인 태도를 보일 수 있다. "전혀 몰랐다." "의도한 게 아니다." "그건 단지 틀일 뿐이다."

물론 정말로 그럴 수 있다. 하지만 의도했든 아니든 상관없이 우리의 삶은 언제나 틀에 따라 모양이 결정된다. 그리고 이 틀은 주로 우리의 생각에 따라 결정된다. 잠언 4장 23절은 이렇게 말한다. GNT 성경을 내 말로 풀어 썼다. "생각하는 방식을 주의하라. 네 삶이 네 생각에 의해 형성되기 때문이다." 현대의 신경과학은 마침내 성경의 지혜를 따라잡고 있다. 오늘날 우리는 성경의 지혜가 얼마나 옳은지를 발견해 가고 있다.

캐롤라인 리프Caroline Leaf는 의사소통 병리학자이자 청각치료사, 임상 연구 신경과학자로, 심리신경생물학과 메타인지 신경심리학을 전문으로 다룬다. 다시 말해, 리프는 생각이 삶을 형성하는 과정에 관한 전문가다. 그녀는 보통 사람이 하루에 3만 개 이상의 생각을 한다고 주장한다. 그녀에 따르면 그중에서 수많은 생각이 부정적이며, 오늘날 대다수 질병이 해로운 생각 습관의 직접적인 결과이다.[2] 그뿐만 아니라 이런 생각들은 주로 반복된다. 이는 우리가 지금까지 해 온 생각들을 앞으로도 계속해서 할 가능성이 매우 높다는 뜻이다. 이런 생각의 패턴들은 결국 틀을 이루고, 그 틀은 우리 삶의 많은 부분을 형성한다.

생각이 삶을 형성하는 몇 가지 방식을 살펴보자. 그리고 그 과정에서 당신의 '생각 틀'에 대해 생각해 볼 수 있는 몇 가지 질문을 던지겠다.

// 생각이 감정을 결정한다 //

감정은 통제할 수 없어 그저 느끼는 대로 따를 수밖에 없다고 생각하기 쉽다. 또한 우리는 상황이 달라져야 다른 감정을 느낄 수 있다고 생각한다. 하지만 우리의 생각과 감정은 밀접한 관계가 있다. 하나님은 우리의 뇌에 변연계,limbic system 특별히 편도체amygdala를 창조하셨다. 이 편도체는 우리의 감정적, 행동적 반응을 처리하는 데 도움을 준다. 이런 반응은 우리의 생존 능력과 긴밀하게 연결되어 있다. 갑작스러운 두려움이나 위험 상황에서 즉각적인 반응을 느낀다면, 우리의 변연계가 작동한 것이다. 변연계는 매우 강력하다. 심지어 기억까지 형성하여 위험을 인지하고 피하게 만든다.

하지만 우리 인간은 변연계에 휘둘리지 않는다. 의도적이고 고차원적인 사고가 이루어지는 전전두피질 prefrontal cortex 이 편도체의 반응을 조절할 수 있다. MRI 스캔은 사람들이 부정적인 이미지를 의도적인 생각으로 재구성했을 때, 부정적이고 원치 않는 감정이 감소한다는 사실을 보여 주었다. 이것이 무엇을 의미할까? 바로 하나님이 우리에게 우리 자신의 행동을 형성할 도구를 주셨다는 것이다. 이것은 놀라운 자유의 선물이다. 우리는 기계적인 세상 속에서 그저 반응하기만 하는 존재가 아니다. 우리에게는 주도성, 존엄성, 선택권이 있다.

구체적으로 말하자면 이렇다. 스테파니는 회사 면접 전에 극심한 불안감을 느낀다. 심장이 요동치기 시작한다. 편도체가 반응한 것이다. 하지만 자신의 자격 요건을 의식적으로 기억하고 지난 성공들에 대해 생각하자 불안감이 줄어들고 자신감이 솟기 시작한다. 전전두피질이 편도체를 조절하는 것이다. 그 결과, 침착하고 자신감 있게 면접을 치를 수 있게 된다.

길이 막혀서 저녁 데이트에 늦게 생기자 마크는 짜증이 난다. 운전대를 꽉 쥐기 시작한다. 편도체 반응이다. 하지만 자신이 어떤 행동을 하고 있는지 깨닫고서 오디오북을 들을 좋은 기회라는 쪽으로 의식적으로 생각을 바꾸니 마음이 서서히 가라앉는다. 지체된 상황에 대해서도 긍정적인 마음마저 든다. 전전두피질이 개입한 것이다. 도로에서 20분이 지체되었지만 그는 데이트를 즐길 마음의 여유를 갖고 약속 장소에 도착한다.

신경 전달 물질계 또한 우리의 생각을 감정과 연결시킨다. 우리의 생각은 세로토닌,serotonin 도파민,dopamine 노르에피네프린norepinephrine 같은 신경 전달 물질을 분비시키며, 이 모든 신경 전달 물질은 우리의 감정적 상태에 영향을 미칠 수 있다.

이 연결이 어떤 식으로 나타나는지 실례를 통해 알아보자. 에밀리는 조만간 떠날 예정인 하와이 여행에 대해 생각한다. 그러자 '보상' 신경 전달 물질인 도파민이 분비된다. 그로 인한 감정적 결과로, 여행에 대한 기대감에 신이 나고 매사에 의욕이 넘친다.

알렉스는 아침마다 몇 분간 감사할 거리를 떠올린다. 이 연습은 감정 조절과 관련된 신경 전달 물질인 세로토닌 수치를 증가시킨다. 그로 인한 감정적 결과로, 기분이 좋아지고 종일 깊은 만족감 속에서 살아간다.

하나님은 인간을 바로 이런 구조로 창조하셨다. 이 구조를 이해하면 삶의 감정을 경험하는 데 더 의도적인 역할을 할 수 있다. "위의 것을 생각"하라 골 3:2 는 성경의 권면과 이와 맥을 같이하는 다른 말씀들이 얼마나 놀라운지 다시금 깨닫는다. 아, 참으로 하나님은 우리 뇌가 어떻게 작동하는지 정확히 아신다!

다음 질문을 숙고하여 생각과 감정 사이의 연결 고리를 이해하라.

* 어떤 상황이 계속해서 내 안에서 강한 감정을 촉발하는가?
* 그 상황은 무엇이며, 내 반응은 어떠한가?
* 내 생각을 의도적으로 바꾸면 내 감정이 어떻게 변할까?

// 생각이 결정을 좌우한다 //

어떤 결정을 내린 뒤에 어떻게 해서 그런 결정을 내렸는지 이해하려고 따져 본 적이 있는가? 알고 보면 우리의 감정과 마찬가지로, 우리의 결정도 대부분 전전두피질에서 일어나는 일에 따라 결정된다. 사실, 뇌의 이 부분에서 결정이 내려지기에 흔히 이곳을 집행 중추executive center라고 부른다. 우리의 생각은 우리가 무엇을 생각하고 경험하는지, 그리고 그 경험에 대해 어떻게 생각하는지에 기초해 다양한 행동의 이점과 결과를 평가한다. 따라서 자신의 생각 패턴을 더 분명히 인식할수록 우리는 더 신중하고 객관적으로 결정할 수 있다.

코끼리와 기수에 관한 심리학자 조너선 하이트Jonathan Haidt의 이야기는 생각과 행동 사이의 관계를 이해하는 데 도움이 된다.[3] 하이트는 코끼리 위에 탄 기수를 상상해 보라고 말한다. 여기서 기수는 우리의 의식적이고 이성적인 마음이고, 코끼리는 무의식적인 혹은 반사적인 결정이다. 기수는 자신이 코끼리를 통제한다고 생각할 수 있고, 실제로 코끼리는 그의 지시를 따를 수 있다. 하지만 사실 코끼리는 원하는 대로 어느 방향으로든 갈 힘이 있다. 코끼리가 마음먹으면 기수로서는 할 수 있는 게 없다. 적어도 그 순간에는 말이다. 하지만 기수가 시간을 내서 코끼리를 '훈련'시켰다면? 물론 그렇게 해도 가끔 문제가 발생할 수는 있다. 이는 자연스러운 일이다. 하지만 훈련되지 않은 코끼리를 탄 경우와는 상황이 완전히 다를 것이다.

우리는 언제든 스스로 자신의 방향과 결정을 통제할 수 있다고 생각하는 경향이 있다. 하지만 우리가 지금까지 해 온 생각은 신경 경로를 확립시켰고, 바로 그 신경 경로가 우리가 갈 방향을 결정한다. 이것이 누구나 자신이 실제로 원하는 것과 다른 결정을 내린 경험이 있는 이유이다. 확립된 생각 패턴이 우리의 행동을 이끌고 있지만 우리는 이 과정을 과소평가하곤 한다. 결정의 패턴을 바꾸는 방법은 시간을 내서 코끼리를 훈련시키는 것이다. 즉 우리의 생각을 바꿔 신경 경로를 재조정해야 한다.

건강한 음식을 섭취하기로 마음먹고 점심 식사로 샐러드를 계획한다. 하지만 막상 점심시간이 다가오면 지난 몇 달 내내 먹었던 패스트푸드가 당긴다.

하루를 시작하기 전에 성경책을 읽고 기도하기 위해 아침 6시에 알람을 맞춰 놓는다. 하지만 알람이 울리면 우리의 몸은 단 1초의 망설임도 없이 버튼을 눌러 알람을 끈다.

돈 문제에 관해 아내와 차분하면서도 이성적인 의논을 하려고 마음을 먹는다. 하지만 대화 중에는 감정이 이성을 지배한다. 자신도 모르게 목소리를 높이며 방어적인 태도를 보인다.

이 모든 사례에서 고착된 생각 패턴이 우리를 대신해서 결정을 내린다. 근본적인 변화는 행동 교정 이상의 것을 요한다. 바로, 의도적이고도 꾸준한 생각의 변화가 필요하다.

문제는 우리가 지금껏 해 온 생각이 아주 오랫동안 이어져 왔다는 것이다. 그래서 이 생각의 패턴은 우리 안에 깊이 뿌리를 내렸다. 가장 쉽고 편한 생각은 이미 오랫동안 해 온 생각이다. 하지만 진정한 변화를 경험하려면 생각을 바꾸어야 한다. 이 부분에 대해 생각할 거리가 많다. 이것이 바로 우리가 좀처럼 변하지 못하는 이유이다. 우리는 변화로 가는 방법이 행동 교정이라고 생각한다. 그래서 새해 결심을 하거나 나쁜 습관을 끊기로 다짐한다. "이번에는 진짜야!"라고 맹세한 지 얼마 지나지 않아 또다시 똑같은 옛 습관으로 돌아간다.

왜 그럴까? 달라지겠다는 우리의 말은 진심이었다. 그렇다면 우리는 왜 달라지지 못했을까? 생각 변화가 아닌 행동 변화에 초점을 맞추었기 때문이다. 하지만 우리가 하는 행동은 주로 우리의 의도가 아닌 생각으로 결정된다.

다음 질문을 숙고하여 생각과 결정 사이의 연결 고리를 이해하라.

* 끊으려고 애를 쓰지만 계속해서 반복하는 내 습관은 무엇인가?
* "내가 왜 이런 행동을 하는지 나도 모르겠다"라고 말할 때는 언제인가?

* 인생의 어떤 영역에서 내가 하고 싶은 행동과 실제로 하는 행동이 불일치하는가?
* 나는 이런 부분을 바꾸기 위해 어떤 전략을 사용해 왔는가?

// 생각이 관계를 조정한다 //

인지적 해석 cognitive interpretation 이란, 우리의 마음이 '뉴스 피드에 뜨는 소식부터 동료의 지나가는 말까지' 모든 사건과 상황을 설명하는 방식이다. 다른 사람들의 말과 행동에 관한 우리의 생각은 그들을 대하는 태도와 그들에 대한 감정적인 반응에 직접적인 영향을 미친다. 상대방의 행동이나 말이 모호할 때 우리의 생각이 습관적으로 부정적인 쪽으로 흐르면, 우리는 종종 방어적이거나 지나치게 민감하게 반응하여 관계가 틀어질 수 있다.

인지적 해석이 주변 사람들을 대하는 방식에 얼마나 큰 영향을 미치는지 알겠는가? 우리의 생각은 사람들의 말과 행동을 해석하기 위한 필터 역할을 하고, 그 해석이 우리의 감정적 반응과 개인적인 유대감을 결정한다.

내가 일터에서 몇몇 사람과 갈등을 겪고 있을 때, 한 친구가 내게 조언을 해 주었다. 그 친구는 내 마음이 부정적인 가정과 비판적인 설명으로 '공백을 채우고' 있다고 설명했다. 우리의 모든 관계 속에는 채워야 할 공백들이 있다. 때로는 정보의 공백이 있다. 즉 특정한 결정을 내리기 위해 필요한 모든 정보를 얻지 못할 때가 있다. 맥락의 공백도 있다. 특정한 발언이 나오게 된 배경을 이해하지 못하는 경우이다. 연결의 공백도 있다. 이는 삶이 너무 바빠서 함께 하는 시간을 충분히 갖지 못할 때 나타나는 공백이다.

우리는 이런 공백을 자신의 생각으로 계속해서 채운다. 그때마다 우리는 최악을 가정할지 최선을 가정할지 결정해야 한다. 냉소적으로 설명할 것인가, 아니면 호의적으로 해석할 것인가? 긍정적으로 생각할 것인가, 아니면 부정적으로 생각할 것인가? 핵심은 우리가 이런 공백을 채울 때 우리의 생각이 우리의 관계에 큰 영향을 미친다는 것이다.

어느 날 저녁, 집 주차장에 차를 대다가 아내가 택배로 주문한 물건이 집에 배송된 것을 본다. 박스 안에 뭐가 들어 있는지 모르는 상태에서 곧바로 떠오르는 생각이 그 공백을 채울 수 있다. '또 뭘 산 거야? 이번 주 내내 물건이 배송되었는데, 아직도 더 필요한 게 있단 말야? 도대체 경제관념이 있는 거야 없는 거야?' 아니면 다르게 생각할 수도 있다. '집에 뭐가 필요한지 내가 일일이 신경 쓰지 않아도 되니까 좋네. 아내가 모든 걸 세심하게 처리하고 있으니 말야. 아내만큼 알뜰하게 소비하는 사람도 드물지.'

그 순간 내가 어떤 생각을 하는지에 따라 아내와의 관계가 조정되고, 그날 저녁 우리 관계의 향방이 결정된다. 이성적인 관점에서 전체 맥락과 중요한 정보를 종합해 보면, 감정적인 반응에만 휩쓸릴 때보다 상황을 훨씬 더 정확하게 파악할 수 있다.

다음 질문을 숙고하여 생각과 관계 사이의 연결 고리를 이해하라.

- 누군가의 의도를 추측할 때 나는 최선을 가정하는가, 아니면 최악을 가정하는가?
- 그 사람과의 지난 관계를 떠올리면 무엇이 기억나는가?
- 나는 그 사람과의 관계 속에서 공백을 채워야 할 때 그 사람에 관해 스스로에게 어떤 이야기를 들려주는가?

// 생각이 목표를 이끈다 //

'우리의 가능성'에 대한 생각은 우리가 어떤 목표를 세우고 삶에서 어떤 목적을 추구할지를 결정할 수 있다. 그리고 우리의 생각이 우리가 바라는 목표와 일치할 때, 필요한 행동을 취할 가능성이 훨씬 높아진다.

지금 당신이 품고 있는 한두 가지 목표에 대해 생각해 보라. 그 목표를 달성하는 것이 당신의 삶에 어떤 긍정적인 영향을 미칠지 시간을 들여 생각하면 도파민이라는 신경 전달 물질이 분비된다. 도파민 신경 세포는 보상을 경험할 때만 반응하지 않고 보상에 대해 생각할 때도 반응한다. 따라서 목표와 보상에 대해 생각하면 그것을 추구할 의욕이 더욱 샘솟는다. 목표와 그 보상에 대해 생각할수록 원하는 상태에 비해 우리의 현재 상태가 어떠한지를 더 분명하게 보게 된다.

그래서 다이어트나 운동 프로그램, 그 관련 용품을 판매하는 업체들이 주된 광고 전략으로 전후^{before and after} 사진을 내거는 것이다. 그 업체들은 우리가 자신의 현재 상태를 생각하고, 원하는 결과에 시선을 고정하기를 원한다. 원하는 결과를 생각할수록 그 목표에 부합하는 방식으로 살고자 하는 동기가 더 강해질 것이다.

미국 공군 조종사 제임스 네스메스^{James Nesmeth}는 베트남 전쟁으로 인해 7년간 포로로 붙잡혀 있었다. 포로가 되기 전까지만 해도 그는 보통 90대 중반 타수를 기록하는 평범한 골퍼였다. 네스메스는 7년간의 긴 포로 생활 동안 자주 독방 신세를 졌는데, 그때마다 자신이 좋아하는 골프 코스에서 골프를 치는 모습을 상상하며 시간을 보냈다. 사실 이는 포로수용소에서 제정신을 유지하기 위한 그만의 방법이었다.

7년 동안 거의 매일 그는 상상 속에서 자신이 좋아하는 그 골프 코스의 18개 홀을 완주했다. 그는 자신이 사용할 클럽, 풀 냄새, 공이 날아가는 궤적까지 세세하게 다 생각했다. 18개 홀을 상상하며 경기하는 데 네 시간이 훌쩍 가기도 했다.

마침내 포로수용소에서 풀려났을 때 네스메스는 고국으로 돌아와 그 골프 코스에 갔다. 그리고 7년간 한 번도 직접 골프채를 들지 않았던 손으로 무려 74타를 기록했다. 이는 그가 포로로 붙잡히기 전의 최고 기록을 훨씬 뛰어넘은 것이다.[4]

우리의 생각은 언제나 우리를 어딘가로 이끈다. 목표에 더 가까워지게도 하고, 반대 방향으로 이끌기도 한다. 이 역동적인 힘을 분명히 알았던 바울은 빌립보서 3장에서 자신은 의도적으로 지난 일을 생각하지 '않고' 앞에 놓인 것들만 생각한다고 밝혔다.

다음 질문을 숙고하여 생각과 목표 사이의 연결 고리를 이해하라.

* 지금 나의 가장 중요한 목표는 무엇인가?
* 나는 이 목표에 대해 얼마나 자주 생각하는가?
* 이 목표에 대해 생각할 때 '장애물'과 '원하는 결과' 중 무엇에 더 초점을 맞추는가?
* 나는 내 목표에 관해 기도하는가? 다시 말해, 내 생각이 하나님이 내 삶에 원하시는 것과 일치되도록 기도하는가?

"마음을 새롭게 함으로 변화를 받으라"

생각이 삶을 형성한다면, 당신은 지금 어떤 틀 속에서 형성되고 있는가? 로마서 12장 2절에서 바울은 세상을 본받지 말라고 말한 뒤에 새로운 길을 제시한다.

"오직 마음을 새롭게 함으로 변화를 받으라. be transformed"

우리는 자신이 그 무엇도 따르지 않는 사람이라고 생각한다. "넌 내 상사가 아니야. 아무도 내게 이래라저래라 지시할 수 없어. 나는 내 방식대로 살 거야." 하지만 실제로는 모든 사람이 무언가를 따르며 산다. 세상을 따르지 말고 변화를 받으라는 바울의 말은 우리가 둘 중 하나를 선택할 수밖에 없음을 암시한다.

* **선택 1**   이 세상을 본받는다. 즉 세상이라는 틀을 따른다.
* **선택 2**   하나님의 "선하시고 기뻐하시고 온전하신 뜻"에 따라 살 수 있도록 하나님에 의해 예수님의 형상으로 변화를 받는다. 롬 12:2
* **선택 3**   선택 3은 없다.

영어 "Transformed 변화를 받다, 변화되다"는 헬라어 "메타모르포오"를 번역한 것이다. 이 낯선 헬라어가 어쩐지 익숙하게 느껴지는가? 여기서 "metamorphosis 변태"라는 영어가 파생했기 때문이리라. 초등학교에서 애벌레가 나비가 되는 과정을 배웠던 기억이 나는가? 진흙 속을 기어다니는 징그러운 애벌레가 하늘을 나는 아름다운 나비로 변한다. 바로 이것이 당신을 향한 하나님의 목표이다. 외부의 무언가에 의해 형성되는 대신, 우리는 하나님에 의해 내면에서부터 변화될 수 있다.

하나님은 당신의 삶이 아름답기를 바라신다. 당신은 하나님의 작품이요, 그분의 시詩이다. 엡 2:10 참고 하나님은 당신의 삶을 위한 놀라운 뜻을 품고 계신다. 하지만 그 뜻이 현실이 되려면, 당신이 하나님이 원하시는 모습으로 온전히 변화되어야 한다. 이보다 더 좋은 일이 또 있을까?

첫째, 당신 자신을 위해 변화되어야 한다. 그래야 언젠가 거울 속에서 보고 싶은 바로 그 모습이 될 수 있고, 당신이 사랑하는 사람들을 위해 최고의 당신이 될 수 있다. 하지만 또 다른 이유가 있다. 사실, 이것이 훨씬 더 중요한 이유이다.

바로, 하나님을 위해 변화되어야 한다. 로마서 12장 1절은 우리가 "마음을 새롭게 함으로 변화를 받아"야 하는 동기가 우리를 향한 하나님의 자비와 은혜라고 말한다. 이 구절은 "하나님의 모든 자비하심으로"로 시작된다. 종종 자기 계발의 동기는 '나'를 중심으로 움직이는 경우가 많다. 물론 이러한 변화의 이유도 우리에게 도움이 되겠지만, 이것이 주된 이유는 아니다. 우리가 변화받기를 원하는 것은 하나님의 사랑 때문이다. 그 사랑 때문에 우리는 주변 세상과는 다르거나 세상의 눈에 거슬리게 보일지라도 하나님께는 거룩하고 기쁨이 되는 방식으로 살기를 원한다.

"변화를 받[으라]be transformed"가 수동태 명령형이라는 점도 주목할 필요가 있다. '수동태'라는 말은 우리가 변화를 일으키는 주체가 아니며, 변화를 받는 대상이라는 의미이다. 하나님은 이 일을 행하실 수 있는 유일한 분이시며, 당신과 내 안에서 이 변화를 이루기를 원하신다. 우리의 생각을 사로잡고 마음을 새롭게 하는 일에 관해 길게 이야기하겠지만, 이것이 우리 자신의 힘으로만 이루는 변화가 아님을 처음부터 분명히 밝히고 싶다. 이것은 성령의 능력으로만 가능한 영적 여행이다. 우리가 마음을 새롭게 할 때, 실제로 변화를 이끄시는 분은 바로 하나님이시다.

'명령'이라는 말은 이것이 지시임을 보여 주는데, 흥미롭게도 이 일은 우리가 할 수 있는 것이 아니다. 다시 말하지만, 이 행동은 수동태로 표현되었다. 이 변화는 우리가 받는 것이다. 일반적으로 우리는 할 수 없는 일을 하라는 명령을 받지 않는다. 그런데 여기서는 이야기가 다르다. 왜일까? 우리에게도 할 역할이 있고, 해야 할 선택이 있기 때문이다. 변화는 하나님이 우리의 의지에 반하여 우리 안에서 행하시는 일이 아니다. 모든 생각을 사로잡는다는 것은 모든 생각을 그분께 복종시킨다는 뜻이다. 우리가 그렇게 하는 법을 배울 때, 그분이 변화를 가져오실 것이다.

마음을 새롭게 함으로 변화를 받는 것은 저절로 혹은 우연히 일어나는 일이 아니다. 의도와 노력이 필요하다. 이는 공원 산책이라기보다 치열한 줄다리기와 같다. 우리의 영적 형성은 반대 방향으로의 변화다. 즉 세상이 우리를 형성하려는 방식에 맞서는 것이다. 우리는 우리의 육신, 옛 죄의 습관, 우리가 사는 세상, 우리를 지배하는 원수, 끊임없이 우리를 조이는 듯한 틀에 맞서 싸운다. 성경은 사탄을 "이 세상의 신"이라 부른다.^{고후 4:4; 요 12:31; 엡 2:2} 만약 우리가 변화를 선택하지 않으면, 우리는 단순히 중립적인 상태에 머무르지 않을 것이다. 변화되지 않으면 계속해서 세상의 틀에 갇히게 될 뿐이며, 우리가 되고자 했던 모습과는 정반대 방향으로 끌려갈 것이다.

어떤가? 마음을 새롭게 함으로 변화를 받고 싶어졌는가? 그렇다면 과연 어떻게 우리의 마음을 새롭게 할 수 있을까?

길이 있다.

모든 생각을 사로잡는 법을 배우라.

chapter 2.

알게 모르게
견고한 진을 쌓아 가다

중력을 믿지 않는 잭이라는 남자가 있다고 해 보자. 그는 항상 중력이 과학계에서 퍼뜨린 거짓말일지 모른다는 의구심을 품어 왔던 좀 별난 사람이었다. 그리고 그런 생각은 점점 확고해졌다. 그는 이렇게 주장했다. "어떤 보이지 않는 힘이 존재하는 게 아니라 그냥 밀도와 부력의 작용일 뿐이야." 몇몇 친구들과 가족들이 그를 설득하려 했으나 소용없었다. 심지어 다른 어떤 이들은 그의 생각을 존중하며 얼마든지 중력에 대해 원하는 대로 생각해도 된다고 말했다. 날이 갈수록 잭은 중력이 진짜가 아니라고 확신하게 되었다.

어느 날 잭은 자신의 생각을 확실히 증명해 보이기로 결심했다. 그는 자신의 이층집 지붕에서 뛰어내리겠다고 선언했다. 그는 자신이 떨어지지 않고 공중에 뜰 것이라 확신했다. 구경꾼들은 걱정 가득한 눈으로 그가 지붕에서 뛰어내리는 광경을 지켜보았다. 중력은 잭의 생각 따위에 신경 쓰지 않았다. 중력은 항상 작용하던 그대로 어김없이 작용했다. 결국 그는 다발성 골절과 심각한 뇌진탕을 입었다. 그는 이후 몇 주간 병원에 입원하여 중력의 법칙에 대한 자신의 생각을 재고했다.

이 상상의 시나리오에서 한 걸음 뒤로 물러나, 잠시 우리의 생각에 대해 생각해 보자. 심리학에는 '인지의 법칙 the law of cognition' 이라는 원칙이 있다. 간단히 말하자면, 당신이 무엇을 생각하느냐가 당신이 어떤 사람이 될지를 결정한다는 것이다. 좀 더 구체적으로 풀어 보면 이렇다. 무엇을 생각하느냐가 무엇을 믿을지를 결정한다. 무엇을 믿는지는 어떤 감정을 느낄지를 결정한다. 어떤 감정을 느끼는지는 무슨 행동을 하고 어떻게 살지를 결정한다.

그 중요성을 놓치지 않도록 역으로 다시 살펴보자. 내가 무슨 행동을 하는지는 내가 어떤 감정을 느끼는지에 따라 결정된다. 내가 어떤 감정을 느끼는지는 내가 무엇을 믿는지에 따라 결정된다. 내가 무엇을 믿는지는 내가 무엇에 대해 생각하는지에 따라 결정된다. 따라서 내가 '무엇'에 대해 생각하는지가 중요하다. 설령 내가 그것이 중요하지 않다고 생각해도 그것은 여전히 중요하다.

인지의 법칙은 중력의 법칙과 다소 비슷하다. 매일 우리의 삶은 이 법칙에 영향을 받고 이 법칙에 따라 형성된다. 우리가 그것을 볼 수 없어도 말이다. 중력의 법칙과 마찬가지로 인지의 법칙은 우리가 믿든 믿지 않든 상관없이 진실로 존재한다. 아무리 우리가 생각이 삶에 별다른 영향을 주지 못한다고 말해도, 그 결과는 잭에게 일어났던 일과 다르지 않을 것이다.

사실, 이 통찰은 심리학자들만의 것이 아니다. 오래된 지혜이기도 하다. 앞서 성경의 잠언 4장 23절의 경고를 기억하는가? "생각하는 방식을 주의하라. 네 삶이 네 생각에 의해 형성되기 때문이다." 당신이 생각을 사로잡지 않으면 생각이 당신을 사로잡을 것이다.

오래전 참석한 한 남성 모임에서 어른이 되어서도 여전히 우리를 사로잡고 있는 어린 시절의 생각들에 관해 몇 시간에 걸쳐 긴 이야기를 나누었다. 그중 몇 가지만 소개해 보면 다음과 같다.

* **남자는 울면 안 된다고 생각했다.** 조는 늘 행복한 표정을 지어야 하는 가정에서 자랐다. 항상 그래야 했다. 어떤 경우에도 그래야 했다. 조의 아버지는 그런 본을 보였다. 조는 진짜 남자는 화를 낼지언정 눈물을 보여서는 안 된다고 배웠다. 눈물은 약자들이나 흘리는 것이었다. 집에서 키우던 개가 죽었을 때 조와 누나들이 슬퍼서 울자 아버지는 우는 조를 놀렸다. 어른이 된 지금 조는 외로움에 시달린다. 슬픔을 느껴도 아무에게도 말할 수 없기 때문이다. 그는 창피해서 슬프다는 말을 못 하는 사람이 되었다. 아울러 그는 분노 문제도 안고 있다. 눈물을 흘리는 것은 안 되지만 화를 내는 것은 괜찮다고 배웠기 때문이다.

* **여성을 물건으로 생각했다.** 마이크가 여섯 살 때 부모가 이혼했다. 이후 아버지와 함께 살던 그는 아버지가 보던 포르노 잡지를 쉽게 볼 수 있었다. 열여섯 살이 되었을 때 그의 아버지는 그에게 남자로서 성행위를 어떻게 하는지를 알게 하려고 한 여성 접대부를 고용했다. 그 이후 그는 결혼하기 전까지 이름을 다 기억하지 못할 정도로 많은 여성과 잠자리를

가졌다. 결혼 초기 그는 아내에게 무리하게 잠자리를 강요했고 성생활에 대한 요구가 많았다. 잠자리 문제로 부부 싸움이 끊이지 않다 보니 두 사람은 결국 3년 만에 이혼했다.

* **내 가치가 내가 버는 돈으로 결정된다고 생각했다.** 데이브는 어떤 직업을 가지고 어떤 차를 몰며 어떤 집에서 사느냐가 인생의 성공을 결정한다고 생각하며 자랐다. 그의 주변에는 자신의 가치는 순자산으로 측정된다는 생각을 굳혀 주는 본보기들이 가득했다. 그의 삶 속에서 모든 굵직한 결정은 이런 생각에 따라 이루어졌다. 그는 움직이는 목표물을 쫓아다니고 있었음을 깨달았다. 아무리 많이 가져도 충분하지 않았다.

* **도움을 구해서는 안 된다고 생각했다.** 이건 바로 나의 생각이었다. 나는 어머니가 상담사이고 아버지가 대학교 총장인 집안에서 자랐다. 두 분 다 다른 사람들을 돕는 일에 탁월했다. 그런데 어느 순간부터 나는 '사람들을 돕는 건 괜찮지만 사람들에게 도움을 구하는 건 괜찮지 않다'라는 생각을 하기 시작했다. 도움을 구하는 건 실패를 인정하는 것이라고 생각했다. 항상 도움을 주는 사람이 되어야지, 절대 도움을 받는 사람이 되어서는 안 된다고 생각했다. 이런 생각은 문제처럼 보이지 않았다. 적어도 내게 도움이 절실히 필요하기 전까지는. 결혼 초기에 아내와 내가 힘들 때, 내 주위에 우리 부부를 도와줄 수 있는 사람들이 많고, 아내는 내가 그들에게 도움을 요청하기를 간절히 원했다. 하지만 나는 거부했다.

육아를 하면서 힘들어할 때도, 주변에 조언을 해 줄 만한 이들이 많았지만 나는 끝내 부탁하지 않았다. '도움을 구해서는 안 된다'라는 생각은 나만이 아니라, 내 아내와 아이들까지 볼모로 사로잡고 있었다.

내 안의 견고한 진

"견고한 진 stronghold"은 우리의 삶 속에서 생각이 우리를 사로잡은 영역들을 가리키는 성경의 용어이다. 견고한 진은 우리가 믿고 그에 따라 사는 거짓말이다. 견고한 진은 하나님의 진리와 지혜에 반하는 생각의 패턴이 깊이 자리 잡을 때 형성된다. 생각은 믿음이 되고, 믿음은 행동이 되고, 행동은 우리의 삶을 결정한다. 따라서 우리는 우리의 생각이 진실한지 반드시 확인해야 한다.

고대 시대에 견고한 진은 성읍의 가장 높은 곳이나 공격을 가장 잘 방어할 수 있는 곳에 세운 요새였다. 이 방어 시설은 사방으로 최대 6미터에 달하는 튼튼한 벽으로 둘러싸여 있었다. 성읍이 공격을 받을 때 이 견고한 진은 난공불락으로 여겨졌다. 붙잡히거나 죽임을 당하지 않으려는 권력자들이 그곳에 몸을 숨겼다.

성경은 이러한 견고한 진과 하나님의 진리에 반하는 우리의 생각을 동일 선상에서 비교한다. 수없이 되풀이되어 굳어진 거짓말, 우리가 너무도 철저히 보호한 나머지 거의 난공불락이 되어 버린 거짓말. 이것이 바로 정신적인 견고한 진이다. 우리가 이것을 사로잡기 전까지는 이것이 우리를 사로잡을 것이다.

이 책에서 우리의 정신적 견고한 진과 관련된 특정 개념을 깊이 생각하도록 돕는 몇 가지 짧은 비유를 만나게 될 것이다. 예수님은 주로 이야기로 가르침을 펴셨다. 이는 청중이 단순히 정보만 흡수하는 게 아니라 가르침의 내용을 찬찬히 생각하도록 하기 위함이기도 했다. 우리는 콘텐츠를 소비하는 데 너무나 능숙해졌다. 하지만 진정한 이야기는 속도를 늦춰 내용을 곱씹게 한다.

나는 성경에 나오는 견고한 진의 개념을 보다 잘 이해할 수 있도록 돕고 싶어 이 개념을 이야기에 담아 보았다. 참고로, 나만 이런 시도를 한 게 아니다. 《천로역정 Pilgrim's Progress》으로 가장 유명한 청교도 저자 존 번연 John Bunyan은 《거룩한 전쟁 The Holy War》이라는 책도 썼는데, 그 책에 인간영혼 Mansoul 이라는 도시가 등장한다. 이 도시는 그곳을 되찾으시려는 하나님과 그곳을 자신의 견고한 진으로 삼으려는 마귀 사이의 전쟁터이다.

[비유]

멘티스를 차지하기 위한 전쟁

나지막한 언덕들이 물결치듯 이어진 어느 구릉 지대에 멘티스 Mentis 라는 웅장한 성이 자리하고 있었다. 이 성은 여느 성과는 달

랐으니, 사실 이곳은 모든 사람의 마음속에 존재하는 성이었다. 성의 중심부, 가장 높은 산꼭대기에는 '거짓의 견고한 진'으로 알려진 웅장한 요새가 우뚝 서 있었다.

멘티스 사람들은 수 세대 동안 이 견고한 진의 그늘 아래서 살았다. 그 세월이 너무 길다 보니 사람들은 이 요새가 원래부터 그곳에 있지는 않았다는 사실조차 잊어버렸다. 이 요새의 벽은 거짓된 믿음이라는 거대한 돌로 지어졌고, 오랜 세월 거짓된 생각 패턴이 강화되어 단단히 굳어졌다. 두려움과 교만이 이 요새를 지키고 있었는데, 이 둘은 요새의 권위에 의문을 제시하는 자라면 가리지 않고 다 쫓아냈다.

하루는 진리라는 이름의 겸손한 사자가 멘티스 성문 앞에 도착했다. 그는 마음의 모든 성을 다스리는 위대한 왕의 지혜가 담긴 두루마리를 지니고 있었다. 진리는 멘티스 사람들을 향해 외쳤다. "왕께서 당신들이 견고한 진의 폭정 아래 살 필요가 없다는 소식을 보내셨다! 그분은 당신들에게 자유와 새로운 사고방식을 주고자 하신다!"

하지만 대다수 시민들은 두려워서 그 말을 듣지 않았다. 한평생 견고한 진의 영향력 아래 살다 보니 그 거짓말이 안전하게 느껴졌다. 그 진이 아니면 아무도 자신들을 보호해 주지 않을 것만 같았다. 심지어 일부 시민은 두려움과 교만의 사주를 받고 진리를 공격하기까지 했다.

그 성에는 소망이라는 이름의 한 젊은 여인이 살았다. 그녀는 진리의 말을 듣고 마음에 깊은 울림을 느꼈다. 다른 시민들의 경고에도 불구하고 그녀는 진리에게 다가가 그가 갖고 온 두루마리를 읽었다. 소망은 두루마리를 읽던 중 자신의 눈에서 비늘이 떨어져 나가는 것 같은 느낌을 받았다. 그녀는 견고한 진의 실체, 즉 기만의 감옥을 보게 되었다. 새로운 용기를 얻은 그녀는 진리가 왕의 메시지를 전하도록 돕기로 결심했다.

진리와 소망은 힘을 모아 견고한 진의 기초를 허물기 시작했다. 그야말로 고된 작업이었고, 때로는 맡은 임무에 눌렸다. 견고한 진이 워낙 오랫동안 그곳에 서 있다 보니 많은 사람이 그곳을 어떠한 공격에도 뚫을 수 없는 요새로 여겼다. 하지만 꾸준히 계속하자, 서서히 확신에 찬 더 많은 시민이 진리와 소망의 뜻에 동참했다.

사랑은 거짓 때문에 냉담해진 마음을 녹이기 위해 자신의 따스함을 가져왔다. 믿음은 불가능해 보이는 일을 끝까지 해내도록 인내할 힘을 주었다. 은혜는 오랫동안 견고한 진을 옹호해 온 이들에게 용서를 베풀었다. 점점 더 많은 사람이 진리를 받아들이자 견고한 진의 벽이 드디어 무너지기 시작했다. 왕의 지혜로 무장한 신자들의 군대가 점점 늘어났고, 두려움과 교만은 결국 수적 열세에 놓이게 되었다.

오랜 분투와 인내 끝에, 마침내 견고한 진의 마지막 벽이 무너져 내렸다. 그 자리에 시민들은 '진리의 성전'이라는 새로운 건물을 세우기 시작했다. 성 전체에 그림자를 드리웠던 옛 요새와 달리, 이 새로운 건물은 빛을 발해 멘티스의 구석구석을 환하게 비추었다.

진리의 도움으로, 사람들은 옛 요새를 재건하려 호시탐탐 노리는 새로운 거짓들로부터 마음을 지키는 법을 배웠다. 그렇게 멘티스성은 변화되었다. 자유의 메시지는 다른 성들에도 퍼져 나갔고, 곧 거대한 진리의 혁명이 마음의 땅 전역을 휩쓸었다. 한 번에 하나의 생각씩 해방되어 갔다.

힘을 얻은 거짓들

우리 삶에서 견고한 진을 찾아내는 유용한 방법이 있다. 자신이 정체되어 있다고 느끼는 영역에 대해 생각하는 것이다. 왜 그런지는 확실히 모르지만 그저 정체되어 있다는 사실만 아는…… 그런 영역을 생각하며 스스로에게 이런 질문을 던지라. '혹시 내가 어떤 거짓을 믿고 있지는 않은가?'

거짓말을 믿는 순간, 당신은 삶 속에서 그 거짓말에 진실의 힘을 부여하는 셈이 된다. 혹시 어릴 적에 부모님에게서 소리가 나도록 손마디를 꺾는 행위가 몸에 해롭다는 말을 들은 적이 있는가? 부모님이 그런 행동을 하지 못하게 막았는가? 하지만 그런 행동이 해롭다는 말은 '사실'이 아니다. 손마디를 꺾는 행동은 특별히 문제가 되지 않는다. 그런 행동은 관절염과 전혀 상관이 없다. 손마디를 꺾는다고 해서 손가락이 기형으로 변해 결혼을 못 할 일은 없다.

손마디를 꺾는 행동이 몸에 해롭다는 말이 거짓인지 어떻게 아느냐고? 캘리포니아의 한 의사가 실험을 했다. 그는 한 손의 손마디만 계속해서 꺾는 실험을 했다. 이 독특한 행동을 '수십 년간' 한 뒤에 엑스레이 사진을 찍었더니 두 손 사이에 아무런 차이점도 없었다.[1] 더 많은 표본으로 진행한 또 다른 실험에서도 비슷한 결과가 나왔다.[2]

손마디를 꺾는 행동이 위험하다는 건 '사실'이 아니다. 하지만 잘못된 말을 계속해서 듣다 보면 그 말이 우리의 생각에 자리 잡는다. 그것은 우리 생각에 깊이 박히고, 우리는 그 말에 진실의 힘을 부여하게 된다. 그렇게 되면 그 말이 우리의 행동을 결정한다. 그리고 이것이 또 다른 파급 효과로 이어진다.

손마디를 꺾는 행동이 위험하다고 생각한 당신은 그러지 않으려고 열심히 노력했고, 심지어 자녀에게도 그러지 말라고 말했을지 모른다. 어쩌면 어떤 시점에는 짜증이나 논쟁을 유발했고, 심지어 관계에 영향을 미쳤을지도 모른다. 당신의 생각은 실생활의 결정들로 이어지며, 그 결정들은 주변 사람에게 영향을 미치고 그들에게 당신과 같은 방식으로 생각하도록 가르친다.

요점은, 이제는 마음 놓고 손마디를 꺾으며 살라는 게 아니다. 작은 거짓말도 우리 삶에 작게나마 변화를 일으킬 수 있다는 사실이다. 그렇다면 큰 거짓말은 그야말로 큰 변화를 가져오지 않을까?

거짓을 믿으면 당신은 그 거짓에 진실의 힘을 부여하게 된다. 당신이 생각하는 방식이 당신이 살아가는 방식을 결정한다. 그리고 세대에서 세대로 이어지는 견고한 진은 한 세대에서 다음 세대로 잘못된 사고방식을 전하게 된다.

이제부터 3분간 시간을 줄 테니, 대대로 전해져 내려와 당신의 삶에 영향을 미친 생각들을 잠시 생각해 보라.

변화되기 위해서는 우리의 마음을 새롭게 해야 한다. 우리는 우리가 믿는 거짓말들을 드러내고, 그 생각들을 사로잡아, 우리를 자유롭게 할 하나님의 진리로 그것들을 대체해야 한다.

거짓된 생각이 뿌리를 내리면 우리는 그 거짓말에 집착하게 된다. 몇 가지 이유를 들 수 있다. 우선은 그 거짓을 너무 오랫동안 믿어 온 탓이다. 또 거짓을 믿음으로써 상황을 통제하는 것 같은 착각이 든다. 어떤 것을 거짓이라고 인정하는 순간 다른 모든 것이 의문스러워지게 되며, 그 거짓을 믿는 데 너무 익숙해져서 그냥 계속 믿는 편이 더 편하기 때문일 수도 있다. 그리고 우리 주변의 수많은 사람과 우리가 접하는 수많은 정보가 그 거짓말을 지지하는 나머지 우리가 그것에 의문조차 제기하지 않는 경우도 있다.

견고한 진은 어떻게 만들어지는가

실제 요새와 달리, 대개 우리는 정신적 견고한 진을 의도적으로 구축하지 않는다. 자신의 삶 속에서 견고한 진의 청사진을 꺼내 놓고 열심히 공사를 진행하는 사람은 아무도 없다. 대신, 그것들은 '사로잡지 않은 생각들에 의해' 우리의 마음속에 구축된다.

* **어린 시절에 자주 하는 생각**　더 전문적인 용어로는 인지 도식 발달cognitive schema development이다. 우리가 정보를 처리하고

반응을 결정할 때 사용하는 정신적 틀은 성인이 된 뒤에도
어릴 적의 정보와 경험에 영향을 받는다.³ 우리가 어린 시절에
노출된 생각의 패턴은 우리 스스로 원치 않았거나 의도적으로
선택하지 않은 견고한 진을 만들 수 있다. 고함과 비명이
난무하는 집에서 자란 사람과 이야기해 보라. 그들 중 많은
이들이 자신은 커서 다르게 살리라 다짐했지만, 결국 똑같은
방식으로 남들과 자주 갈등을 겪는 경우가 많다. 혹은 아예
인간관계를 끊고 살아가기도 하는데, 이것도 못지않게 해롭다.
뇌는 유아기에 가소성이 가장 크다. 따라서 우리가 인식하지
못하는 사이, 이 시기에 견고한 진이 구축되는 경우가 많다.

* **반복된 생각**　우리의 생각은 단순히 추상적인 개념이 아니다.
우리의 생각은 뇌의 구조에 실제로 영향을 미친다. 우리는
적극적으로 신경 경로를 만들기로 선택할 수도 있고, 알아서
신경 경로가 만들어지도록 내버려둘 수도 있다. 우리의 많은
견고한 진은, 의도적이든 아니든 외부에서 전해받은 생각들을
통해 오랜 시간 형성된 신경 경로에서 비롯된 경우가 많다.

* **감정적 연결**　강한 감정과 연결된 생각은 지속적인 패턴을
형성하는 경향이 있다. 이것이 내 절친한 친구 중 한 명이
초등학교 시절 아버지가 돌아가셨을 때 형성된 견고한 진을
허물기 위해 몹시 고생한 이유이다. 당시의 감정은 어린 친구의
마음속에 이런 생각을 일으켰다. '아무도 내가 겪고 있는 일을
이해할 수 없어. 그러니까 혼자 간직하고 살아가야 해. 그리고

앞으로는 아무도 나를 떠나지 않도록 완벽한 모습을 보여야 해.' 외로움과 두려움이 쌓은 견고한 진은 무너뜨리기가 무척 힘들다.

* **인지적 강화**   이것은 자신의 생각을 뒷받침해 주는 목소리와 의견에 둘러싸이려는 우리의 본능을 말한다. 우리는 자신의 생각을 뒤흔드는 것이 아니라 확증해 주는 정보와 해석을 찾는다. 이를 확증 편향 confirmation bias 이라고도 한다.

에이버리의 부모는 그녀가 열 살 때 갈라섰다. 아버지가 바람을 피워 다른 여자와 딴살림을 차렸기 때문이다. 그때 '모든 남자는 바람을 피운다'라는 생각이 에이버리 안에 싹텄다. 그때부터 바람피우는 남자들만 눈에 들어왔다. 그녀는 스티브와 결혼을 했는데, 결혼한 지 1년쯤 되었을 때 직장에서 돌아온 남편이 새로운 여성 동료의 이야기를 꺼냈다. 에이버리는 불같이 화를 내며 남편의 휴대폰을 뒤지고 비난을 퍼부었다. 스티브는 아내의 강한 불신에 감정적으로 위축되기 시작했는데, 에이버리는 이를 외도의 결정적인 증거로 보았다. 어릴 적 상처에서 비롯한 생각들은 에이버리 마음속에 불신의 견고한 진을 구축했다. 그녀는 그 생각을 뒷받침하는 증거를 찾으며 새로운 경험을 해석한다. 이 견고한 진을 무너뜨리지 않는다면, 이 부부의 관계는 완전히 깨지고 말 것이다.

견고한 진을 무너뜨리려면

잠언 21장 22절은 성을 공격해야 하는 사람들에게 실용적인 조언을 건넨다. "지혜로운 자는 용사의 성에 올라가서 그 성이 의지하는 방벽^{stronghold, NIV}을 허느니라." 풀이하자면 이렇다. 성을 공격할 때는 반드시 "방벽^{견고한 진}"을 허물어야 한다. 성을 공격할 때 견고한 진을 허무는 어려운 작업을 하지 않으면, 성은 결국 언젠가 다시 세워지고 만다. 성의 지도자들이 견고한 진에 숨어 있기 때문이다. 따라서 다른 건 몰라도 견고한 진만큼은 확실히 허물어야 한다.

견고한 진을 반드시 무너뜨려야 한다.

우리의 삶도 마찬가지다. 삶의 변화를 원하는가? 원하는 사람이 되고 싶은가? 그렇다면 행동을 바꾸고 습관을 고치는 것만으로는 부족하다. 바꾸고 싶던 행동은 나중에 또다시 나타나고, 옛 습관이 되풀이된다. 오히려 전보다 더 심해지기도 하고, 비슷한 뭔가로 대체하기도 한다. 견고한 진은 여전히 건재해서 자멸적인 습관을 다른 습관으로 대체할 뿐이다.

그렇다면 견고한 진을 어떻게 허물어야 할까? 바로 생각을 사로잡아야 한다. 모든 생각을 사로잡아 진리의 빛 아래 놓아야 한다.

고린도후서 10장 3-5절을 다시 보자. 이번에는 우리가 허물어야 하는 것과 이를 위해 우리가 사용해야 하는 힘이 무엇인지 눈여겨보라.

우리가 육신으로 행하나 육신에 따라 싸우지 아니하노니 우리의 싸우는 무기는 육신에 속한 것이 아니요 오직 어떤 견고한 진도 무너뜨리는 하나님의 능력이라 모든 이론을 무너뜨리며 하나님 아는 것을 대적하여 높아진 것을 다 무너뜨리고 모든 생각을 사로잡아 그리스도에게 복종하게 하니.

/ 고린도후서 10장 3-5절

바울은 우리가 "견고한 진을 무너뜨"려야 한다고 말한다. 그리고 그 의미를 "모든 이론을 무너뜨리며 하나님 아는 것을 대적하여 높아진 것을 다 무너뜨리"는 일이라고 다시 설명한다. 이 모든 일은 우리 마음속 전장에서 일어난다. 하나님의 진리를 거스르는 인간의 이성과 주장은 모두 우리가 사로잡아 무너뜨려야 할 생각들이다.

이 일에서 우리는 수동적으로 굴지 말아야 한다. 가만히 앉아서 상황이 좋아지기를 기다려서는 안 된다. 성의 나머지 영역을 다 점령해도 견고한 진을 무너뜨리지 않으면 결국 아무것도 변하지 않는다. 이것이 우리가 매년 새해 결심을 다시 하는 이유이다. 이것이 우리가 이를 악물고 노력해도 발전이 없어 좌절하는 이유이다. 이것이 우리가 몇십 년이 지나도 여전히 같은 문제와 씨름하는 이유이다.

우리의 마음속에는 링이 있다. 이 링에서는 서로 다른 생각들이 서로 치열한 격투를 벌인다. 구체적으로 상상해 보자. 약간 유치

해 보일 수 있지만 견고한 진을 이루는 생각들을 어떻게 공격해서 굴복시킬지 감이 올 것이다. 당신의 마음속에서 다음과 같은 광경이 펼쳐진다고 상상해 보라. 어두침침한 경기장 안에서 두 개의 생각이 서로를 마주 보며 빙빙 돌고 있다. 한 생각은 '걱정'이라는 노련한 베테랑이다. 신경이 곤두서 있고 극심한 불안감으로 가득 찬 이 생각은 오랫동안 챔피언 벨트를 지켜 왔다. 이에 맞서는 도전자는 '믿음'이다. 이 생각은 이런 식의 결투장이 처음이지만 잔잔한 자신감으로 당당하게 서 있다.

시합의 시작을 알리는 종이 울린다. 걱정이 돌진하며 최악의 시나리오로 맹공격을 퍼붓는다. "모든 것이 끝장날 거야!"라고 무시무시한 음성으로 외친다. 이에 믿음이 재빨리 옆으로 피하며 흔들림 없는 어조로 맞받아친다. "하나님이 만사를 다스리고 계셔!" 걱정은 포기하지 않고 온갖 걱정거리를 쏟아 낸다. "넌 아무것도 통제할 수 없어!"라고 외치며 믿음을 붙잡아 쓰러뜨리려 한다.

하지만 믿음은 꿈쩍도 하지 않는다. 믿음의 기초는 조금도 흔들리지 않는다. 믿음은 걱정의 강타를 견뎌 낸 뒤 성경적 시각이라는 강력한 잽을 날린다. "그 무엇도 나를 하나님의 사랑에서 끊을 수 없어!" 이 강력한 생각이 걱정의 턱에 정확히 꽂힌다.

순간적으로 걱정이 휘청거린다. 믿음은 이 기회를 놓칠세라 숨을 깊이 들이마신 뒤 성경적인 생각으로 연타를 날린다. "하나님이 나를 돌보시니 내 모든 걱정을 그분께 맡길 수 있어!" 걱정은 반격을 시도하지만 몸을 가누기조차 힘들다. 믿음은 믿음과 소망의 생각들로 걱정을 더욱 밀어붙인다. 걱정은 숨이 차 헐떡이다가 마침내 항복을 선언한다. 믿음이 이 싸움에서 이긴다. 하지만 걱정은 머잖아 재경기가 열릴 것을 잘 안다.

앞서 말했듯이 이 비유는 유치하다. 하지만 요지만큼은 분명히 전해 준다. 우리 삶 속에 견고한 진을 구축한 생각들을 하나님의 능력과 약속에 근거한 생각들로 공격해서 굴복시켜야 한다. 싸움 없이는 이 생각들을 항복시킬 수 없다. 따라서 하나님의 도우심으로 이 생각들과 싸움을 벌여야 한다.

나는 할 수 없지만 그분은 하실 수 있다

다 좋은 이야기다. 하지만 노련한 적들과의 싸움에서 모두가 승리를 장담할 수는 없다. 아니, 자기 힘으로는 어느 누구도 승리를 장담하기 어렵다. 내가 직접 시도해 봐서 잘 안다. 10년도 더 전의 일이다. 아내의 설득으로 우리 집은 농장으로 이사를 했다. 아내는 농부의 딸로 자라 공구와 트랙터를 잘 다루지만 나는 영 어설프다. 어릴 적 우리 아버지는 망치와 드라이버를 서랍에 보관만 할 뿐 실제로 사용한 적은 한 번도 없었다. 농장으로 이사했을 때 나는 아내와 딸이 말을 탈 수 있도록 숲에 길을 내고 싶었다. 그러려면 나무와 가지를 잘라야 했다.

나는 동네 철물점에서 산 도끼 한 자루를 사륜 바이크에 싣고

숲으로 갔다. 그 도끼로 첫 번째 나무를 베기 시작했다. 몇 시간 뒤, 노력이 무색하게 그 나무는 멀쩡했고 나만 쓰러지기 직전이었다. 나는 동네 철물점에 다시 가 이번에는 전기톱을 샀다. 전기톱을 만져 본 적도 없어 영 자신이 없던 나는 가게에 있는 가장 저렴한 톱을 골랐다. 혹시 실수를 해도 살만 살짝 베일 뿐, 팔다리는 잘리지 않을 만큼 작았다. 그러나 숲에 가서 전원을 켰지만 그 작은 톱은 결국 나무에 박혀서 빠지질 않았다. 아무래도 더 큰 톱이 필요했다.

우리 집에서 가까운 곳에 '전기톱 세상'이라는 가게가 있다. 그 가게에 처음 가 봤는데 들어가자마자 내가 있을 곳이 아니라는 생각이 들었다. 하지만 나는 절박했다. 나는 상점 직원에게 나무들을 베어 숲에 길을 낼 거라고 말했다. 그러자 그는 '농장 보스'라는 전기톱이 적격이라고 했다. 그렇게까지 센 톱이 필요할까 싶었지만 그는 나를 보며 이렇게 말했다. "농장 보스에게는 농장 보스가 딱이죠."

사실, 아내야말로 진짜 농장 보스다. 나는 그저 농장의 일꾼에 불과하다. 어쨌든 농장 보스라는 이름의 톱은 너무 비쌌다. 거의 500달러에 가까운 이 톱을 우리 집의 진짜 농장 보스가 사라고 허락할 리가 없었다. 하지만 상점 직원은 무작정 톱을 내 손에 쥐어 주며 그 나무들이 버터처럼 싹둑 잘릴 거라고 말했다. 결국 그 톱을 사서 작업을 시작한 나는 깜짝 놀랐다. 알고 보니 내게 필요한 건 실제로 작업을 완수하고 길을 낼 수 있는 강력한 도구였다.

마음속의 견고한 진을 무너뜨리는 것은 새로운 길을 내는 것과도 같다. 새로운 신경 경로가 필요하다. 그러기 위해서는 반드시 그것을 할 수 있는 올바른 힘을 얻어야만 한다. 세상의 도구들로는 어림도 없다. 고린도후서 10장 4절은 우리에게 이 견고한 진들을 무너뜨리기 위한 "하나님의 능력"이 있다고 말한다.

"모든 생각을 사로잡아 그리스도에게 복종하게" 하는 것은 어디까지나 하나님의 능력으로써만 가능하다.^{고후 10:5} 낡고 거짓된 생각이 우리를 강하게 사로잡을 때마다 그것을 찾아 잘라 내야 한다. 그것이 우리의 마음속 깊이 자리를 잡았다고 해서 그냥 받아들여서는 안 된다. 그것이 아무리 오랫동안 수없이 반복해 온 생각이라 해도 당연하게 받아들여서는 안 된다. 주변 사람이 다 같은 생각을 품고 있다고 해서 그 생각을 그냥 인정해서는 안 된다. 그 생각을 사로잡아 예수님의 진리에 복종시켜야 한다. 그렇게 할 때만 견고한 진들을 무너뜨릴 수 있다.

거짓말을 발견하면 그 거짓을 진리로 대체해야 한다. 그러면 생각이 변하기 시작한다. 생각이 변하면 행동이 변한다. 그렇게 진정한 변화를 경험하기 시작한다.

이것이 우리의 계획이다. 단, 다시 말하지만 우리 자신의 힘으로는 이것을 해낼 수 없다. 그런 의미에서 가장 먼저 바꾸어야 할 생각은 자기 힘으로 할 수 있다는 생각이다. 자신의 힘으로 바뀔 수 있다면 진작 바뀌었을 것이다. 다들 시도해 봤을 것이다. 하지만 그런 방법은 통하지 않는다. 자기 힘을 의지하는 삶에서 벗어나야 한다. 자신의 힘에서 하나님의 능력으로 갈아타야 한다.

자, 우리는 싸워야 한다. 그리고 우리에게는 싸울 힘이 필요하다. 여기까지 이해했는가? 하지만 어떻게?

견고한 진을 무너뜨리기 위한 하나님의 능력을 어떻게 얻을 수 있을까? 우리를 공격하는 생각들과 어떻게 싸워야 할까? 다른 도구들을 어떻게 손에 넣어야 할까? 바로 이것이 우리가 다음으로 다룰 내용이다. 견고한 진을 무너뜨리기 위해, 거짓들을 사로잡아 진리로 대체하여 우리의 마음을 새롭게 하기 위해 하나님의 '농장 보스' 능력을 어떻게 얻어야 할까? 어떻게 해야 세상을 본받지 않고 하나님이 원하시는 사람으로 변화를 받을 수 있을까?

일단, 이 모든 일은 우리의 마음에서 이루어진다.

chapter 3.

'내가 자주 보고 듣는 것'은
 힘이 세다

퇴짜만 800번. 상상이 가는가? 스물네 살의 세스 고딘 Seth Godin은 책 한 권 분량의 원고를 써서 출판사들에 보냈다. 그런데 그가 밝힌 바에 따르면, 첫해에 그는 무려 800통의 거절 답장을 받았다. 두드리는 족족 문이 열리기는커녕 눈앞에서 쾅 하고 닫혔다.

이런 상황에 처했다면 당신의 생각 속에서 어떤 일이 벌어질까? 부정적인 생각에 사로잡혀 모든 것을 포기하기가 쉽다. 스스로를 실패자로 여기고, 성공하기는 틀렸다고 생각할 수 있다. 어느 누가 그런 기분을 느끼지 않으랴? 거절당할 때마다 필시 고딘은 낙심하고 의심에 시달렸을 것이다. 400번쯤 거절당하고 나서는 분노와 좌절감에 휩싸였을 것이다. 아마 그대로 두었다면 고딘의 마음은 그 책은 물론이고 글쓰기 자체를 포기하고 싶은 생각으로 가득하지 않았을까?

물론 우리 모두가 베스트셀러 작가가 된 세스 고딘처럼 되리라는 말을 하려는 것은 아니다. 결과는 우리가 통제할 수는 없지만, 우리의 생각을 어디에 둘지는 통제할 수 있다. 그리고 그것은 우리가 생각하는 것보다 훨씬 더 큰 힘을 가졌다. 명사수가 항상 과녁에 명중시킬까? 물론 아니다. 하지만 그렇다고 신중하게 조준하지 않는 것은 아니다. 모든 조건이 동일하다면, 우리는 생각하는 대로 되어 갈 것이다. 그리고 우리의 생각은 우리가 어느 방향으로 갈지를 결정한다.

잘 생각해 보라. 나는 내가 무엇을 생각하는지를 바꿈으로써 내 삶의 방향을 바꿀 수 있다. 그렇다면 과연 '무엇'이 내가 무엇을 생각하는지 결정할까?

세스 고딘의 이야기로 돌아가 보자. 그는 이 질문에 대한 답을 원했고, 지그 지글러 Zig Ziglar에게서 답을 찾았다. 지글러는 긍정적인 생각을 권장하고 사람들이 자기 일의 가치를 믿도록 격려하는 기독교 동기 부여 강사다. 고딘은 동기 부여 테이프에서 들은 지글러의 강연이 그 수많은 거절에도 불구하고 자신이 포기하지 않고 이겨 낼 수 있었던 비결이라고 설명한다. "그 말은 나의 혼잣말이 아니라 지글러의 말이었다. 매일 3시간씩 지그 지글러가 내게 말을 했다. 하루에 3시간씩 3년 동안, 나는 그의 말에 귀를 기울였다. …… 다 합해서 72시간 분량의 내용이었기 때문에 나는 그 말들을 달달 외웠다. 내게 필요한 목소리가 내 머릿속에는 없었기에 그의 목소리가 내 머릿속을 장악해 버렸다."[1]

고딘은 지그 지글러의 72시간짜리 강연을 3년간 매일 3시간씩 듣고 또 들었다. 다 합치면, 3,285시간 동안 의도적인 생각들을 받아들인 셈이다. 이는 물이 고인 연못에 깨끗한 물을 새로 붓는 것과도 같다. 처음에는 딱히 변화를 느끼지 못할 수 있다. 하지만 깨끗한 물을 꾸준히 붓다 보면, 탁한 물이 점차 깨끗한 물로 교체될 것이다.

부정적인 생각이 고딘의 마음속에 뿌리를 내릴 틈이 없었다. 그는 이렇게 말한다. "내가 다 그만두고 은행 창구 직원으로 취직하지 않았던 것은 전적으로 지글러의 강연 테이프 덕분이었다."[2] 그나저나 고딘이 포기하지 않아서 얼마나 다행인지 모른다. 그는 그 후 22권의 베스트셀러를 썼고, 그 책들은 39개 언어로 번역되어 나왔다.[3]

고딘이 알고서 했는지는 잘 모르겠지만, 사실 그가 3,285시간 동안 지글러의 강연을 반복해서 들은 것은 '노출의 법칙 the rule of exposure'을 적용한 행위였다. 노출의 법칙은 인지의 법칙과 공생적 관계이다. 인지의 법칙은 우리의 생각이 우리가 어떤 사람이 될지를 결정한다는 점을 강조하고, 노출의 법칙은 우리가 가장 많이 접하는 것에 따라 우리의 생각이 형성되는 경향이 있다고 말한다.

정리하자면 다음과 같다.

* 우리가 접하는 것들이 우리의 생각을 결정한다.
* 우리의 생각은 우리의 믿음을 결정한다.
* 우리의 믿음은 우리의 행동을 결정한다.
* 우리의 행동은 우리의 삶을 형성한다.

이는 내가 한 말이 아니다. 노출의 법칙은 1968년, 로버트 자이언스 Robert Zajonc가 처음 밝혀낸 심리학적 현상에 근거하며, 그는 이를 "단순 노출 효과"라고 불렀다.[4] 이 효과는 우리가 자주, 반복적으로 접하는 관념이나 사람을 더 선호하거나 끌리게 되는 경향을 의미한다. 결국, 우리가 가장 많이 노출된 것들이 우리의 생각과 믿음을 형성하고, 이는 다시 우리의 삶을 이끌게 된다. 이 효과의 중요한 특징은, 노출이 의식적이거나 의도적이지 않아도 효과가 나타난다는 것이다. 무의식적이거나 의도치 않은 노출조차 당신의 생각을 형성하고 삶의 방향을 결정한다. 당신의 허락이 없더라도 말이다.

2004년, 〈피디애트릭스 Pediatrics〉지에는 "텔레비전 시청이 청소년의 성적 경험의 시작을 예측한다"라는 제목의 연구 결과가 실렸다.[5] 연구자들은 12세에서 17세 사이 청소년 1,700명 이상의 텔레비전 시청 습관과 성적 경험을 조사하고, 1년 뒤에 동일한 학생들을 대상으로 후속 연구를 진행했다. 그 결과, 텔레비전에서 성적 콘텐츠를 더 많이 시청한 학생들은 성적 경험을 했을 가능성이 현저히 더 높았다. 단순히 성적 콘텐츠에 반복적으로 노출된 경험이 학생들의 성에 대한 태도와 믿음, 그리고 성적 경험을 할 가능성에 영향을 미쳤다. 다음과 같은 비슷한 연구 결과도 보라.

* 폭력적인 콘텐츠에 노출된 아이들은 훗날 공격적인 행동을 보일 가능성이 더 높다.[6]
* 브랜드 로고에 무의식적으로 노출되는 것이 소비자의 구매에 영향을 준다.[7]

* 포르노에 반복적으로 노출되는 경험이 성적 태도, 기대, 행동을 형성한다.[8]
* 음식 광고에 노출되면 배가 고프지 않을 때도 광고된 음식을 선택하고 소비하게 된다.[9]
* 소셜 미디어에서 이상적인 몸 이미지에 자주 노출되면 특히 젊은 여성들 사이에서 신체 불만족과 섭식 장애가 증가한다.[10]
* 뉴스에서 극적인 사고 소식에 과도하게 노출되면 자신도 비슷한 사고를 겪을 가능성을 과대평가하며 걱정하게 될 수 있다.[11]

단순 노출 효과를 뒷받침하는 이 연구 결과들을 간단한 등식으로 표현할 수 있다.

입력 = 결과
입력 : 우리가 반복적으로 노출되는 콘텐츠
결과 : 우리의 믿음과 행동을 형성하는 생각

이것이 하나님이 우리를 만드신 방식이다. 신경가소성은 우리의 뇌가 반복적인 노출을 통해 신경 세포 간 연결을 형성할 수 있음을 보여 준다. 우리가 보고 듣고 경험하는 모든 것은 그와 관련된 신경 경로를 만들고 강화한다.

자, 이쯤에서 약간 당황할 수도 있다. 퍼즐 조각들이 맞춰지는가? 우리는 통제할 수 없는 것들, 심지어 인식조차 못하는 것들에 크게 영향을 받는다. 우리는 환경에 의해, 심지어 의식적으로 선택하지 않은 것들에 노출됨으로써 형성되고 있다. 하지만 좋은 소식이 있다. 이 과정에서 우리 인간은 무기력한 존재가 아니다. 오히려 이 신경가소성으로 인해 우리는 모든 생각을 사로잡아 변화를 받을 수 있다.

무한한 지혜의 하나님은 우리의 뇌가 이토록 놀라운 변화의 능력을 지니도록 창조하셨다. 이 신경가소성은 흠이나 취약점이 아니라 오히려 선물이다. 당신의 마음속에 어떤 패턴이 자리 잡았든, 과거에 어떤 부정적인 영향들이 당신의 생각을 형성했든 상관없이, 당신의 창조주께서 당신을 변화될 능력을 지닌 존재로 창조하셨다.

따라서 주변의 영향들에 압도당하는 대신, 이를 기회로 보기를 권한다. 우리는 그리스도를 통해 우리의 마음을 형성할 능력을 지니고 있다. 우리의 생각을 사로잡고, 무엇에 노출될지 의식적으로 선택함으로써, 우리 자신이 변화하는 과정에서 하나님과 함께해 나갈 수 있다.

모든 것은 '레브'에서 흘러나온다

삶에서 변화의 필요성을 느낄 때 본능적으로 우리는 행동 변화에 초점을 맞춘다. 살을 빼야 할 필요성을 느끼면 자신의 생각이나 자신이 주로 노출되는 콘텐츠에 대해 생각하기보다 먼저 헬스장으로 달려가 운동부터 시작한다. 하지만 진정한 변화, 근본적인 변화는 바로 마음에서 시작된다.

　사람이 위기에서 얼마나 현명한 결정을 할 수 있는지 확인하기 위한 일련의 실험이 진행된 적이 있다. 한 실험에서 참가자들을 물이 급속도로 차고 있는 욕조 앞으로 데려갔다. 그들에게 주어진 임무는 욕조를 최대한 빨리 비우는 것이었고, 사용할 수 있는 도구는 티스푼, 테이블스푼, 컵뿐이었다. 당신이 이 실험 참가자라면 어떻게 하겠는가?

* 티스푼으로 물을 퍼낸다.
* 테이블스푼으로 물을 퍼낸다.
* 컵으로 물을 퍼낸다.

　답은 뻔해 보인다. 실제로 대부분이 컵을 집어 욕조에서 미친 듯이 물을 퍼내기 시작했다. 하지만 참가자 중 소수는 상황을 찬찬히 파악하고 잠시 생각을 하더니, 수도꼭지를 잠그고 배수구를 열었다. '그러고 나서' 컵을 집어 물을 퍼내기 시작했다.
　위기 상황에 처하면, 삶이 뜻대로 풀리지 않으면, 대개 우리는 최상인 것처럼 보이는 것을 집어 든다. 무작정 컵을 집어 물을 퍼내기 시작한다. 하지만 우리가 바로 코앞에 있는 뭔가를 놓치고 있다면? 우리가 해야 할 첫 번째 단계가 상황을 바꾸는 것이 아니라 그 상황을 보는 방식을 바꾸는 것이라면?

남편이 분노를 조절하지 못하는 탓에 아내가 이혼을 원한다. 그럴 때 남편은 대개 어떻게 하는가? 분노 조절 상담을 받는다.

부부가 신용카드 대금의 결제 대금을 내지 못하고 있다. 이 부부는 어떻게 할까? 급히 현금을 마련하기 위해 집 안에서 팔 만한 물건은 모조리 판다.

남자가 가슴 통증을 느끼기 시작한다. 나쁜 식습관과 스트레스가 결국 탈을 일으켰다. 그는 어떻게 할까? 또다시 다이어트에 돌입하고 헬스클럽 정기권을 끊는다.

이 모든 해법은 결코 '나쁜' 것이 아니다. 오히려 모두 좋은 방법이고, 나름대로 효과가 있다. 문제는 행동 변화에만 초점을 맞추고 있다는 사실이다. 하지만 문제가 되는 행동은 처음부터 행동으로 시작되지 않았다. 행동만 고쳐서는 문제의 뿌리를 해결할 수 없다.

솔직히, 우리 대부분은 이런 식의 전략을 사용해 왔다. 평생 우리는 행동에 초점을 맞추어야 한다고 배웠다. 어릴 때 우리가 한 '생각'에 대해 혼이 난 적이 없다. 항상 우리가 한 '행동'에 대해 혼이 났다. 우리는 언제나 행동에 대해 상을 받거나 벌을 받았다. 엄마에게 버릇없는 말을 하면 혼이 났다. 하지만 그런 말을 속으로 생각했다고 혼이 난 적은 없다. 어릴 적부터 우리는 행동이 관건이라고 배웠다. 그래서 달라지고 싶을 때는 행동을 바꾸려고 한다.

우리가 외적으로 하는 행동이 중요한 것은 사실이다. 하지만 외적인 행동은 속에 있는 것이 겉으로 드러난 결과물일 뿐이다. 행동 교정은 컵을 집어 욕조에서 물을 퍼내는 것과도 같다. 물론 물이 조금 줄어들기는 한다. 하지만 물은 여전히 욕조 안으로 쏟아지고 있다. 따라서 우리는 물이 어디서 흘러드는지, 그리고 그 물을 차단할 길이 있는지부터 파악해야 한다.

> 모든 지킬 만한 것 중에 더욱 네 마음을 지키라 생명의 근원이 이에서 남이니라.
> / 잠언 4장 23절

역사상 가장 지혜로운 인물로 불리는 솔로몬이 "모든 것 중에"라고 말할 때는 귀를 기울이는 편이 현명하지 않을까? 우리는 행동에 초점을 맞추는 경향이 있다. 우리는 행동을 바꾸어 삶을 바꾸려고 한다. 문제는 이런 행동이 마음에서 나온다는 것이다. 우리는 물을 퍼내지만, 수도꼭지는 여전히 활짝 틀어진 상태로 계속 물을 쏟아 낸다.

* 자신에게 과소비의 문제가 있다고 생각한다. 그래서 지금처럼 과도한 소비를 하지 않기로 결심한다. 신용카드 빚을 다 갚기 전까지는 백화점에 가지 않겠노라 다짐한다. 하지만 진짜 문제는 소비가 아니다. 바로, 마음의 문제이다.
* 자신에게 분노의 문제가 있다고 생각한다. 그래서 욕을 하면

벌금을 넣을 통을 식탁 위에 놓고 화를 내기 전에 열까지 세기 시작한다. 하지만 진짜 문제는 마음이다.
* 자신에게 식습관의 문제 혹은 포르노 중독의 문제가 있다고 생각한다. 그래서 다이어트에 돌입한다. 인터넷 필터를 설치한다. 하지만 진짜 문제는 마음이다.

행동을 잠시 바꿀 수는 있다. 그리고 그것이 약간의 도움은 될 수 있다. 하지만 일주일 혹은 한 달 뒤면 같은 행동을 하고 같은 방식으로 반응하는 자신을 발견하게 된다. 삶에 스트레스가 더해지면, 다시 옛 습관으로 돌아가 버리는 자신을 발견하게 될 것이다. 왜 변하지 못하는지 그저 답답하기만 하다. 아무래도 평생 원하는 사람으로 변하지 못할지 모른다는 불안이 밀려오기 시작한다.

문제는 수도꼭지가 여전히 틀어져 있다는 것이다. 우리가 욕조에서 물을 퍼내는 속도만큼 빠르게 새로운 물이 채워진다. 솔로몬은 "마음heart"이 관건이라고 말한다. 역본에 따라 다소 차이가 있겠지만 실제로 잠언을 읽어 보면 마음이라는 단어가 75번 등장한다. 그렇다면 솔로몬이 말하는 마음은 무엇을 의미할까?

마음은 우리가 자주 읽고 사용하는 단어이다. 그래서 우리는 솔로몬의 글을 읽을 때 그가 생각한 마음의 의미를 안다고 여기기 쉽다. 그런데 우리는 마음이라는 단어를 들으면 감정을 떠올리고, 마음을 생각이 이루어지는 뇌와 별개로 여기는 경향이 있다. 심지어 마음과 정신mind: 생각의 영역, '마음'으로 번역되기도 한다을 대조시키기도

한다. 그래서 어떤 이들은 "마음 가는 대로만 하지 말고 곰곰이 생각해 봐"라고 이야기한다.

하지만 솔로몬 당시 히브리 문화에서는 마음과 정신을 같은 것으로 여겼다. 영어 성경에서 "heart마음"로 번역된 히브리어는 "레브"이다. 레브는 감정을 느끼고, 바라고, 의지를 발휘하고, 걱정하고, 선택하고, 묵상하는 우리의 내적 영역을 일컫는 경이로운 단어이다. 이 히브리어 단어의 또 다른 정의는 "속사람, 정신, 의지, 마음"이다.[12] 즉 정신과 마음을 둘 다 지칭할 수 있다. 실제로 잠언 4장 23절에서 "heart마음"로 번역된 레브가 사무엘상 9장 20절에서는 "mind신경, ESV"로 번역된다. "사흘 전에 잃어버린 네 나귀들에 대해서는 신경mind을 쓰지 말라." 구약성경 사전에 따르면 이 "레브"는 "양심과 도덕적 인격이 있는 곳"뿐 아니라 "지식과 지혜가 있는 곳"도 지칭할 수 있다."[13]

솔로몬의 히브리어 원문을 번역한 학자들은 "네 마음을 지키라"라는 표현을 선택했지만 '네 정신을 지키라'나 '네 생각의 영역을 지키라'로 번역해도 아무런 문제가 없다.

'내가 이 행동을 왜 계속해서 하고 있지? 이 행동은 어디서 자꾸 오는 거지?' 우리가 스스로 이렇게 물으면 분명 솔로몬은 이렇게 대답할 것이다. "나는 그 행동이 어디서 오는지 안다. 그것은 바로 네 레브에서 오는 것이다. 이것이 네가 모든 것 중에서도 네 레브를 지켜야 하는 이유이다."

또 다른 장면을 상상해 보자. 당신이 숲속을 거닐다가 잔뜩 오염된 실개천을 만난다고 해 보자. 당신은 이것을 그냥 보고 지나갈 수 없어 뭔가 행동을 취하기로 한다. 가만히 보니 실개천 위로 쓰레기들이 둥둥 떠다닌다. 그래서 당신은 열심히 쓰레기들을 청소하기 시작한다. 몇 시간이 지나고 보니 개천이 한결 깨끗해졌다. 당신은 쓰레기를 다 치울 때까지 매일 이곳에 오기로 한다.

그런데 이튿날 실개천에 다시 와 보니, 전날 청소를 하기 전과 똑같이 쓰레기가 많다. 당신은 몇 시간 동안 쓰레기를 다시 치운다. 그런데 다음 날에도 실개천은 처음 상태 그대로이다. 절박해진 당신은 미친 듯이 쓰레기를 치운다. 그다음 날에도 실개천의 상태는 마찬가지로 엉망이다. 매일같이 당신은 탈진할 때까지 계속 청소를 한다. 하지만 다음 날 돌아가 보면 아무런 진전도 없어 보인다.

그제야 당신은 무슨 일이 일어나고 있는 건지 파악해야 한다고 느낀다. 모든 쓰레기의 원천을 찾기 위해 상류로 거슬러 올라가다 실개천이 쓰레기 더미를 통과하고 있음을 발견한다. 이 상황에 대한 생각을 바꿔야 함을 깨닫는다. 계속해서 실개천에 떠다니는 쓰레기에만 초점을 맞추면 약간의 진전은 있을 수 있다. 하지만 모든 쓰레기가 나오는 곳을 다루기 전까지는 같은 문제가 계속해서 발생할 수밖에 없다.

이것이 수많은 사람이 평생 좌절하고 피로한 상태에 머무는 이유이다. 우리의 삶과 관계에 어느 순간 쓰레기가 나타난다. 그런데 우리는 그것이 어디에서 왔는지 알지 못한다. 제거하기 위해 노력해 보지만 계속해서 다시 나타난다. 왜일까? 솔로몬은 그것이 흘러들도록 방치하고 있기 때문이라고 말한다. 우리가 우리의 레브를 지키지 않고 있기 때문이다. 모든 것이 레브에서 흘러나오기에 우리는 무엇보다도 레브를 지켜야 한다.

당신의 '레브'를 철통같이 지키라

내가 사는 켄터키는 알파벳 'b'로 시작하는 세 가지로 가장 유명하다. 바로 인기 스포츠인 배스킷볼,basketball: 농구 옥수수와 호밀로 만드는 미국산 위스키인 버번,bourbon 정원용 잔디인 블루그래스bluegrass이다. 그런데 자랑거리가 하나 더 있으니, 바로 포트 녹스Fort Knox이다. 이곳에는 4,600톤의 금괴가 보관되어 있다. 가치로는 약 3,000억 달러에 달한다. 실로 엄청난 액수이다.

포트 녹스는 2층짜리 구조물로, 약 467세제곱미터의 화강암, 1,400톤의 강철, 그리고 약 3,058세제곱미터의 콘크리트로 되어 있다. 금고 문의 무게만 20톤에 달한다. 혼자서 금고에 들어갈 수 있는 전체 비밀번호를 아는 사람은 없다. 여러 직원들이 각자 자신만 아는 별도의 비밀번호를 돌리고 그 비밀번호가 다 맞춰져야 금고가 열린다. 네 곳의 경비 초소가 포트 녹스를 둘러싸고 있으며, 이곳 역시 최신 경비 시스템을 단단히 갖추고 있다.

이렇게까지 한 이유는 무엇일까? 그 안에 있는 것이 너무도 귀하기 때문이다. 그래서 포트 녹스 관계자들은 그것을 지키기 위해 철통같은 경계 태세를 유지한다. 두터운 콘크리트 벽과 경비원들, 경비 시스템을 보고 '너무 지나치잖아!'라고 생각하는 사람은 아무도 없다. 그 안에 있는 것이 너무도 귀해서 어떠한 극단적인 조치도 정당화된다. 솔로몬은 우리의 레브를 이처럼 철저하게 지키라고 강권한다.

무언가를 지킨다는 것은 곧 그것을 노리는 적이 있다는 뜻이다. 밖에서 안으로 들어오려고 호시탐탐 기회를 노리는 무언가가 있다. 우리는 그것이 들어오지 못하도록 모든 수단을 동원해야 한다. 우리가 지켜야 할 보물은 바로 우리의 마음이다.

우리가 조금만 틈을 보이면 우리의 마음속으로 들어오려는 '부정적이고, 해롭고, 불안하고, 수치스럽고, 거룩하지 않고, 교만하고, 불경스럽고, 음란하고, 증오심에 불타고, 무기력하고, 이기적이고, 질투심 가득한 생각들'이 넘쳐 난다. 때로 이것들은 분명하게 눈에 확 들어온다. 하지만 대개 이것들은 뒷문으로 몰래 들어오려고 한다. 이런 것에 노출되면 그에 따라 우리의 생각이 결정되며, 그 생각들은 다시 우리의 삶을 이끈다.

자주 보고 듣는 것의 막대한 영향력

우리의 삶은 생각에 의해 형성되고, 우리의 생각은 뭐든 우리가 가장 많이 노출된 것의 영향을 받는다. 다시 말해, 우리가 마음에 들이는 것이 곧 우리를 형성해 간다. 우리는 변화를 시도할 때 '결과'에 초점을 맞춘다. '이 행동은 그만해야 해. 이런 말을 이제는 하지 말아야 해.' 그러나 그보다 '입력'에 초점을 맞추어야 한다. 들어가는 것이 바뀌어야 나오는 것이 바뀐다.

온화한 사람이 되고 싶은가? 좋은 생각이다. 그렇다면 당신은 무엇을 입력하는가? 온화해지고 싶다면서 "모두가 당신을 공격하고 있다. 이제 반격해야 할 때다!" 하고 외치는 분노에 찬 팟캐스트를 매일같이 듣는다면 온화해지기란 불가능하다.

겸손해지고 싶은가? 그렇다면 입력부터 점검해야 한다. 당신 자신과 당신의 필요가 최우선이라 말하고, 당신이 특권을 가졌고 세상의 중심이라고 말하는 소비주의에 계속해서 빠져든다면 겸손해지기란 극도로 어렵다.

거룩하고 순결한 삶을 살고 싶은가? 그렇다면 당신은 무엇을 입력하는가? 어떤 이미지들을 마음속에 넣고 있는가? 어떤 그리스도인들은 성경을 읽다가 솔로몬에게 1,000명의 부인이 있었다는 사실을 알고서 역겨움에 고개를 흔든다. 하지만 정작 그들은 솔로몬이 평생에 걸쳐서 본 것보다도 더 많은 음란한 이미지를 일주일 만에 다 본다. 이것이 당신의 입력이라면 거룩함의 성장을 기대하기란 어렵다.

입력한 것은 어떤 식으로든 삶의 결과로 나타난다. 우리가 노출된 것이 우리의 생각을 형성하고, 그 생각은 우리의 삶을 형성한다. 앞서 소개한 우화 《거룩한 전쟁》에서 존 번연은 마음을 인간영혼^{Mansoul}이라는 마을로 묘사한다. 이 마을로 들어가는 문은 두 개이다. '눈의 문'은 가장 중요하면서도 가장 취약한 문이다. 다른 문인 '귀의 문'은 인간영혼 마을의 원수가 가장 먼저 공격하는 부분이다. 번연은 이 문들은 "강제로 열 수 없고 안에 있는 자들의 의지와 허락에 따라서만 열린다"고 설명한다.[14] 원수가 어떤 전략을 사용하든 문은 오직 안에 사는 사람만 열 수 있다. 이것이 나쁜 소식이라고 생각하는가? 그렇지 않다. 오히려 좋은 소식이다. 왜냐하면 주도권이 우리의 손에 있기 때문이다. 자, 이야기를 계속해서 해 보자.

귀의 문

우리 삶의 모든 것이 생각으로 형성된다면, 무엇이 우리가 하는 생각에 영향을 주는지 이해하는 것보다 중요한 일은 없다. 우리는 귀로 듣는 것의 영향을 과소평가한다.

내가 고등학생일 때는 많은 교회가 록 음악을 적으로 여겼다. 당시는 아이언 메이든^{Iron Maiden}과 키스^{Kiss}의 시대였다. 참고로, 나는 본 조비^{Bon Jovi}와 LL 쿨^{Cool} J를 더 좋아했다. '지옥의 벨'이라는 제목의 중고등부 설교 시리즈가 기억난다. 이후 많은 교회의 중고등부에서 이 설교 시리즈와 동일한 메시지를 전했다. 우리는 록 음악이 지옥에서 울리는 음악이라고 배웠다. 그런데 이 메시지는 일종의 역효과를 낳았다. 내 친구들은 이런 반응을 보였다. "잠깐, 이게 지옥에서 울리는 음악이라고? 갑자기 관심이 생기는데. 그룹 이름이 뭐라고 했지? 다시 말해 봐."

예를 들어, 교회에서 키스라는 그룹 이름이 '사탄을 섬기는 기사들Knights in Satans's Service'의 약자라는 설명을 들었다. 그 그룹의 음악을 들으면 우리도 사탄을 섬기는 기사가 되는 거라고 했다. 그들은 백 마스킹back masking에 관해 경고했다. 즉 곡을 거꾸로 틀면 사탄적인 숨은 메시지가 나온다는 것이었다. 레드 제플린Led Zeppelin의 한 곡을 거꾸로 틀면 "친절한 사탄을 위하여"라는 말이 들린다고 했다.

겁을 주는 전술은 통하지 않았다. 바로 그 주에 한 친구 집에 놀러 갔더니, 친구가 지하실에서 새로 산 레드 제플린 음반을 거꾸로 트는 법을 알아내려 애쓰고 있었다. 우리는 방법을 알아내면 CCM 밴드 페트라Petra의 음반을 백 마스킹 해서 어떤 숨은 메시지가 있는지 확인해 보자고 뜻을 모았다.

물론 이건 너무 극단적인 경우이다. 나는 이런 극단으로 흐르고 싶지 않다. 보고 듣는 것에 관한 나의 경고가 당신을 편집증 환자나 율법주의자로 만드는 걸 원치 않는다. 그것은 내가 원하는 바가 아니다. 사실, 아이러니하게도 율법주의도 악에 집착한다. 이것은 우리가 행하기를 원하는 것과 정반대다. 하지만 요즘 그리스도인들은 너무 순진한 면이 있다. 그래서 악에 대해 제대로 방어하지 않는 경우가 너무도 많다.

당신이 다가올 수술에 관해 몹시 걱정하고 있다고 해 보자. 의사는 진정제를 처방할 수도 있고, 음악 치료사를 소개해서 긴장 완화에 좋은 음악 재생 목록을 짜게 할 수도 있다. 당신은 어떤 처방을 선택하겠는가? 자, 수술 뒤에 당신은 극심한 고통을 겪는다. 의사는 기본 용량의 모르핀을 투여할 수도 있고, 기본 용량의 80퍼센트만 투여하면서 좋은 음악을 추천할 수도 있다. 고통을 가라앉히는 데 무엇이 더 효과적일 것 같은가?

내 답을 제시하겠지만, 먼저 잠언으로 돌아가 보자. 솔로몬은 마음을 지키라고 말하기 직전에 다음과 같이 말한다.

> 내 아들아 내 말에 주의하며 내가 말하는 것에 네 귀를 기울이라
> 그것을 네 눈에서 떠나게 하지 말며 네 마음속에 지키라 그것은 얻는 자에게 생명이 되며 그의 온 육체의 건강이 됨이니라.
> / 잠언 4장 20-22절

잠언에는 "듣다", "귀", 그리고 "주의를 기울이다"와 같은 유사 표현이 30번 이상 등장한다. 잠언은 우리가 무엇을 들을지를 매우 신중하게 결정하라고 반복적으로 명령한다. 왜 그럴까? 우리의 귀는 마음레브으로 가는 길이기 때문이다. 우리가 듣는 것은 우리의 마음속에 쏟아져 우리의 생각을 형성하고, 이어서 우리의 생각은 우리의 삶을 형성한다.

우리는 이렇게 생각하는 경향이 있다. '내가 듣는 것에 대해

너무 걱정할 필요는 없어. 내가 라디오에서 듣는 음악? 내가 그 음악을 부르는 것도 아니잖아. 내가 듣는 코미디 프로그램? 내가 직접 그 저속한 농담을 하는 건 아니잖아. 그러니까 실제로 내가 한 건 아무것도 없어.' 맞는 말이다. 당신이 한 것은 없다. 하지만 그것들이 당신에게 무언가를 하고 있다.

예를 들어, 당신이 듣는 음악이 당신의 생각에 영향을 미친다고 생각하는가? 당신이 상상하는 것 이상으로 영향을 미친다. 연구에 따르면 우리가 듣는 음악은 건강해지게 할 수도 있고 병을 키울 수도 있다.[15] 음악은 우울증을 유발할 수도 있고 완화할 수도 있다.[16] 음악은 소비와 생산성에 영향을 미친다.[17] 음악은 세상을 보는 시각까지 바꿔 놓는다.[18] 음악이 공격적인 생각을 부추기고 범죄를 조장할 수 있다고 말하는 연구도 있다.[19]

수술 전에 공인 음악 치료사가 만든 긴장 완화용 음악들을 듣는 것이 벤조디아제핀 진정제를 복용하는 것보다 불안감을 줄이는 데 훨씬 더 효과적이라는 연구 결과가 있다.[20] 또한 수술 후 음악을 들은 환자들은 통증 완화에 필요한 모르핀을 18.4퍼센트나 더 적게 사용한 것으로 나타났다.[21]

듣는 것에 주의를 기울여야 한다. 음악만이 아니라 팟캐스트, 비평, 다른 사람의 의견도 가려서 들어야 한다. 이 주제에 관해서는 나중에 더 이야기하겠지만, 우리가 가장 많이 듣는 말이 결국 우리 입에서 흘러나온다.

눈의 문

솔로몬은 우리에게 마음을 지키라고 한 직후에 이렇게 또 말한다. "네 눈은 바로 보며 네 눈꺼풀은 네 앞을 곧게 살펴."^{잠 4:25} 잠언에서는 "눈"이 30번 가까이 등장하며, "보다"라는 단어는 20번 가까이 나타난다. 그 이유가 무엇일까? 우리가 보는 것이 우리의 마음속으로 쏟아지기 때문이다.

미국인들은 매일 스크린을 보는 데 평균적으로 7시간 4분을 사용한다. 전 세계적으로 범위를 넓히면 그 시간은 6시간 58분이다.[22] 우리는 '에이, 뭘 그런 걸 가지고 그래. 그냥 보는 것일 뿐인데'라고 생각한다. 하지만 성경은 우리가 마음의 문을 열 때 그 안으로 흘러드는 것이 우리의 삶으로 흘러나간다고 말한다. 현대 연구도 이를 뒷받침한다. 쓰레기는 결국 하류까지 내려간다.

우리가 마음의 문안에 들이는 것이 중요하다. 그런데 현대 문화는 마음을 지키는 일을 썩 잘하고 있지 못하다. 최근 연구에 따르면 "과도한 스크린 사용은 비만, 수면장애, 우울증과 불안 같은 정신질환의 발생 가능성을 높이는 등 사회적, 정서적 성장을 저해한다. 이것은 감정을 해석하는 능력을 떨어뜨리고, 공격적인 행동을 촉발하며, 전반적으로 정서적 건강에 해를 끼친다."[23]

우리가 눈으로 보는 것은 우리 뇌의 생각을 형성하며, 생각은 우리의 삶을 형성한다.

반드시 나타나는 누적 효과

우리가 이런 문들을 무방비 상태로 방치하는 이유 중 하나는 입력된 것의 결과가 당장 분명하게 보이지 않기 때문이다. 이 과정은 조금씩 진행된다. 뿌려진 씨앗은 서서히 생각으로 자라다가 한참 뒤에야 우리의 삶 속에서 열매를 맺는다.

당신이 병원에 가서 지난 번 방문 때보다 살이 10킬로그램이나 불었다는 사실을 발견한다고 해 보자. 놀란 의사가 묻는다. "어떻게 된 겁니까?" 물론 의사는 살이 찐 날짜와 시간을 묻는 것이 아니다. 의사는 "아, 지난 주 목요일까지는 괜찮았는데 그날 뷔페에 가는 바람에 10킬로그램이 쪘습니다"라는 말을 예상하지 않는다.

몸무게는 단번에 불어나지 않았다. 그 과정은 점진적으로 진행되어 당사자인 당신은 알아채기 어려울 수 있다. 이것이 누적 효과이다. 당신이 무언가를 섭취하는 방식이 바뀌었고, 그 효과가 서서히 나타난 것이다.

금전적인 투자에서부터 단 과자를 먹는 것까지, 우리가 하는 거의 모든 행동에는 누적 효과가 뒤따른다. 우리가 보고 듣는 것도 마찬가지다. 분노에 휩싸인 노래 한 곡을 듣는다고 해서 당장 삶이 변하지는 않는다. 하지만 그런 노래를 계속해서 듣다 보면 결국 분노가 많아진 자신을 보며 고개를 갸웃거리게 된다.

솔로몬은 이렇게 말한다. "듣는 귀와 보는 눈은 다 여호와께서 지으신 것이니라." 잠 20:12 하나님은 우리의 귀와 눈 둘 다 그분을 위해 지으셨다. 하나님은 우리가 그분을 알고 예배하며 다른 이들을 섬기게 하시려 눈과 귀를 주셨다.

무엇에 내 마음을 열어 줄 것인가

우리는 견고한 진을 무너뜨려야 한다. 그런데 이를 위해 우리 그리스도인은 이 세상의 무기를 사용하지 않고 하나님의 능력을 의지한다. 이것이 이 책 3부의 중심 주제다. 일단 여기서는 인지의 법칙과 노출의 법칙이 우리에게 유리하게도 작용할 수 있다는 점만 기억하고 넘어가자. 계속해서 읽어 보면 알겠지만, 우리로 세상을 '본받게' 만드는 역학들이 우리로 '변화를 받게' 만들 수도 있다.

개인 트레이너인 내 친구는 살을 빼려는 고객들에게 스스로 몸의 변화를 느끼기까지는 4주가 걸리고, 주위 사람이 변화를 감지하기까지는 8주가 걸린다고 말한다. 따라서 최소한 8주간 운동을 해야 한다. 내 경험상, 무엇에 노출될지 신중히 결정하면 약 2주 안에 변화가 느껴지기 시작할 것이다. 그리고 한 달 뒤면 친구들과 가족들도 변화를 알아채기 시작할 것이다.

앞으로 2주간 당신의 마음을 무엇에 노출할지 신중히 결정하는 노력을 해 보면 어떨까? 실험해 보라. 마음의 문을 지키라. 스크린 사용에 제한 시간을 두고, 휴대폰으로 찬양을 틀고, 소셜 미디어를 쉬고, 매일 성경을 읽으라. 유버전 YouVersion 앱을 사용하면 다양한 성경 읽기 계획을 활용할 수 있다. 몇 주 뒤에 단순 노출 효과가 당신의 삶에 어떤 식으로든 영향을 미쳤는지 확인해 보라.

이번 장에서 꼭 기억해야 할 사실은 이것이다. 우리의 마음은 정원과 같고, 우리의 생각은 씨앗과 같다. 우리가 매일 접하는 것을 통해 무엇을 심느냐에 따라 무엇이 자라느냐가 결정된다. 우리가 보는 모든 이미지, 우리가 듣는 모든 말, 우리가 하는 모든 상호작용이 무언가를 심는다. 문제는 '우리가 부정적인 태도와 두려움, 의심의 잡초를 키우느냐, 아니면 믿음과 소망과 사랑의 씨앗을 기르느냐'이다.

우리가 뇌에 입력하는 것들에 관심을 기울여야 한다. 매 순간 자신에게 이렇게 물어야 한다. '이것을 내 마음에 들이면 그리스도를 닮아 가는 데 도움이 될까? 하나님이 원하시는 모습에 더 가까워질까?'

명심하라. 변화는 하루아침에 이루어지지 않는다. 하나님의 진리와 선하심에 노출되기로 선택할 때마다 새로운 경로가 뚫리면서 점점 근본적인 변화가 이루어진다. 우리의 마음은 놀라울 정도로 강력하다. 노출의 법칙을 이용하면 우리의 마음을 새롭게 함으로 삶의 변화를 받는 이 아름다운 과정을 하나님과 함께 해 나갈 수 있다.

다음 부분으로 넘어가기 전에 단순 노출 효과가 당신의 생각에 어떤 영향을 미치고 있는지에 관해 몇 분간 생각하는 시간을 가지라. 이 생각은 결국 당신의 감정과 행동에 영향을 미치게 된다.

다음 질문들에 대해 생각하고, 다음 페이지 노트에 답을 적어 보라.

1. 나는 어떤 행동을 바꾸기 위해 노력해 왔는가?
2. 그런 행동 이면에는 어떤 생각이 있을까?
3. '노출의 법칙'이 내 생각에 영향을 미치는가?
4. 나는 내 개인적인 신념 및 믿음과 일치하지 않는 콘텐츠를 소비하고 있는가? 그 콘텐츠 소비와 내가 바꾸고 싶어 하는 생각 혹은 행동 사이에 연관성이 보이는가?
5. 몇 년 전만 해도 불쾌했을 만한 일부 콘텐츠를 지금은 용인하고 있는가? 현재 나의 궤적은 어떠한가?

_____

_____

_____

_____

_____

_____

_____

_____

_____

Part 2

이 시대를 휘어잡은
다섯 가지 생각 패턴

세상이
밀어 넣은 틀에서
빠져나올 용기

THE FIVE PATTERNS

우리가 하는 생각은 그냥 스쳐 지나가고 마는 단순한 사건이 아니다. 그 생각은 우리의 뇌에 복잡한 신경 경로를 만들어 내고, 그 신경 경로는 예측 가능한 방식으로 우리의 삶을 형성한다. 우리는 이 신경 경로, 즉 생각의 패턴을 통해 세상을 해석하고 대응한다. 로마서 12장 2절에서 사도 바울은 우리에게 이렇게 경고한다. "**너희는 이 세대를 본받지 말고 오직 마음을 새롭게 함으로 변화를 받아.**"

바울이 말하는 "이 세대" 곧 '이 세상의 패턴'은 우리 문화 속에 팽배한 생각의 패턴으로 이해할 수 있다. 신경과학적 연구 결과, 반복적인 생각은 신경 연결을 강화하는 것으로 드러났다. 그로 인해 그 생각의 패턴은 점점 자동적인 반응으로 변해, 깨뜨리기가 더욱 어려워진다. 세상 문화를 통해 강화된 이런 생각의 패턴은 우리 안에 깊이 뿌리를 내린다. 그러면 이 패턴이 주로 무의식적으로 우리의 지각, 감정, 행동에 영향을 미치기 시작한다.

하지만 이런 패턴의 형성을 가능하게 하는 신경가소성은 이런 패턴을 깨뜨리기 위한 열쇠이기도 하다. 이런 생각의 패턴을 인식하고 깨뜨리기 위해 노력하면 관련된 신경 경로들이 약해지고, 생명을 주고 하나님을 영화롭게 하는 새로운 패턴이 생길 수 있다.

2부에서는 주변 세상이 끊임없이 강화하는 다섯 가지 흔한 패턴들을 탐구할 것이다. 이런 패턴이 형성되고 지속되는 현상 이면의 신경과학적 사실을 살피고, 무엇보다도 이런 패턴에서 해방되기 위한 성경적인 전략을 배워 보자.

chapter 4.

불안의 패턴 깨기

내 안의 비판자를 잠재우고,
그리스도 안에서 자유하다

가벼운 소풍 겸 등산을 위해 아내와 함께 그레이트스모키산악국립공원Great Smoky Mountains에 간 적이 있다. 나는 야외 활동을 '몹시' 좋아하지만 등산 경험은 별로 없다. 산길을 걷다가 나이키 조던 운동화를 신고 등산용 배낭이 아닌 일반 가방을 멘 남자를 본다면 그게 바로 나다. 그리고 그 가방은 내 사무실 노트북 가방이다.

우리는 외딴 산길을 걷고 있었다. 그런데 주변에 사람이라고는 한 명도 안 보이는데 갑자기 부스럭거리는 소리가 들렸다. 순간, 약 6미터 앞에서 거대한 흑곰 한 마리가 숲에서 나와 길을 막아섰다. 이런 일이 종종 일어난다는 말은 들었지만 실제로 겪고 보니 비현실적으로 다가왔다. 다행히 아내는 괜찮아 보였다. '곰보다 빨리 달릴 필요는 없어. 남편보다 빨리만 달리면 돼'라는 생각에 침착한 게 분명했다. 아내는 실제로 나보다 달리기를 잘한다.

정작 나는 당황해서 어찌할 바 몰랐다. 그러다가 방어하기 위해 쓸 만한 게 있는지를 따져 보았다. '노트북 가방 하나, 초코 바 하나, 물병 두 개, 휴대폰 충전기 하나, 일기장 한 권.' 그중에서 내 자신감을 키워 줄 만한 건 하나도 없었다.

맥가이버처럼 뚝딱 무기를 만들어 낼 방법이 없을까 고심하다가 문득 휴대폰이 있다는 생각이 떠올랐다. 그리고 재빨리 휴대폰을 꺼내 검색하기 시작했다. "스모키산에서 곰을 만나면 어떻게 해야 할까?" 하지만 너무 긴장한 나머지 손이 마구 떨렸고, 그 사이에 질문이 자동 완성되었다. "스모키산에서 곰을 격려하려면 어떻게 해야 할까?" 참도 고마운 구글이다.

답답해진 아내가 물었다. "지금 뭐해요? 어서 전화기 집어넣어요." "조사하고 있는 거예요." 보면 모르나 싶었지만 일단 설명을 했다. "이 상황에서 어떻게 할지 알아내는 중이에요."

아내는 황당하다는 표정을 지었지만 나는 내 강점을 잘 알았다. 나는 조사 전문가라 조사를 했을 뿐이다. 그리고 몇 초 만에, 이 상황에서 어떻게 해야 할지 설명해 놓은 글을 찾아냈다. 자신감이 돌아오기 시작했다. 곰이 공격할 때는 도망치지 말고 그 자리에 그대로 서 있으라고 써 있었다. 그리고 곰이 내 존재를 알고도 공격하지 않거든 큰 소리로 떠들고 박수를 치고 노래를 부르면서 내 존재감을 과시하라고 했다.

곰이 우리를 노려보는 동안 나는 무슨 노래를 부를지 고민했다. '어떤 노래가 곰에게 들려주기에 제격일까?' 곰을 만나기 직전에 우리는 뮤지컬 〈애니Annie〉에서 배역을 따낸 조카 이야기를 하던 중이었다. 나는 그 뮤지컬에서 내가 아는 한 곡을 큰 소리로 부르기 시작했다. "내일 해가 뜰 거야. 내일 반드시 해가 뜰 거야."

아내에게도 함께 부르자고 했지만 아내는 〈애니〉에 등장하는 해니건 원장처럼 굴었다. 나는 큰 소리로 노래를 부르며 귀여운 빨

강머리 고아 애니를 최대한 위협적인 모습으로 연기하려고 애를 썼다. 다행히 내 노래는 자연의 곰이 싫어하는 노래였던 모양이다. 천만다행으로 우리는 목숨을 건졌다.

돌이켜 보면 그 당시에 떠오른 내 생각들은 온통 불안의 패턴에 갇힌 생각들이었다. 나는 나를 곰과 비교하면서 내가 곰을 물리칠 만큼 강하지 못하다는 것을 알았다. 그럼에도 불구하고 아내에게 내 용기를 과시하려고 했지만 사실 마음속에는 불안과 두려움의 생각이 가득했다.

물론 내가 불안을 느낀 순간의 사례로 이 사건을 고백했다고 해서 별로 창피하지는 않다. 누구나 곰을 만나면 불안해하고 겁을 먹을 수밖에 없으니까. 어쩌면 내가 이런 사례를 고른 것 자체가 내 안의 불안 때문일지도 모르겠다. 솔직히 말하면 나는 자주 불안하다. 늘 강한 모습을 보이려고 애쓰지만, 내 부족함을 절감하고 남들이 이런 나를 어떻게 생각할지 걱정할 때가 많다.

거의 매 주일 나는 설교 강단에 서기 전, 내 생각을 사로잡아야 한다. 나는 설교하기 전, 10분간 기도와 성경 묵상을 하면서 불안의 패턴을 깨뜨린다. 가끔 예기치 못한 일이 생겨서 이 루틴을 건너뛰고서 설교를 시작하면 입술이 마르고 귀가 멍멍하고 식은땀이 흐르기 시작한다. 머릿속에서 이런 생각이 맴돈다. '나는 이 메시지를 전할 준비가 되어 있지 않아. 나는 이 역할을 맡을 자격이 없어. 다른 누군가가 여기 서야 해. 이 설교에 너무도 많은 게 걸려 있어. 나는 이 기회를 망치고 말 거야.'

불안이라는 감정의 뿌리를 찾아서

〈월스트리트 저널 Wall Street Journal〉에서 5,000명의 성인을 대상으로 2년간 벌인 연구 결과를 발표한 적이 있다. 그 기사에 따르면 "소셜 미디어에 접속한 시간이 길수록 행복감은 줄어들었다." 이 기사는 수천 명의 10대 청소년을 대상으로 한 연구 결과도 인용했다. 그 연구에 따르면, 인스타그램과 스냅챗 같은 소셜 미디어 앱 사용은 외로움, 불안감, 열등감과 직접적으로 연관이 있다.[1] 이렇듯 소셜 미디어는 우리의 불안감을 키우는 생각의 온상이며, 결국 불안감으로 이어진다.

앞서 우리는 생각이 감정을 형성하고, 우리 사회의 많은 불안이 불안한 생각의 패턴과 관련이 있다는 이야기를 했다. 이것을 인지적인 차원에서 설명하자면 이렇다. 불안한 생각은 주로 우리 삶에 어떤 식으로든 위협적이라고 느껴지는 상황을 중심으로 나타난다. 예를 들어, 우리의 평판이나 우리가 기대했던 미래, 우리가 상상했던 삶과 관계를 위협하는 상황이다. 뇌의 편도체는 감정을 처리하는 곳인데, 불안한 생각은 이 편도체 안에서 스트레스 반응을 촉발하여 불안감을 느끼게 만든다.

불안한 생각은 주로 문제가 발생할 가능성이나 미래의 실패에 대한 두려움에서 비롯한다. 최근 나는 여러 리더십 콘퍼런스에 참여하던 중에 '가면 증후군'이라는 것을 알게 되었다. 이 증상은 리더들에게서 자주 나타나며, 자신이 현재의 성공이나 지위를 누릴 만한 자격이 없는 사기꾼처럼 느껴지는 것이다. 이런 생각은 자신이 사기꾼이라는 사실이 드러날지 모른다는 불안감으로 이어진다. 흥미로운 점은, 가면 증후군이 큰 성공을 거둔 사람들 사이에서 특히 자주 나타난다는 연구 결과다. 이런 생각을 가장 하지 않을 것 같은 사람들이 오히려 이런 생각을 가장 많이 하는 셈이다.

우리를 옭아매는 불안의 세 가지 패턴

불안의 패턴은 주로 다음과 같이 나타난다.

* 타인의 시선에 지나치게 신경을 쓴다.
* 남들과 비교해서 자신을 비하한다.
* 부정적인 생각과 비판적인 자기 대화에 빠진다.

우리의 생각에서 불안의 패턴을 찾아보면 대개 그런 패턴이 다른 사람이 하는 생각에 지나치게 신경을 쓰는 데서 시작됨을 알 수 있다. 타인의 시선에 신경을 쓰다 보면 자신을 주변 사람들과 끊임없이 비교하게 된다. 이런 비교의 결론은 언제나 자신이 부족하다는 것이다. 그러면 당연히 부정적인 자기 대화에 빠지고 외부의 압박에 굴복하게 된다. 그 뒤에는 다른 사람의 생각에 더 신경을 쓰는 식으로 악순환의 늪에 빠지고 만다.

⫽ 타인의 시선에 지나치게 신경 쓰는 것 ⫽

오늘날 세상에 불안의 패턴이 그토록 만연한 이유는 무엇일까? 불안한 생각은 완벽주의, 최악의 시나리오를 상상하는 것, 비판적인 목소리에 귀를 기울이는 것 등 여러 요인에서 비롯할 수 있다. 하지만 타인의 시선에 신경을 쓰는 것이 많은 불안한 생각의 출발점임은 확실하다.

1년 전쯤, 나는 계획에 없던 안식 기간을 갖게 되었다. 처음에는 쉰다는 데 기분이 좋았다. 하지만 그 안식 기간이 계획에 없던 일이고, 우리가 공식적으로 이유를 설명하지 않다 보니 온갖 소문이 나돌기 시작했다. 물론 나는 그런 상황에 전혀 대비하지 못했다.

물론 충분히 예상한 소문도 있었고, 웃어넘길 만한 추측도 있었다. 그런데 개중에는 나와 우리 가족에게 큰 상처를 준 소문도 있었다. 하루는 내 멘토인 친구에게 답답한 심정을 털어놓았다. 그러자 그 친구는 나를 격려하며 요즘처럼 의심 많은 세상에서는 흔한 일이니 너무 신경 쓰지 말라고 했다. 하지만 여전히 마음이 풀리지 않았다. "그건 알지만 내가 도덕적으로 부족한 사람인 것처럼 이야기하는 건 참을 수 없어."

그러자 친구는 즉시 내 말을 끊었다. "잠깐, 말은 바로 해야지. 넌 도덕적으로 부족한 사람이야." 나는 살짝 기분 나쁜 표정을 지으며 말했다. "알아. 우리는 다 도덕적으로 부족한 사람들이지. 하지만 지금 그 얘기를 하는 게 아니잖아."

친구는 정색했다. "카일, 넌 도덕적으로 부족한 사람이야. 그리고 사람들이 널 도덕적으로 어느 정도까지 부족하게 보는지에 신경 쓴다는 건 복음을 근본적으로 오해하고 있다는 방증이야."

그의 말이 옳았다. 사람들이 나를 어떻게 생각하는지를 지나치게 생각하다 보니 내 안에서 불안의 패턴이 나타났다. 잠언 29장 25절은 이렇게 말한다. "사람을 두려워하면 올무에 걸리게 되거니와 여호와를 의지하는 자는 안전하리라." 나는 타인의 시선에 대한 두려움이라는 올무에 걸렸다.

데살로니가전서 2장 4절에서 바울은 '예수님을 위해 사는 것'이 사람들을 기쁘게 하려고 하지 않고 우리의 마음을 아시는 유일한 분인 하나님을 기쁘시게 하는 데 집중하는 것이라고 말한다. 하지만 이 세상의 패턴에 빠지면 정반대로 행동하게 되어 있다.

다른 사람들의 생각에 지나치게 신경 쓸수록 자의식이 강해지고 자기중심적으로 변해 간다. 그러면 점점 더 불안해질 뿐이다. 이 현상을 가장 분명하게 보여 주는 증거 중 하나는 현대인의 셀피 집착이다. 현대인들은 전 세계적으로 매일 약 9,200만 장의 셀피를 찍는다. 사람들은 평균적으로 1년에 약 450장의 셀피를 찍는다.[2] 사람들이 셀피를 워낙 많이 찍다 보니 셀피 손목 터널 증후군selfie wrist이라는 새로운 병까지 생겨났다. 농담이면 좋겠지만 사실이다. 한 정형외과 의사는 이것이 손목 터널 증후군의 일종이라고 설명한다. 이것은 손목 과굴곡으로 신경에 염증이 생겨 욱신거리는 증상이다.[3] 사람들은 손목이 견디지 못할 정도로 셀피를 과다하게 찍고 있다.

이 많은 셀피는 '자신에게 집착하는 생각'을 의미한다. 셀피가 유행하면서 성형 수술이 유행하게 된 것은 전혀 우연이 아니다. 셀피와 성형 수술은 서로 밀접하게 연관되어 있어서 실제로 셀피 성형 selfie surgeries 이라는 용어까지 등장했다. 자신과 자신의 외모에 집착하면 이런 극단적인 조치까지 취하게 될 수밖에 없다. 뭐든 계속해서 보는 것이 생각을 형성하고, 그 생각이 행동과 결정을 통제하기 때문이다.

연구에 따르면 셀피가 마음에 드는지 판단하는 데는 약 11초가 걸리지만 그것을 소셜 미디어에 올릴지 고민하는 데는 다시 26분이 걸린다고 한다.[4] 그 사이에 불안의 생각 패턴이 우리 안에 점점 더 깊이 자리를 잡는다.

셀피만 그런 것이 아니다. 수십 년 동안 사회학자들은 아이들을 대상으로 조사를 했다. 16개의 가치 항목을 제시하며 중요도에 따라 순서를 매기게 한 것이다. 해마다 '명성 fame'이라는 항목은 바닥 근처를 맴돌았다. 그런데 2007년에 어떤 일이 벌어졌는지 아는가? 〈4차원 가족 카다시안 따라잡기 Keeping Up with the Kardashians〉가 텔레비전에서 방송되기 시작했다. 그때부터 인터넷에서 자신의 동영상과 근황을 공개할 기회가 점점 늘어났다. 그러면서 '명성'이 청소년들의 첫 번째 가치로 부상했다.[5]

이 아이들이 자기중심적이라고 말할 수 있고, 실제로 그럴 수도 있다. 그런데 혹시 이런 자기중심적인 태도가 불안의 토양에서 자란 것은 아닐까? '나는 충분히 뛰어나지 않아. 나는 중요하지 않아. 나는 성공할 능력이 없어'라는 두려움이 '유명해지기만 하면 80억 인류의 바다 속에 뒤섞여서 무명인으로 전락하지 않고 주목을 받을 수 있어'라는 생각으로 이어진 것은 아닐까?

아이들만 그런 것이 아니다. 어른들도 자신이 너무 작은 존재라는 열등감에 시달린다. 단지, 크게 보이려고 애를 쓰면서 그런 감정을 좀 더 잘 숨길 뿐이다. 당신도 그렇지 않은가? 페이스북에 또다시 자랑을 한다. 실제보다 잘사는 것처럼 보이려고 살 여력도 없는 물건을 또다시 구매한다. 인스타그램에 완벽한 삶을 사는 것처럼 보이는 사진을 또다시 올린다.

이것이 우리의 삶에서 불안이 나타나는 모습이다. 다른 이들은 이런 우리를 보며 불안한 사람과 '정반대'라고 생각한다. 하지만 겉보기만 그럴 뿐이다. 속으로 우리는 '나는 부족해. 앞으로도 영원히 부족할 거야. 내 삶은 중요하지 않아. 나는 성공할 능력이 없어'라고 생각한다. 그럼에도 불구하고 우리는 계속해서 곰을 향해 노래를 부르고 있다.

// 자신을 남과 비교하는 것 //

타인의 시선에 지나치게 신경 쓰는 것은 끊임없이 자신을 남들과 비교하게 만들고, 더 심한 불안의 패턴으로 이끌어 간다. 심리학자들은 사회 비교 이론에 관해 이야기한다. 이는 자신을 남들과 비교함으로써 자신의 가치를 판단하는 우리의 성향을 다루는 이론이다.[6] 물론 하나님은 자신을 다른 사람과 비교하는 것이 지혜롭지 못하다고 말씀하신다. 고후 10:12 참고 그런데도 우리는 계속해서 비교하며 자존감을 깎아 먹는다.[7]

이런 비교가 해로운 것은 우리의 실제 삶을 다른 모든 사람의 가장 이상적인 삶과 비교하기 때문이다. 과거에는 타인의 생활을 조금만 엿볼 수 있었다. 기껏해야 이웃집 마당이 어떻게 생겼고 이웃이 타는 차가 얼마나 좋은지만 볼 수 있었다. 하지만 오늘날에는 소셜 미디어 덕분에 이웃들이 공개하는 이상적인 삶을 매일같이 구경할 수 있다.

물론 소셜 미디어에는 좋은 점이 있다. 나는 소셜 미디어 자체를 반대하지는 않는다. 하지만 소셜 미디어에 올라오는 이상적인 삶이 진짜가 아니라는 점을 알아야 한다. 저마다 자기가 보여 주고 싶은 것만 올리기 때문이다. 그것들을 하루에도 열두 번씩 보다 보면 우리만 빼고 남들은 다 완벽한 자녀를 키우고, 항상 멋진 곳에서 휴가 중이고, 방금 최고급 세단을 새로 뽑은 듯 느껴진다.

물론 이해한다. 남에게 보여 주고 싶은 것을 올리는 것은 인간의 자연스러운 성향이다. 오히려 그렇게 안 하는 것이 이상해 보인다. 소셜 미디어에서 "오늘은 우리 아이들이 몹시 밉다"거나 "이번 주에 살이 또 1킬로그램이나 쪘다" 혹은 "내가 우리 회사에서 가장 형편없는 직원인 게 분명해. 나는 해고를 당해 마땅해"라는 글을 본다면 우리는 이상하게 여길 것이다. 아무도 그런 글은 올리지 않는다.

우리가 소셜 미디어에서 보는 내용은 하나같이 이상적인 모습이다. 그리고 그런 모습은 우리의 불안을 자극한다. 소셜 미디어에 올라온 글과 사진을 보면 사람들의 삶이 완벽해 보인다. 하지만 그것은 진짜 삶이 아니다. 내 말을 믿으라. 당신이 소셜 미디어에서 보는 사람들은 단 한 명도 예외 없이 힘겹게 살아가고 있다.

재정적으로 힘들어하는 사람일수록 백화점에서 쇼핑하는 사진을 올리는 경우가 많다는 연구 결과들이 있다. 결혼 생활이 힘든 사람은 배우자와의 로맨틱한 데이트 사진을 올리는 경우가 많다.[8] 왜 그럴까? 자신이 힘들어하는 것을 다른 사람이 모르기를 바라기 때문이다. 그들은 자신의 불안을 숨기고 싶어 한다. 하지만 우리는 그들의 포스트를 보며 이렇게 생각한다. '내 삶은 지 사람만큼 좋지 않아. 나는 저 사람만큼 뛰어나지 않아. 나는 너무 부족해. 나는 중요하지 않은 사람이야. 나는 성공할 능력이 없어.'

사람들의 포스트를 매일 보다 보면 이런 생각을 자주 하게 된다. 그러다 보면 어느새 그것이 생각의 패턴으로 자리를 잡고, 계속해서 그 패턴으로 돌아가게 된다.

// 부정적인 자기 대화에 빠지는 것 //

타인의 시선에 지나치게 신경을 쓰고 자신을 남들과 계속해서 비교하면, 부정적인 생각과 비판적인 자기 대화에 빠지게 된다. 자신에 관한 부정적인 생각의 신경 경로가 뚫린다. 결국 자신에 관한 불안한 생각들의 굴레에 갇히고 만다.

* 나는 너무 부족한 사람이다.
* 나는 이것을 할 수 없다.
* 나는 성공할 능력이 없다.
* 나는 의욕이 없다.
* 나는 경험이 부족하다.
* 나는 너무 죄가 많다.
* 다른 모든 사람이 나보다 매력적이다.
* 나의 지나온 삶은 너무 엉망이다.
* 나는 절제력이 부족하다.

사람마다 구체적인 생각은 다르겠지만 이면의 메시지는 동일하다. '나는 부족하다.' '나는 무가치하다.' '나는 무능력하다.' 혹시 당신도 이런 생각에 시달리고 있는가? '나는 도대체 제대로 하는 것이 하나도 없어.' '우리 아이들은 다른 부모 밑에서 자라는 편이 훨씬 나을 거야.' '아무도 나를 인정하지 않아.' '언젠가 다들 내 실체를 알고서 실망하게 될 거야.' '아무리 노력해도 나아지질 않아.'

이런 생각들은 따로따로 존재하지 않는다. 서로 힘을 합해, 갈수록 강화되는 악순환을 형성하여 우리 삶의 모든 측면을 지배하게 될 수 있다. 일단 이 생각의 패턴에 갇히면 이 불안의 악순환은 주로 다음과 같이 진행된다.

* **자극**   어떤 사건이나 상황이 우리의 자존감에 흠집을 낸다. 자극은 회사에서의 프레젠테이션일 수도 있고, 자녀 양육에 관한 결정일 수도 있고, 소셜 미디어를 스크롤하는 단순한 행위일 수도 있다.
* **불안한 생각**   그때 우리가 자주 하는 불안한 생각이 떠오른다. '나는 이것을 할 수 없어. 나는 너무 부족해.'
* **감정적 반응**   이 생각은 불안감이나 수치심, 열등감을 촉발한다.
* **행동**   이런 감정에 휩싸이면 사람들과 거리를 두거나, 오만한 태도로 으스대거나, 분노로 자신의 열등감을 감추거나, 도전을 아예 회피할 수 있다.
* **강화**   우리의 행동은 대개 처음 했던 불안한 생각을 확증해 주는 것처럼 보이는 결과로 이어진다. 예를 들어, 도전을 회피하면 자신의 열등함을 증명하는 꼴밖에 되지 않는다.

이 순환이 삶의 여러 영역에서 어떻게 나타날 수 있는지 보자.

* **일터에서**   우리의 불안한 생각이 이렇게 속삭인다. '나는 성공할 수 없어. 꿈에 그리던 커리어를 쌓을 수 없어.' 이 생각은 불안감으로 이어진다. 그래서 회의에서 꿀 먹은 벙어리처럼

앉아 있거나 더 높은 자리에 지원하기를 망설인다. 그 결과, 기회를 놓친다. 그러고 나면 자신에게 성공할 능력이 없다는 믿음이 더 강해진다.

* **개인적인 성장에서**   나쁜 습관을 끊기 위해 노력하다가 문득 이런 생각이 들 수 있다. '노력해서 뭣해? 어차피 나는 할 수 없어.' 이 생각은 낙심을 낳는다. 그렇게 되면 앞으로는 노력을 시작하기도 전에 포기하게 된다. 그리고 그렇게 포기할 때마다 자신에게 절제력이 부족하고 항상 실패할 수밖에 없다는 확신이 점점 더 강해진다.

* **양육에서**   자녀가 잘못된 결정을 내릴 때마다 부모인 자신의 잘못처럼 느껴진다. 이 생각의 패턴은 과잉보호나 감정적인 단절로 이어질 수 있다. 두 가지 반응 모두 아이와의 관계를 악화시키고, 결국 부모로서 자신의 능력에 대한 의심과 두려움을 더욱 키우게 된다.

* **소셜 미디어에서**   좋아하는 소셜 미디어 플랫폼을 스크롤하던 중에 이런 생각이 들 수 있다. '나는 이만큼 창의적일 수 없어. 나는 이만큼 재미있게 할 수 없어. 내 외모는 절대 이만큼 사진발을 잘 받지 못해. 나는 이만큼 영적일 수 없어.' 이런 비교는 열등감으로 이어질 수 있다. 그렇게 되면 인터넷에 거짓 이미지를 올리거나 사회적 관계를 아예 끊게 될 수 있다. 두 반응 모두 자신이 위선자라는 느낌과 외로움을 증폭시킬 수 있다. 그리고 이런 감정은 불안을 더욱 부추긴다.

이러한 불안의 악순환의 무서운 점은 한번 순환이 이루어질 때마다 부정적인 생각과 관련된 신경 경로가 더욱 깊어진다는 것이다. 그러면 이런 생각이 더욱 자동적이고 반사적으로 작용하여, 변화되기가 더욱 어려워진다. 시간이 지나면 불안한 생각에 지배당하는 삶으로 이어진다. 그러면 모든 경험을 자기 의심과 열등감의 렌즈를 통해 보게 된다.

악순환을 깨뜨리려면 단순히 긍정적인 생각이나 행동 교정만으로는 부족하다. 생각의 패턴을 근본적으로 재구성해야 한다. 거짓을 진리로 대체하고, 불안으로 왜곡된 거울이 아닌 하나님의 시선으로 우리 자신을 보는 법을 배워야 한다. 다시 말해, 그리스도 안에서의 참된 정체성이라는 견고한 기초 위에 새로운 생각의 패턴을 쌓아야 한다.

가장 중요한 그분의 시선으로 나를 바라볼 때

이런 부정적인 생각의 패턴을 깨뜨리기 어려운 이유 중 하나는 그 모든 생각에 일말의 진실이 포함되어 있기 때문이다. 불안의 패턴을 다루기 위한 세상의 접근법은 자신의 가치와 힘에 대한 생각을 마음속에 채우는 것이다. 거울 속의 자신을 보며 자신에게 충분한 힘이 있다고 외치는 것이다. 그러나 성경적인 해결책은 자신에 관해 참이 아닌 사실을 결국 믿게 될 때까지 긍정적인 생각을 연습하는 것이 아니다.

성경에서 하나님이 모세를 불타는 떨기나무로 부르신 장면이 기억나는가? 하나님은 모세를 당시 세상에서 가장 강력한 군주인 바로에게 보내 애굽 이집트에서 노예 생활을 하던 이스라엘의 해방을 요구하라고 명하셨다. 그 순간, 모세의 머릿속에 어떤 생각이 떠올랐을지 충분히 상상이 간다. 오랜 세월 장인의 목자로 일하다가, 신을 벗고 광야의 한 산 위에서 하나님 앞에 선 모세. 하나님의 명령을 듣자마자 모세에게 걱정이 몰려왔다. 하나님의 계획을 따르지 못할 이유가 한두 가지가 아니었다. 하나님께 이렇게 말하는 그의 목소리에서 불안함이 느껴진다. "내가 누구이기에 바로에게 가며 이스라엘 자손을 애굽에서 인도하여 내리이까." 출 3:11

하나님은 "모세야, 너는 이 일을 너끈히 할 수 있다. 너는 충분히 훌륭하고 충분히 똑똑해. 사람들이 너를 좋아할 거야"라고 말씀하시지 않았다. 하나님은 그저 "내가 반드시 너와 함께 있으리라"라고 말씀하셨다. 출 3:12 하나님은 모세가 자신에게서 눈을 떼어 그분을 바라보게 하셨다. 모세는 자신은 말주변이 좋지 않으니 하나님의 계획이 적절하지 않다고 말했다. 그때 하나님은 그가 생각보다 말을 잘하는 사람이라고 설득하시지 않았다. 대신, 하나님은 그의 생각의 틀을 바꾸셨다. 하나님은 모세에게 사실상 이렇게 말씀하셨다. "내가 너의 입을 지었다." 출 4:11 참고

나는 AMP^Amplified 성경의 빌립보서 4장 13절 번역이 정말 마음에 든다. "나는 [그분의 목적을 이루기 위해] 나를 강하게 하고 능

력을 주시는 분을 통해 (그분이 부르신) 모든 것을 할 수 있다. (나는 그리스도의 충분함 안에서 자족하다. 나는 내게 내적 힘과 확실한 평안을 불어넣으시는 분을 통해 무엇이든 할 준비가 되어 있다.)" 불안한 생각의 패턴은 '하나님의 능력만으로 충분하고, 그분의 능력이 우리에게 주어져 있다'는 새로운 생각의 패턴으로 무너뜨릴 수 있다.

1902년, *Human Nature and the Social Order*인간 본성과 사회 질서에서 찰스 쿨리Charles Cooley는 "거울 자아looking-glass self"라는 개념을 제시했다. 그는 우리의 자아상이 종종 타인이 우리를 어떻게 생각할지에 대한 우리의 믿음에 의해 결정된다고 설명한다. 쿨리는 이렇게 말한다. "교만이나 수치는 단순히 나를 있는 그대로 비춰 본 결과가 아니다. 그것은 타인의 마음속에 비친 내 모습을 상상하며 느끼는 감정이다."⁹ 그는 우리 삶에서 가장 중요하다고 여기는 사람들이 우리를 어떻게 생각하는지에 따라 자아상이 형성된다고 주장한다. 그렇다면 핵심 질문은 이것이다. "내 삶에서 가장 중요한 사람은 누구이며, 그 사람이 나를 어떻게 생각하는가?"

10여 년 전, 나는 극심한 불안감으로 힘든 시기를 보내고 있었다. 머릿속에서 끊임없이 맴도는 자기 비판적인 생각을 도무지 잠재울 수 없었다. 그때 하나님은 우리 교회 장로들의 마음을 움직여 장로회 모임을 마치고 나를 위한 특별 기도 시간을 갖도록 이끄셨다. 우리는 미리 준비된 작은 방으로 들어갔다. 장로들은 내게 한쪽 구석의 의자에 앉으라고 했다. 불이 꺼졌고 나는 벽을 향해 앉았다.

어떤 일이 벌어질지 전혀 알 수 없었다.

이윽고 누군가 어깨에 손을 얹는 게 느껴졌다. 누군가 내 뒤에 서 있었다. 우리 교회 한 장로의 익숙한 목소리가 내 귀에 속삭였다. 그는 내게 용기를 주는 말을 해 주었고, 하나님의 능력과 임재를 알게 해 달라고 기도해 주었다. 그가 물러나자 또 다른 손이 내 어깨에 닿았다. 이번엔 다른 장로가 성경 말씀으로 나를 위해 기도했다. "하나님의 은혜가 이 아들에게 족합니다. 하나님의 능력이 약한 데서 온전해지기 때문입니다. 능력을 주시는 하나님을 통해 이 아들은 모든 것을 할 수 있습니다."

장로들은 한 사람씩 돌아가며 나를 옭아매던 불안의 패턴을 깨뜨렸다. 이제 다 마쳤다는 생각이 들 즈음, 한 사람이 내 뒤에 섰다. 누굴까 궁금했다. 그는 내 어깨에 손을 얹고 몸을 숙여 내 귀에 속삭였다. "아들아."

아버지였다. 이 자리에 참석하기 위해 아버지는 내게 알리지도 않고 몇 시간을 차로 달려왔다. 아버지는 내게 사랑한다는 말을 건네며, 나를 얼마나 자랑스러워하는지 말해 주었다. 언제나 내 편이라는 말도 덧붙였다. 또 아버지는 나를 위해 이렇게 기도했다. "하나님, 이 아이의 아버지로서 하나님 아버지께 구합니다. 이 아들이 얼마나 소중한 사랑을 받고 있는지, 그리고 이 아들로 인해 저희가 얼마나 기뻐하는지 일깨워 주십시오."

우리의 가장 깊은 불안은 자신의 가치와 소속, 정체성을 의심할 때 찾아온다. 우리가 진정으로 사랑받고 있는지, 진정으로 가치가 있는지, 지금 모습 그대로 충분한지를 의심할 때 찾아온다. 그런데 긍정적인 자기 대화를 아무리 많이 해도 인정에 대한 깊은 갈망을 진정으로 충족시킬 수는 없다. 왜 그럴까? 우리는 창조주와의 관계 속에서 정체성을 찾도록 창조되었기 때문이다.

잠시 상상해 보라. 그날 내가 아버지의 음성을 들은 것처럼 당신이 하나님의 음성을 분명히 들을 수 있다면? "내 아들아, 너를 자랑스러워한다. 너를 끔찍이 사랑한다. 항상 널 응원한다"라는 하나님의 음성을 들을 수 있다면? 그렇다면 자신을 바라보는 당신의 시각이 어떻게 달라질까? 그렇다면 타인의 시선에 지나치게 신경 쓰는 삶에서 해방될 것이다. 늘 남과 비교하는 삶에서 벗어나게 될 것이다.

그런데 이것은 단순한 희망 사항이 아니다. 그리스도 안에서 분명한 현실이다. 성경은 우리가 그리스도 안에 있으면 하나님의 자녀로 입양된다고 말한다. 엡 1:5 우리에게는 우리를 무조건적으로 사랑하시고, 늘 우리를 응원하시며, 우리를 기뻐하시는 아버지가 계신다.

불안의 악순환을 끊는 열쇠는 자신감을 더 끌어모으는 것도 아니요, 긍정적인 주문을 반복해서 외우는 것도 아니다. 하늘 아버지의 음성을 들을 수 있도록 우리의 귀를 여는 것이 열쇠이다. 사랑과 인정에 관한 그분의 말씀이 우리의 마음속에 깊이 스며들어야 한다. 그렇게 하면 그분 안에서 우리의 정체성에 관한 진리로 불안의 거짓을 몰아낼 수 있다.

사랑과 인정에 관한 하나님의 말씀을 당신 마음의 새로운 사운드트랙으로 삼으라. 당신은 사랑을 받고 있다. 당신은 가치 있는 존재이다. 당신은 지금 모습 그대로 충분하다. 그것은 당신이 한 일이나 하지 않은 일 때문이 아니다. 그것은 예수님의 제자로서 당신이 하나님의 자녀이기 때문이다. 당신의 귀에 속삭이시는 그분의 음성을 들으라. "아들아." "딸아." 그리고 이 진리를 마음속에 가득 채우라.

chapter 5.

주의 산만의 패턴 깨기

정신없는 삶을 멈추고,
집중의 기쁨을 회복하다

크리스마스 직전 금요일에 아내가 내게 물품 목록을 주며 장을 봐 달라고 했다. 그날은 뼛속까지 시릴 만큼 추운 날이었다. 나는 차에서 내려 마트 입구까지 전속력으로 달려갔다. 마트 안은 그야말로 북새통이었다. 마트 문이 닫기 전에 휴일에 쓸 물건을 막바지에 사려고 몰려든 듯했다. 물론 개중에는 지독한 추위를 피해 잠시 몸을 녹이려고 들어온 사람도 있었을 것이다. 카트를 잡고 주변을 살펴보니, 붐비는 인파 속에서 '마트 교통 법규'는 무용지물이었다. 모두의 편의를 위해 존재하는 규칙임에도 불구하고, 사람들은 그저 제 갈 길을 가느라 바빠 보였다.

나는 아내가 적어 준 쇼핑 목록을 훑어보았다. 첫 번째 품목은 꽤 쉬워 보였다. 치약이었다. 나는 내 차선을 지키며 가다가 건강/미용 코너로 재빨리 끼어들었다. 그곳은 그야말로 치약 천지였다. 종류가 족히 수백 가지는 되어 보였다. 최소한 내게는 그렇게 느껴졌다. 아내가 준 메모를 보니 크레스트 브랜드를 사라고 적혀 있었다. 그런데 대충 세어 봐도 크레스트 치약의 종류만도 스무 가지가 넘었다. 아내의 주문은 여기서 더 세부적으로 들어갔다. 3D 화이트닝 테라피 차콜 딥 클린 치약. 잠깐, 뭐라고?

치즈 코너는 말할 것도 없다. 충격과 호기심에 그 자리에서 구글 검색을 해 보았다. 요즘 웬만한 도시에서 살 수 있는 치즈 종류가 1,800가지가 넘는다고 한다. 아내가 사 오라는 치즈를 찾느라 검색을 계속하는데, 뒤에서 한 성난 손님이 소리를 질렀다. "이봐요, 좀 비켜요!"

감기약도 사야 했다. 그 코너는 정말이지 가고 싶지 않았다. 그거 아는가? 감기약 진열대에는 보통 강도, 심한 강도, 극도의 강도 감기약이 즐비하다. 그뿐만 아니라 특별한 강도와 최대 강도 감기약도 있다. 아니, 이럴 거면 '보통' 강도 감기약은 왜 존재하는 걸까? 아픈 사람이 보통 강도 감기약을 살 리가 없지 않은가? 보통 강도 감기약의 유일한 목적은 최대 강도 감기약이 좋아 보이게 만드는 것뿐이다.

지금쯤 무슨 말인지 눈치챘을 것이다. 당신도 분명 비슷한 상황을 겪어 봤을 것이다. 선택의 폭이 넓다는 것이 때로는 저주가 될 수도 있다. 이런 선택지의 범람은 마트에만 있는 일이 아니다. 온라인 상점의 선택지는 훨씬 더 어마어마하다. 오레오 과자는 85가지 맛, 팝타르트는 100가지 맛, 사과 품종은 7,500종이나 된다. 볼거리, 놀거리, 배울 거리는 말할 것도 없다. 넷플릭스만 해도 영화와 TV 프로그램이 무려 6,000편이 넘는다. 그것도 부족하다면 200개가 넘는 다른 스트리밍 서비스가 있다. 그래도 부족한가? 그럼 비디오 게임을 정복해 보는 건 어떤가. 500만 개 이상의 게임을 플레이할 수 있다. 그래도 부족한가? 문제없다. 당신의 휴대폰에서 당장 다운로드할 수 있는 앱이 거의 900만 개에 달하니까 말이다.

당신도 공감할 것이다. 이 모든 것이 당신의 세상이기도 하다. 선택 사항이 많으면 무조건 좋으리라 생각하기 쉽지만, 선택 사항의 포화를 계속해서 맞다 보면 예상치 못한 정신적 경로로 이끌릴 수 있다. 우리의 정신은 압도되고, 끊임없는 수많은 선택 사항으로 인해 흐트러진다. 그리고 이런 상황에서 '인지 편향cognitive biases'이 작용한다. 인지 편향은 우리의 뇌가 복잡한 선택 사항들을 다루기 위해 사용하는 일종의 정신적 지름길이다. 인지 편향은 어떻게 주의 산만 요소들이 생각의 패턴을 형성하고, 다시 그 패턴이 우리의 감정과 결정에 영향을 미치는지를 이해하는 데 도움을 준다.

* **복잡성 편향** 우리는 복잡한 것을 선호한다. 심지어 그것이 잘못되었거나 우리에게 더 해롭더라도 마찬가지다. 사회학자 레나타 살레츨Renata Salecl은 이렇게 말한다. "선택 사항의 증가는 우리의 삶을 완벽하게 맞춤화할 수 있게 해 준다고 하는데, 선진국들에서 실제로는 그것이 더 많은 만족을 낳기는커녕 불안을 가중시키고 열등감과 죄책감을 키우고 있으니 어찌된 일인가."[1] 많은 선택 사항이 우리의 삶을 좋게 만들기는커녕 혼란스럽게만 만들었다는 사실이 많은 연구로 증명되었다.[2] 배리 슈워츠Barry Schwartz는 The Paradox of Choice 선택의 심리학에서 이렇게 말한다. "선택이 더 이상 우리를 자유롭게 하지 못하고 쇠약하게 만들며, 심지어 우리를 억압한다고까지

말할 수 있다."[3] 닐 포스트먼 Neil Postman 은 우리가 "죽도록 즐기고" 있다고 말했다.[4] 이 표현을 빌려서 말하자면 "우리는 죽도록 많은 것에 정신을 팔고 있다."

* **관심 편향**   이 편향은 우리 앞에 놓인 많은 주의 산만 요소들을 걸러 내는 방식이다. 우리는 과거에 관심을 기울였던 것에 관심을 기울이고, 다른 선택 사항이나 시각은 고려하지 않는 경향이 있다.

* **부정성 편향**   우리는 부정적인 자극에 더 관심을 기울인다. 우리의 관심을 끄는 주의 산만 요소들은 대개 걱정과 불안을 낳는 것들이다. 우리의 관심을 끄는 낚시성 기사 제목들을 유심히 살펴보자. 대개 다음과 같은 제목을 달고 있을 것이다.
  ― 당신을 서서히 죽이는 10가지 일상 음식.
  ― 당신의 은퇴 자금이 하룻밤 새 사라질지 모르는 이유.
  ― 당신의 자녀가 위험한 비밀을 숨기고 있는가?

* **밴드왜건 bandwagon 편향**   이 편향은 어떠한 것을 믿고 가치 있게 여길지, 그리고 무엇을 걸러 낼지 판단할 때 주변 사람들의 행동과 생각에 비추어 판단하는 우리의 성향을 말한다.

콘텐츠 놀이공원인가, 콘텐츠 감옥인가

모든 놀이 기구가 당신의 관심을 잡아끄는 놀이공원에 간다고 상상해 보라. 문을 통과하는 순간, 온갖 볼거리와 소리의 포화를 받는다. 왼쪽으로는 '속보 롤러코스터'라 부르는 놀이 기구가 있다. 충격적인 뉴스들이 어지럽고 토가 나올 만큼 빠른 속도로 질주한다. 게다가 계속해서 오르락내리락한다. 승객들은 빨리 내려서 다른 기구를 타고 싶지만 중요한 무언가를 놓칠까 봐 두렵다. 그래서 끊임없는 뉴스 피드의 롤러코스터에서 내리지 못한다.

앞으로 쭉 가면 '무한 스크롤'이라 부르는 소셜 미디어 회전목마가 있다. 좋아요, 공유, 비교, 덧없는 관계들이 희미하게 계속해서 돌고 또 돈다. 소셜 미디어 소비의 끝없는 순환이 이어진다.

오른쪽에는 '스트리밍 중독 머신'이라 부르는 또 다른 탈것이 있다. 이것은 드라마와 동영상을 끝없이 제공하는 놀이 기구이다. 일단 여기에 오르면 며칠 동안 사라졌다가 나타난다고 한다.

'편집증 궁전'이라 부르는 음모 이론의 유령의 집도 있다. 이곳에 들어가 '어쩌면 일어날지도 모르는 일들'에 정신을 팔고 거짓과 반쪽짜리 진실의 미궁에서 헤매다 보면 몇 시간이 훌쩍 간다.

계속해서 놀이동산을 거닐다 보면 '당장 구매'라는 이름의 범퍼카들이 눈에 들어온다. 그곳에서 '절대 놓쳐서는 안 되는' 온라인 세일 품목들에 부딪히다 보면 정신이 혼미해진다.

이번에는 아케이드가 있다. 이곳에 들어가면 몇 시간 내내 아케이드 게임을 할 수 있다. 이곳에 중학생 남자애들만 가득할 거라고 생각한다면 오산이다. 중학생 시절에 이곳에 들어와 아직도 떠나지 못한 30대 성인들도 심심찮게 볼 수 있다.

이쯤 하면 무슨 말인지 알리라. 우리의 마음은 온갖 주의 산만 요소들의 놀이동산에 둘러싸여 있다. 우리는 정말 중요한 것들을 까마득히 잊은 채 시간 가는 줄 모르고 온갖 놀이 기구에 시간과 돈을 허비한다. 역사상 우리의 마음을 채울 수 있는 것들이 이렇게 많았던 적은 없다. 하지만 동시에 역사상 이렇게 마음이 산만했던 시대는 처음이다.

오늘날의 문제는 바로 이것이다. 외부 자극을 더 많이 받을수록, 내면의 성찰은 줄어든다. 외부 자극의 과도함과 내면 성찰의 부재 사이에는 연관성이 있다. 우리는 생각할 것이 더 많아졌지만, 정작 중요한 것은 덜 생각한다.

이처럼 우리 문화 속의 온갖 집중 방해 요소들로 인해 '관심 경제the attention economy; 주의력 경제'라는 말까지 생겨났다. 관심은 희소한 재화다. 기업들과 콘텐츠 제작자들은 우리의 유한한 인지적 자원을 차지하려고 끊임없이 경쟁한다. 정교한 알고리즘은 우리의 관심을 사로잡고 유지하기 위해 설계된다. 이런 생각의 패턴이 우리의 마음과 감정, 관계에 어떤 영향을 미칠까?

도파민 홍수 시대

우리는 주의 산만 요소들과 그것들이 우리의 뇌에 미치는 영향에 대해 별로 고민하지 않는다. 앞서 말했듯이 전전두피질은 집중과

의사결정 같은 기능을 담당한다. 또한 두정피질 parietal cortex 과 함께 작용하여 무엇에 관심을 기울일지를 결정한다. 오늘날 이 시스템은 심한 과로 상태다. 온갖 알림 신호가 우리의 관심이 필요하다는 신호를 쉴 새 없이 보내오기 때문이다.

우리가 애용하는 앱의 개발자들은 신경과학 분야의 닌자들이라고 말할 수 있다. 그들은 주의 산만 요소들로 도파민 반응을 일으키면 우리의 관심을 사로잡을 수 있다는 사실을 알고 있다. 휴대폰이 울리거나 알림이 나타나면 우리의 뇌는 '뭘까? 재미있는 걸지도 몰라!'라며 흥분한다. 이 작은 흥분은 도파민의 작용이다. 이것은 우리 뇌의 작은 파티와 같으며, 스크린은 도파민을 계속 흐르게 하는 디제이다. 다 경험해 봐서 알 것이다. 내일 날씨를 확인한다는 핑계로 휴대폰을 들었다가 어느 순간 고양이가 실제로 사람의 마음을 읽을 수 있는지에 관한 음모 이론을 깊이 파헤치고 있다.

도파민을 분출시키는 이런 디지털 주의 산만 요소들은 실제로 우리의 뇌를 재배선한다. 그로 인해 가만히 앉아서 한 가지에 온전히 집중하기가 점점 더 어려워진다. 이런 디지털 자극에 탐닉할수록 우리의 뇌는 같은 쾌감을 느끼기 위해 더 큰 자극을 요구한다. 같은 흥분을 얻기 위해 커피에 설탕을 점점 더 많이 넣어야 하는 것과 비슷하다. 이것이 많은 사람이 포르노에 자신의 예상보다 더 깊이 빠져드는 이유이다. 단순히 의지력이 부족해서가 아니다. 생각을 사로잡지 않을 때 나타나는 뇌의 화학 반응이 더 큰 원인이다.

《생각하지 않는 사람들 The Shallows》이란 책에서 니콜라스 카

Nicholas Carr는 인터넷을 "망각의 기술"이라고 부른다. 그는 신경 경로의 가소성 때문에 우리의 뇌가 디지털 주의 분산 요소들에 의해 재배선된다고 설명한다.

웹을 사용할수록 우리의 뇌는 집중하지 못하도록 훈련된다. 정보를 매우 빠르고도 효과적으로 처리하지만 오랫동안 집중을 유지하지는 못하게 된다. 이것이 많은 사람이 심지어 컴퓨터 앞을 떠난 뒤에도 집중하기 힘들어하는 이유 중 하나다. 우리의 뇌가 기억은 잘하지 못하고 망각은 잘하는 상태로 변한다.[5]

브렛 맥크라켄Brett McCracken도 이렇게 집중을 방해하는 것들에 관해 한마디를 했다.

스트리밍 드라마와 음악 사이를 전광석화처럼 오락가락하는 행위는 지혜롭지 못한 일이다. 그렇게 하면 다음 오락거리가 손짓하기 전에 잠시 멈춰 성찰하거나 내용을 소화할 시간이 전혀 없어진다. 뇌 과학 연구가 보여 주듯이, 이는 장기적인 측면에서도 지혜롭지 못한 행동이다. 과도한 자극에 노출된 뇌는 기능이 약해지고 비판적인 사고 능력을 잃어 간다. 그 어느 때보다 뇌가 영민해야 할 시대에 오히려 속아 넘어가기 쉬운 상태가 되고 만다.[6]

정신없는 삶의 쓰디쓴 열매들

현대인들의 삶에 널리 퍼진 주의 산만 현상은 우리의 정신 건강에 심각한 피해를 준다. 끊임없는 알람의 폭격은 스트레스 반응을 유발하고, 코르티솔^{cortisol} 수치를 높여 극도로 불안한 상태에 빠뜨린다. 디지털 세상과 끊임없이 연결되어 있으면 자기 성찰의 시간이 급격히 줄어들어 감정을 다스리는 데 어려움을 겪는다. 만성적인 주의 산만과 우울증 사이의 강력한 연관성을 시사하는 연구 결과가 계속해서 나오고 있다. 디지털 세상에서 도파민을 자극하는 쾌감을 자주 얻으면 뇌의 보상 시스템이 망가져 쾌감을 느끼는 능력이 약화되고, 그 결과로 우울증이 나타날 수 있다.

이는 뇌가 고양이 동영상과 글로벌 뉴스를 똑같은 집중력으로 다루며 끝없는 마라톤을 달리는 것과 같다. 그리고 이것은 우리를 조금…… 뭐랄까? 멍하게 만든다.

주의 산만의 패턴은 우리의 정신과 감정에 악영향을 미칠 뿐 아니라, 다른 사람과의 관계에 악영향을 끼친다. 우리 아이들이 어릴 적, 우리 가족은 스크린이 달린 기기들을 다 끄고서 스피드 퀴즈 게임을 하곤 했다. 여덟 살이던 둘째 딸 모건^{Morgan}이 신이 나서 카드를 집어 들었다. 아이의 눈이 똥그래지더니 장난기 가득한 웃음이 얼굴에 번졌다. 우리 가족은 답을 맞추기 위해 한껏 몸을 앞으로 기울이며 집중했다. 모건의 작은 두 손이 노트북을 여는 시늉을 했다. 완전히 집중하느라 이마에 주름이 졌다. 손가락은 보이지 않는

키보드 위를 격렬하게 두드리며 엄청난 속도로 날아다녔다. 눈은 크게 뜨고 깜박임도 없이 보이지 않는 스크린을 응시한 채 말이다.

잠시 침묵이 흘렀다. 그러고 나서……

"아빠!"

방 안은 웃음과 정답을 알아차린 환호성으로 터져 나갔다. 하지만 나는 웃지 못했다. 머릿속에서 가족들의 웃음소리가 배경 소음처럼 잔잔해지며, 한 가지 깨달음이 뒤통수를 강타했다. 바로 이것이 내 딸의 눈에 비친 내 모습이었다. 이것이 어린 딸의 마음에 각인된 아빠의 모습이었다. 숨바꼭질을 해 주는 아빠도 아니고, 잠잘 시간에 동화책을 읽어 주는 아빠도 아니었다. 빛나는 스크린 앞에 몸을 웅크리고 디지털 세상에 빠져 있는 아빠. 게다가 그렇게 딸이 흉내 내는 대상이 누구인지를 그 자리에 있는 모두가 즉시 알아차렸다. 문제는 내가 컴퓨터로 일한다는 사실이 아니라, 딸의 마음속에 그 모습이 가장 강하게 각인되어 있다는 사실이다.

그 순간, 웃음소리의 메아리 한복판에서 나는 이 주의 산만의 패턴에서 벗어나기 위해 싸워야 한다는 것을 깨달았다. 그것은 여덟 살 딸의 순진무구한 손이 울린 경종이었다. 우리를 연결해 준다고 약속하는 디지털 기술이 오히려 우리를 그 어느 때보다 더 단절시켰다는 사실은 실로 아이러니가 아닐 수 없다.

주의 산만의 패턴은 무엇보다 대화의 단절을 초래한다. 대화와 연결의 흐름이 자꾸만 끊겨 서로 간의 상호작용이 방해를 받는다. 하지만 한 줄기 희망이 있다. 주의 집중의 기준이 워낙 낮아져서, 온전히 집중하기 위한 작은 노력만으로도 상당한 효과를 볼 수 있다. 우리가 방해 요소들을 완전히 차단하고 오롯이 집중해 주면 상대방은 이제껏 어디서도 받아 보지 못한 대접을 받은 기분을 느낀다.

'퍼빙 phubbing'이라는 말을 들어 본 적이 있는가? 이는 상대방을 무시하고 휴대폰에 몰두하는 행위를 의미하는 신조어이다. 이 행동은 너무 흔해서 우리가 하거나 당하면서도 종종 인식하지 못한다. 이 현상은 실제적인 결과를 낳는다. 2013년 〈대중 매체 문화 심리학 Psychology of Popular Media Culture〉지에 발표된 한 연구가 이를 증명한다. 이 현상은 실질적인 문제점을 낳는다. 연구자들은 대화할 때 휴대폰이 단순히 앞에 놓여 있기만 해도 사용하지 않을 때조차 참가자들 간의 관계의 질이 낮아지고 친밀감이 줄어든다는 사실을 발견했다.[7] 이는 주의 산만의 가능성만으로도 우리의 연결에 부정적인 영향을 끼칠 수 있음을 시사한다.

이런 주의 산만의 패턴은 기존 관계들에도 깊은 영향을 미친다. 이것은 다양한 방식으로 나타난다. 그중 하나는 공감 간극 empathy gaps을 만들어 내는 것이다. 정신이 산만해지면 중요한 감정적 신호들을 놓치기 쉽고, 이로 인해 연결하려는 상대방에게 제대로 공감하기가 어렵다. 그렇게 상대방과 감정적으로 동조되지 않으면 오해가 발생하고 거리감이 생긴다. 우리 모두는 상대방이 우리에게 관심을 쏟지 않을 때의 기분을 안다. 그럴 때 우리는 큰 상처를 받는다. 그런데 그 문제는 대개 단순한 주의 산만에서 시작되는 경우가 많다.

또 다른 관계적 결과는 의미 있는 순간을 놓치는 것이다. 이는 아주 중요한 문제이므로 절대 간과해서는 안 된다. 주의가 산만하면 자신도 모르는 사이 대화의 중요한 지점들을 놓치기 쉽다. 이는 특히 자녀와 대화하는 부모에게 더욱 그렇다. 의미 있는 순간은 예기치 않게 찾아오며, 그 순간을 알아차리고 포착하는 능력은 우리가 얼마나 현재에 집중하고 몰입하는지에 달렸다. 우리는 말하는 것뿐 아니라 말하지 않는 것으로도 정의된다. 그리고 이 순간들은 한번 지나가면 영원히 되돌릴 수 없다.

아, 생각하기 어렵지 않은가? 하지만 우리는 생각해야 한다. 그리고 이 주제를 이야기하는 김에, 간과하기 쉽고 이해하기 어려운 주의 산만의 또 다른 영향 하나를 더 짚고 넘어가자. 바로 현재의 주의 산만이 '미래의 추억들'을 빼앗아 간다는 것이다. 현재 눈앞의 순간에 온전히 집중하지 않으면 이 순간만 놓치는 것이 아니라 미래도 놓치게 된다. 사랑하는 사람들과 미래에도 계속 연결될 수 있는 지속적인 추억을 만들 기회를 놓치기 때문이다. 이러한 공유된 경험과 추억은 우리를 연결하는 강하고 지속적인 관계의 기반이다.

우리는 항상 스스로에게 물어야 한다. '지금 나를 산만하게 하는 것이 이 모든 것을 감수할 만큼 가치가 있는가?'

치명적인 영적 망각

현대 사회의 수많은 선택지 중에서 우리를 가장 세게 끌어당기는 것은 바로 스마트폰이다. 소셜 미디어는 에덴동산의 나무에 달린 열매처럼 탐스럽게 빛난다. 이 디지털 시대에서는, T. S. 엘리엇Eliot의 말처럼 '계속해서 다른 것에 정신을 팔기가' 너무도 쉽다.[8]

우리는 집중을 방해하는 것들이 가득한 문화에서 살고 있다. 이러한 문화는 항상 우리를 자기 틀 안에 끼워 맞추려고 한다. 이러한 문화 속에서 해야 할 일 목록을 만들고 한 주를 계획하며 일정표를 수시로 확인하는 것이 우리의 일상이다.

* 우리는 평균적으로 하루 2시간 반을 소셜 미디어에 사용한다.[9]
* 우리는 평균적으로 매일 거의 4시간을 텔레비전 시청에 사용한다.[10]
* 종합하면, 전 세계적으로 한 사람이 스크린을 보는 평균 시간은 6시간 40분이다.[11]
* 우리가 스마트폰을 만지는 횟수는 평균적으로…… 하루에 2,617번이다.[12]

그리고 이러한 문화 속에서 많은 그리스도인이 기도하거나 성경을 읽을 시간이 전혀 없다고 습관처럼 말하며, 한 달에 한 번 정도만 교회에 나온다.[13]

우리는 주의 산만 때문에 온갖 대가를 치른다. 하지만 어쩌면 가장 교묘하고도 알아차리기 어려운 대가는 우리의 영적 삶에 있을 것이다. 신학자 로널드 롤하이저^(Ronald Rolheiser)는 우리가 "스스로를 산만하게 하여 영적 망각으로 이끌고 있다"고 썼다.[14] 소셜 미디어와 스트리밍 서비스가 생기기 전인 1999년에 한 말이다. 이 책에서 이미 살펴보았듯이, 다른 모든 문제는 우리의 영적 현실, 즉 레브^(마음과 정신을 아우르는 개념)에서 비롯한다.

《스크루테이프의 편지^(The Screwtape letters)》에서 C. S. 루이스^(Lewis)는 경험 많은 악마 스크루테이프가 신참 악마 웜우드에게 '사람들을 하나님과 그분이 예비하신 삶으로부터 멀어지게 하는 법'을 가르치는 대화를 상상한다. 스크루테이프는 사람들을 "환자"로, 하나님을 "원수"로 부르며, 웜우드에게 주의 산만의 중요성을 강조한다.

> 옛날에 건전한 무신론자라고 하는 환자가 있었지. …… 어느 날 그가 앉아 책을 읽고 있는데, 그의 마음속에서 한 가닥 생각이 그릇된 방향으로 흘러가는 것을 보았어. 물론 원수가 곧장 그의 곁에 와 있었지. 그리고 내가 미처 정신을 차리기도 전에, 20년간 쌓은 내 공든 탑이 무너져 내리기 시작했지. …… 나는 즉시 지금까지 가장 다루기 쉬웠던 부분을 공략해, 그에게 점심 먹을 시간이 되었다고 일러 주었다.[15]

스크루테이프는 웜우드에게 환자가 온갖 것에 한눈을 팔도록 훈련시키라고 지시한다. 그러면서 결국에는 "아무것도 아닌 하찮은 일만으로도 그의 산만한 마음을 쉽게 사로잡을 수 있음을 알게 될 것"이라고 조언한다.[16]

요점은 인터넷, 소셜 미디어, 텔레비전, 비디오 게임, 휴대폰을 그 자체로 악으로 여기라는 것이 아니다. 다만, 그것들이 모두 사탄의 수중에 들어가면 치명적인 무기가 될 수 있음을 이해하라는 것이다. 사탄은 우리가 사탄을 숭배하거나 하나님을 미워하도록 만들 필요가 없다는 것을 안다. 그런 것들은 설득하기 어렵다. 대신 그자는 아주 손쉽게 처리한다. 진정으로 중요하지 않은 것들에 우리가 계속 집중하게 함으로써, 진정으로 중요한 모든 것에서 멀어지게 만드는 것이다. 주의 산만은 우리의 영적 삶을 탈선시키고, 심지어 우리의 궁극적인 파멸로 이끌 수 있다.

좋은 것과 더 좋은 것 사이에서

누가복음 10장에서 우리는 예루살렘에서 몇 킬로미터 떨어진 베다니라는 마을에 계신 예수님과 제자들을 볼 수 있다. 그들은 그곳에 들러 절친한 친구들인 마리아와 마르다 자매 그리고 그들의 오빠 나사로의 집을 방문하기로 결정한다.

누가는 이렇게 기록한다. "그들이 길 갈 때에 예수께서 한 마을에 들어가시매 마르다라 이름하는 한 여자가 자기 집으로 영접하더라."눅 10:38 마르다는 예수님 일행이 오는지 어떻게 알았을까? 아마도 몰랐을 것이다. 예수님은 미리 알리지 않고 그 집을 방문하셨을 가능성이 높다. 그리고 최소한 열두 제자가 그분과 동행했을 것이다. 하지만 보통, 다른 사람들도 예수님을 따라다녔다. 그러니 아마 인원이 더 많았을 것이다. 갑자기 마르다에게 할 일이 많이 생겼다. 그것도 아주 많이.

13명, 아니 어쩌면 훨씬 더 많은 방문객이 불시에 찾아왔다. 마르다의 머릿속이 바삐 돌아가지 않았을까? '집 안은 깨끗한가? 이 많은 사람이 다 어디에 앉지? 어떤 음식을 대접해야 할까? 마실 음료는 충분하려나?' 정신이 하나도 없다. 예수님과 스무 명쯤 되는 사람들이 지금 당장, 예고도 없이 당신의 집에 놀러온다면 기분이 어떨지 상상해 보라.

다급해진 마르다는 지체 없이 일에 뛰어들었다. 그런데 일을 거드는 이가 아무도 없는 게 아닌가. "그에게 마리아라 하는 동생이 있어 주의 발치에 앉아 그의 말씀을 듣더니."눅 10:39 마르다는 주방으로 달려간 반면, 마리아는 거실 바닥에 앉아서 예수님께 온전히 귀를 기울인다.

이 장면의 진정한 의미를 놓치지 말라. 당시 여성이 랍비의 발치에 앉는다는 것은 상상조차 할 수 없는 일이었다. 사람들은 예수님이 마리아를 그분의 사명을 이어 갈 제자로 인정하신 행위로 보았을 것이다. 이 상황이 다른 모든 이들에게는 불편했을 수 있다.

분명 그들의 전통과는 맞지 않았다. 하지만 예수님은 이 순간을 기뻐하셨다. 참으로 특별하고, 결코 놓쳐서는 안 될 순간이었다. 하지만 그 발치에 함께 앉고 싶었을 한 사람이 이 소중한 순간을 놓치고 있었다.

누가는 계속해서 이렇게 기록한다. "마르다는 준비하는 일이 많아 마음이 분주한지라."눅 10:40 마리아는 거실에서 예수님의 발치에 앉아 있다. 마르다는 주방에서 감자 껍질을 까고 레모네이드를 젓고 있다.

나는 마르다가 왜 그러고 있는지 궁금하다. 예수님과 그분의 제자들을 배려해서 그랬을까? 만약 그렇다면, 그 또한 예배의 한 형태로 볼 수도 있다. 아니면 자신이 열심히 일하지 않거나 집이 충분히 깨끗하지 않거나 음식이 만족스럽지 않을 경우 사람들이 자신을 어떻게 생각할지 걱정하느라 그랬던 것일까? 확실히 알 수는 없다. 하지만 우리가 남들의 시선에 지나치게 신경을 쓰기가 너무 쉽다는 것은 분명한 사실이다.

우리는 마르다를 너무 쉽게 비난하는 경향이 있다. 마르다는 분명 섬기고 있었다. 나는 하나님이 섬김에 엄지손가락을 치켜세우신다고 확신한다. 마르다는 환대하고 있었다. 그녀는 다른 사람들이 먹기도 전에 주방에서 치킨 너겟을 혼자 먹고 있는 게 아니었다. 집 뒤뜰에서 이웃을 험담하고 있는 게 아니었다. 음탕한 짓을 저지르고 있는 게 아니었다.

적어도 마르다가 주의를 빼앗긴 대상은 결코 '나쁜 일'이 아니었다. 사실, 그녀가 예수님께 집중하지 못하게 방해한 일은 '좋은 일'이었다. 그녀는 사람들을 환대하며 사랑을 보여 주고 있었다. 그렇지 않은가? 물론이다. 하지만 그렇다고 해서 그녀가 무언가를 놓치고 있지 않았다는 의미는 아니다. 주의 산만이라는 게 항상 이런 식이다. 그것들은 좋은 것일 수도 있지만, 여전히 우리를 가장 좋은 것에서 멀어지게 만들 수 있다.

마르다는 어떤 나쁜 짓도 하고 있지 않았다. 그녀는 또한 아무것도 아닌 일을 하고 있지도 않았다. 예수님이 거실에서 가르치시는데 그녀가 주방에서 인스타그램을 스크롤하거나 자기 방에서 예전 드라마 몰아보기에 심취해 있었던 것이 아니다. 마르다가 하고 있는 일은 분명 '좋은' 일이었다. 단지 '가장 좋은' 일은 아니었다. 우리의 주의가 필요한 '더 좋은 일'이 있을 때, '좋은 일'을 하는 것은 좋지 않은 선택일 수 있다.

성경은 마르다의 상태를 이렇게 묘사한다. "마음이 분주한지라,distracted; 주의가 산만하다" 마리아가 예수님의 발치에 앉아 그분의 모든 말씀에 귀를 기울일 때, 마르다는 마음이 분주했다. '더 좋은 것'을 놓치게 만드는 '좋은 것'들이 바로 주의 산만을 일으키는 요소이다. 마르다는 좋은 것들에 정신이 팔려 더 좋은 것, 즉 예수님을 놓치고 말았다.

마르다는 동생 마리아에게 화가 났고, 예수님께도 살짝 짜증이 난 듯하다. "예수께 나아가 이르되 주여 내 동생이 나 혼자 일하게 두는 것을 생각하지 아니하시나이까 그를 명하사 나를 도와주라 하소서."눅 10:40 마르다는 동생도 자신처럼 일하기를 바랐고, 예수님 역시 자기 편일 것이라 단정했다. 그렇다. 예수님이 자기 편이라고 함부로 생각하는 것을 조심해야 한다. 예수님은 항상 예수님 편이시다.

"'마르다야, 마르다야.' 주님이 대답하셨다. '너는 많은 일에 대해 염려하고 마음이 상했구나. 하지만 필요한 것은 몇 가지뿐이거나, 사실 한 가지밖에 없다. 마리아는 더 좋은 것을 택했고, 그 누구도 그것을 빼앗지 못할 것이다.'"눅 10:41-42, NIV 예수님은 마르다가 '좋은 것'을 선택했을지 모르지만, 마리아는 '더 좋은 것'을 선택했다고 알려 주신다.

집중해야 할 단 한 가지

이 성경 본문은 마르다를 묘사하는 데 세 가지 표현을 쓴다. '주의가 산만하다.' '염려하다.' '마음이 상하다.' 여기서 '마음이 상하다'는 '쉽게 짜증 내다'로도 번역될 수 있다. 혹시 당신도 주의가 산만한가? 염려가 많은가? 쉽게 짜증을 내는가? 아마도 당신은 자신을 묘사하는 데 이런 표현들을 쓰고 싶지 않을 것이다. 하지만 내가 당신의 주변 사람들에게 당신에 대해 물어보면 "비밀인데, 목사님께만 말씀드리는 거예요"라면서 진실을 털어놓지 않을까?

우리 문화는 주의 산만의 패턴을 가지고 있으며, 심리학자와 사회학자들이 수행한 연구에 따르면, 우리의 염려와 짜증은 선택과 복잡성이 만연한 우리 문화에 뿌리를 둔 주의 산만의 나무에서 자라는 열매일 수 있다. 이보다 더 많은 정보에 접근할 수 있었던 시절도 없다. 태초부터 2003년까지의 모든 정보를 합한 것보다 오늘날 우리가 단 이틀 동안 생산해 내는 콘텐츠의 양이 더 많다는 글을 읽었다. 하지만 역설적이게도 우리는 그 어느 때보다 더 큰 불안감에 시달리며 살고 있다.[17]

우리는 기술과 소셜 미디어를 통한 연결 기회가 그 어느 때보다 많아졌지만, 이상하게도 오히려 단절되고 분열되었으며, 서로 점점 더 외로워지고 마음이 상하고 있다. 필요한 것은 단 한 가지다. 예수님의 대답은 단순해서 좋다. "마르다야, 네가 하고 있는 일은 좋은 일이다. 하지만 더 좋은 것이 한 가지 있으니, 바로 나와 함께 시간을 보내는 것이란다." 예수님의 임재를 경험하는 것이 언제나 더 좋다.

이 구절을 읽을 때면 예수님께 더 여쭙고 싶다. "예수님, 혹시 더 하실 말씀은 없나요? 물론 그것이 더 좋긴 하지만…… 우리가 해야 할 다른 일도 있잖아요. 그 부분은 언급하지 않으실 건가요?" 하지만 예수님의 답변은 변함없다. "필요한 것은 몇 가지뿐이거나, 사실 한 가지밖에 없다. 마리아는 더 좋은 것을 택했다."

집중을 방해하는 것들을 과감히 제거하라

최근 어느 주일 오전 예배 시간에 성찬식을 했다. 나는 자리에 앉아 빵과 포도주를 들고 조용히 기도했다. "주님, 주님의 희생에 감사드립니다. 제 죄를 용서하시기 위해 십자가에서 죽으심에 감사드립니다. 사랑합니다. 주님과의 관계보다 더 중요한 것은 없습니다. 이번 주에 주님과 함께하는 시간을 소홀히 해서 죄송합니다." 그런데 "소홀히 해서"라는 대목에서 문득 며칠 전 놓친 쓰레기 배출일이 떠올랐다.

나는 쓰레기 버리는 날을 놓쳤다. 그때부터 생각이 꼬리를 물기 시작했다. '환경미화원들은 왜 더 일정한 시간에 오지 않는지 모르겠어. 이번에는 일찍 온 것 같지 않지만, 가끔 일찍 와서 미처 내놓지 못했을 때도 있어. 아무래도 전날 밤에 쓰레기를 내놓아야겠군. 그런데 그걸 어떻게 기억하지? 스마트폰 일정표에 알람을 추가해야겠어. 참, 이번 주에 운전면허증을 갱신하러 가야 하는데! 수요일에 가면 될까? 아, 그런데 수요일은 바로 그날인데……' 바로 그때 아내가 나를 팔꿈치로 부드럽게 툭 쳤다. 아니 더 정확히 말하자면, 아프게 꼬집었다고 할 수 있다. 짜증 나서 고개를 들어 보니, 아내의 표정이 '휴대폰 치워요. 지금 성찬식 시간이에요'라고 말하고 있었다.

물론 일부러 그런 건 아니었지만, 정신을 차려 보니 어느새 나는 오른손에 휴대폰을, 왼손에는 성찬을 들고 있었다. 목사라는 사람이 생각을 사로잡기는커녕 거룩한 순간을 망치고 있었다. 아내의 부드러운 팔꿈치 찌르기가 정말 고마웠다.

아마 교회에서 죄를 회개하라는 말을 많이 들어 봤을 것이다. 하지만 집중을 방해하는 것들을 제거하라는 말은 별로 들어 본 적이 없을 것이다. 물론 죄는 나쁜 것이다. 하지만 스크루테이프가 웜우드에게 가르쳤듯이, 그리스도인이 쓸데없는 데 정신을 팔도록 만들기가 훨씬 더 쉽고, 양쪽 다 동일한 결과로 이어질 수 있다. 만약 우리가 집중을 방해하는 모든 것들에 대해 과감한 조치를 취하지 않는다면, 예수님의 발치에 앉는 사람이 되기는 매우 어려울 것이다.

좋은 일을 하면서 정작 핵심은 놓칠 수 있다. 우리는 가장 좋은 것을 놓치고 있을 수 있다.

절대 빼앗지 못할 영원한 기쁨

예수님은 마리아에 대해 이렇게 말씀하셨다. "마리아는 더 좋은 것을 택했고, 그 누구도 그것을 빼앗지 못할 것이다."눅 10:42, NIV 성경 원문에서 "빼앗지 못할 것이다"의 동사 시제는 "**절대 빼앗지 못할 것이다**"로 번역하는 것이 더 적절하다. 영원히 빼앗길 일이 없다. 이 땅에서 사랑 많으신 하나님과의 관계, 다른 사람들과의 관계에 투자하면 영원히 지속되는 것을 얻을 수 있다. 그러니 그분의 발치에 앉으라.

　이 이야기가 어떻게 끝나는지 심히 궁금하다. 우리는 그 결말을 모른다. 예수님은 마르다에게 "너는 많은 일에 대해 염려하고 마음이 상했구나. 하지만 마리아는 더 좋은 것을 택했다"고 말씀하시고, 이 이야기에 관한 기록은 거기서 끝이 난다. 아마도 마르다는 믿을 수 없다는 듯 고개를 저으며 다시 일하러 돌아가지 않았을까? '어쨌든, 누군가는 이 모든 일을 해야 하잖아' 하고 말이다. 하지만 나는 부디 마르다가 멈춰 서서 앞치마를 벗고, 마리아 옆에 나란히 앉아 예수님께 집중했기를 바란다.

　마르다가 실제로 그렇게 했을지 나는 알 도리가 없다. 사실, 그렇게 하기란 여간 어렵지 않다. 주의 산만 패턴에 맞서겠다는 헌신이 필요하다. 그리고 그 헌신을 계속 지켜 나가기 위한 결단도 필요하다. 분명 쉽지는 않을 것이다. 하지만 결코 후회하지 않을 것이다. 예수님이 '더 좋은' 분이시고, 그분의 발치에 앉는 것은 '영원히 지속될' 것이기 때문이다.

　주의 산만의 패턴에서 벗어나는 것은 우리 삶에서 그 현실을 직시하는 데서 시작한다. 하지만 우리는 일상생활에서 이 패턴에 어떻게 실질적으로 맞설 수 있을까? 마리아처럼 우리는 의도적으로 우리의 주의를 기울이고 진정으로 중요한 것에 집중하기를 원한다. 다음 장들에서 더욱 실용적인 방법을 다룰 것이고, 여기서는 주의 산만의 패턴에서 벗어나는 데 도움이 될 몇 가지 구체적인 단계들을 살펴보자.

* **디지털 디톡스** 전자 기기 사용을 제한하라. 매일 특정 시간을 '스크린 없는 시간'으로 지정하라. 예를 들어, 식사 자리에서 휴대폰 사용 금지, 잠들기 한 시간 전 스크린 사용 중단, 또는 일주일에 하루 '전자 기기 안식일'을 정하라. 목표는 집중된 생각과 진정한 인간관계를 위한 공간을 마련하는 것이다.

* **의식적인 소비** 당신의 정신적 공간에 무엇을 들일지 의도적으로 결정하라. 어떤 콘텐츠를 접하기 전에 스스로에게 물어보라. '이것이 내 삶을 풍요롭게 하는가, 아니면 나를 산만하게 하는가?' 이것은 소셜 미디어, 뉴스, 엔터테인먼트, 심지어 대화에도 똑같이 적용된다.

* **단일 작업** 멀티태스킹을 찬양하는 세상에서, 한 번에 한 가지만 하기로 결심하라. 일을 할 때는 일만 하라. 쉴 때는 쉬기만 하라. 사랑하는 사람들과 함께 있을 때는 온전히 그들에게 집중하라. 이 연습은 뇌가 피상적인 활동들 사이를 옮겨 다니지 않고 깊이 집중하도록 재훈련하는 데 도움이 된다.

* **규칙적인 성찰** 매일 조용한 성찰을 위한 시간을 따로 마련하라. 기도하거나 성경을 묵상하거나 단순히 침묵 속에 앉아 있어도 좋다. 이 시간에 생각을 정리하고, 하나님과 연결되며, 진정으로 중요한 것에 다시 집중하라.

* **환경 조성** 집중을 돕는 물리적인 환경을 조성하라. 예를 들어, 전용 작업 공간을 갖추거나, 노이즈 캔슬링 헤드폰을 사용하거나, 침대에 있는 동안 휴대폰을 손이 닿지 않는 곳에

멀찍이 두거나, 단순히 책상 위의 잡동사니를 정리하라. 당신의 외부 환경은 주의 산만을 크게 줄일 수 있다.

* **책임감 공유** 집중에 방해하는 것들에 맞서겠다는 당신의 결심을 신뢰할 만한 친구나 가족과 공유하라. 그들에게 당신의 진행 상황을 확인하고 어려움을 겪을 때 지지해 달라고 요청하라.

주의를 산만하게 하는 것들에 맞선다고 해서 항상 완벽히 집중하게 된다는 뜻은 아님을 기억하라. 관건은 한 번에 한 걸음씩 주의를 되찾아 당신의 가치와 삶에 대한 하나님의 목적에 맞추는 것이다. 작은 선택을 꾸준히 하면 당신의 정신적 지형이 점점 바뀐다.

이런 노력을 하는 동안 자신에게 인내심을 발휘하라. 당신은 오랜 세월 동안 문화로 인해 형성된 패턴을 되돌리는 중이다. 작은 승리들을 축하하라. 휴대폰을 한 번도 보지 않고 식사를 마쳤는가? 커다란 진전이다. 여러 인터넷 창을 오락가락하지 않고 한 가지 작업을 다 마쳤는가? 그것은 승리다.

주의 산만에 맞서겠다는 헌신은 궁극적으로는 더 온전한 삶을 살겠다는 다짐이다. 다시 말해, 현재에 더 충실하고, 삶의 목적을 더 분명히 하며, 당신의 삶을 향한 하나님의 뜻과 더욱 조화를 이루는 것이다. 그것은 우리 세상의 소음 속에서 하나님의 세미한 음성이 들릴 공간을 내는 것이다.

다음 장으로 넘어가면서, 히브리서 12장 1-2절 말씀을 기억하

자. "모든 무거운 것과 얽매이기 쉬운 죄를 벗어 버리고 인내로써 우리 앞에 당한 경주를 하며 믿음의 주요 또 온전하게 하시는 이인 예수를 바라보자." 이 책의 맥락에서 볼 때, 우리를 가로막고 얽매이게 하는 것은 올바른 집중을 방해하는 세상의 온갖 것들이다. 의식적으로 예수님께 시선을 고정하면, 우리는 주의 산만이라는 패턴에서 벗어나 목적과 명료함으로 경주를 완주할 수 있다.

chapter 6.

분노의 패턴 깨기

쉽게 발끈하는 마음을 다스리고,
용서로 평화를 누리다

내가 쉽게 화를 내는 사람이 될 줄은 상상도 못 했다. 아이러니하게도 나를 가장 거슬리게 하는 것은 바로 쉽게 화내는 사람들이었다. 목사로서 나는 쉽게 상처받지 않는 강인함과 부드러운 마음을 가졌다는 데 자긍심이 있었다. 비판을 점잖게 받아넘길 줄 안다고 생각했다. 하지만 언제부터인가 달라졌다.

작은 일들이 발단이 되었다. 내 설교에 대한 비판적인 한마디, 교회 간사의 냉소적인 질문 같은 것들 말이다. 평소 같았으면 가볍게 넘겼을 일인데, 그런 말들이 하나둘 마음에 쌓이기 시작했다. 사소한 불만이 개인적인 공격처럼 느껴졌고, 털어 버려야 할 일들을 계속 곱씹게 되었다. 이런 불쾌한 감정은 눈덩이처럼 불어나 또 다른 불쾌감을 낳는 악순환을 만들기 쉽다.

점차 내가 사람들을 실망시키는 영적 은사를 타고난 것처럼 느껴지기 시작했다. 아무리 노력해도 사람들의 기대를 충족시킬 수 없을 것만 같았다. 사람들에게 계속해서 감시와 조사를 받는 것 같아 민감해지고 방어적인 태도를 보였다. 그리고 외로워졌다.

이런 변화를 눈치챈 아내가 어느 날 저녁, 이렇게 물었다. "균형 잡힌 시각으로 상황을 보고 사람들을 좋게 봐주던 사람이 왜 이렇게 된 거예요?"

"무슨 뜻인가요?" 나는 아내의 말을 좋게 해석하지 않고 순간 냉정을 잃고 쏘아붙였다. 마음이 찔려서 더 공격적으로 굴었다. 다른 사람들에게 기분이 상해도 나는 미소를 지으며 차분한 어조를 유지해야 했다. 그렇게 억눌러 왔던 감정이 쌓이고 쌓여, 결국 아내와 아이들에게 터져 나오기 시작했다.

모두가 분노하는 시대, 이대로 괜찮은가

혹시 우리 주변 사람들이 모두 화가 나 있다고 느낀 적이 있는가? 동네 반상회 참석자부터 텔레비전의 정치 논객, 라디오 토크쇼의 스포츠 팬, 소셜 미디어의 친구, 심지어 지금 내가 이 문단을 휴대폰에 음성 녹음하는 동안 짜증 난 것처럼 보이는 옆자리 운전자까지, 모두가 화가 나 있다.

사람들이 이토록 쉽게 분노하는 시대는 없었던 것 같다. 분노는 그야말로 전국적인 현상으로 번졌다. 다음 기사 제목들을 보라.

* "분노의 시대."[1]
* "우리 사회는 갈수록 분노로 차오르고 있는가?"[2]
* "왜 모두가 그토록 화가 나 있는가? 우리는 그것을 조사했다."[3]
* "분노한 미국을 달래 주기 위한 조언."[4]

* "최근 분노의 급상승. 왜 우리는 이토록 화나 있는가?"[5]
* "미국인들은 거대한 분노 배양기 안에서 살고 있다."[6]
* "미국인들이 분노하는 진짜 원인."[7]

이것이 우리가 사는 세상이며, 상황은 점점 더 악화되고 있다. 왜 사람들은 그토록 쉽게 기분이 상하고 분노하는가?

* **인식의 증가**   우리는 분노를 유발하는 이슈들을 갈수록 더 많이 접한다. 뉴스 채널은 24시간 내내 기사를 내보내고, 휴대폰 알림은 우리가 분노할 만한 주변 사건들을 끊임없이 알려 준다.
* **소셜 미디어의 증폭**   온라인 플랫폼들은 짧은 시간 내에 분노를 증폭시키고 퍼뜨릴 수 있다. 알고리즘은 분노할 거리 혹은 위협처럼 느껴지는 일을 보여 주지 않으면 우리가 계속해서 스크롤하지 않는다는 것을 알고 있다.
* **끼리끼리**   오늘날에는 한쪽으로 치우친 사람들과 어울려 한쪽으로 치우친 뉴스만 보기 쉽다. 그렇다 보니 자신과 의견이 다른 사람들을 점점 더 참아 주지 못하는 세상이 되어 간다.
* **서로 더 큰 희생자가 되기 위한 경쟁**   누가 가장 크게 당했는지를 놓고 무언의 경쟁이 벌어지는 듯하다. 우리가 겪은 피해의 크기로 자신의 가치를 삼는다면, 끊임없이 분노할 거리를 찾게 된다.

이것이 우리가 살고 있는 세상이다. 그리고 이 세상은 우리를 자신의 틀에 밀어 넣으려 한다. 정신을 똑바로 차리지 않으면 분노의 패턴 속으로 끌려든다. 그리고 혹시나 화내지 말고 들어 달라. 어쩌면 당신은 이미 그 패턴에 빠져 있을지도 모른다.

우리의 분노는 사소한 곳에서 시작된다

분노는 어디에서나 나타난다. 하지만 사람들이 특히 공격적으로 변하는 곳은 약 10킬로미터 상공이다. 여행 자체도 피곤하지만 비행기에서는 사람들의 예민함이 말 그대로 하늘 높이 치솟는다.

어느 날, 내가 비행기에서 자리에 앉자 옆 좌석의 여성이 경멸스러운 시선으로 나를 째려보았다. 여성은 몹시 불만스러운 표정을 지었지만, 내가 도대체 무슨 잘못을 했는지 알 수가 없었다. 혹시 옆자리가 비기를 바랐는데 내가 앉아서 기분이 나쁜 것일까? 이유는 따로 있었다. 여성은 단어 하나하나에 경멸을 가득 담은 어조로 내게 물었다. "혹시 향수 뿌리셨나요?"

여성은 화가 난 듯했고, 나는 어떻게 반응해야 할지 알 수 없었다. 나는 그냥 고개를 끄덕이며 나직이 "네"라고 답했다. 그리고 그것이 적절한 대답이기를 바랐지만 전혀 아니었다. 여성은 등을 활처럼 구부리더니 싸늘한 어조로 말했다. "향수 알레르기가 있어요." 내가 좋아하는 향이 그녀의 기분을 상하게 한 것이다. 결국 나는 애플 산탈우드 향을 풍긴 것에 대해 사과를 했다.

물론 다른 승객들만 화를 낸 것은 아니다. 나도 몇 번 화를 냈다. 덴버 Denver 까지 3시간 걸리는 직항 비행기를 타기 위해 공항에서 기다리고 있었다. 그런데 상황이 안 좋아 보였다. 나는 다리를 뻗을 만한 공간이 좁고 등받이를 뒤로 젖힐 수도 없는 이코노미 좌석을 끊었다. 심지어 중간 좌석이었다. 이 모든 상황이 화나기에 충분한 조건이었다. 설상가상으로 탑승을 기다리다가 개를 데리고 있는 남자를 보자마자 불길한 생각이 떠올랐다. '상황이 더 심각해질 수도 있겠어. 설마 다리도 쭉 못 뻗고 등받이도 뒤로 젖히지 못하는 이 중간 좌석에서 개와 함께 가야 하는 건 아니겠지?'

나는 체구가 작은 사람이 옆 좌석에 앉기를 바라며 비행기에 올랐다. 건강하지만 체구는 작은 어린아이가 옆에 앉으면 좋겠다고 생각했다. 내가 좌석에 앉을 때는 옆자리에 아무도 없었다. 승객 탑승이 거의 끝난 것 같았다. '이 옆자리가 이대로 비면 얼마나 좋을까?' 바로 그때 개를 데리고 온 그 남자가 나타났다. "설마……." 나도 모르게 입 밖으로 소리가 나왔다. 그 남자가 한 걸음을 내딛을 때마다 나는 점점 더 간절하게 기도했다. 결국 남자는 내 옆자리에 앉았다. 그리고 30초 뒤 그 개가 내 발치에 앉았다. 실화이다.

남자는 전혀 신경이 쓰이지 않는 듯했다. 그는 내게 덴버에 가는 이유를 물었다. 그러더니 자신이 묵었던 에어비앤비 이야기부터 어릴 적 스키를 타다가 입은 부상까지 쉴 새 없이 떠들었지만, 내 발치에서 곤히 잠든 자기 개에 대해서는 단 한마디도 하지 않았다. 마침내 그는 자기 개의 존재를 거론하며 "혹시 몰라서 말하자면, 녀석은 비행기를 타면 방귀를 자주 뀌어요. 그러니까 혹시 냄새가 나면 저는 아니랍니다. 하하!" 하며 어색함을 풀려고 했다. 하지만 내가 볼 때 냄새는 분명 개가 아니라 그 남자의 것이었다.

'제발, 당신 개 좀 내 발에서 치워 줘!'

분노라는 달콤한 덫

물론 앞선 사례는 좀 다르지만, 잠시 솔직해져 보자. 분노를 느끼면 기분이 꽤 '좋다.' 아무도 이것을 인정하려 들지 않을 뿐이다. 우리는 누군가에게 조금이라도 불쾌한 일을 당하면, 마치 시뻘건 부지깽이로 우리 눈을 찌른 것처럼 길길이 날뛴다. 하지만 우리가 그런 분노를 은근히 '즐긴다는' 사실은 절대 인정하지 않는다. 분노가 왜 기분을 좋게 만들까? 믿기 어렵겠지만, 여기에는 신경화학적인 이유가 있다.

놀랍게도, 분노는 도파민을 분비시킨다. 알다시피 도파민은 즐거운 일을 경험할 때 뇌에서 분비되어 기분을 좋게 만드는 화학물질이다. 그런데 분노가 왜 도파민을 분비시킬까? 가장 유력한 추정은, 우리가 누군가에게 화가 난 일을 다른 사람들에게 이야기할 때, 그들로부터 연민과 관심이라는 사회적 보상을 받기 때문이다.

누군가에게 불쾌한 일을 당해서 화가 나면 뇌는 위협적인 상황에 대응하기 위해 코르티솔 같은 스트레스 호르몬을 분비한다. 일상생활이 꽤 위험했던 과거에는 이것이 분명 좋은 생존 전략이었다. 적절한 상황에서 코르티솔은 꼭 필요한 호르몬이다. 이 호르몬은 싸우든, 즉시 그 자리에서 벗어나든 신속하고 확실하게 대응하도록 돕는다. 하지만 실제로 응급 상황이 아닐 때는 같은 화학 물질이 분비되더라도 이야기가 달라진다. 코르티솔의 한 가지 부작용은 기분이 '좋게' 느껴진다는 것이다. 그래서 사람들은 코르티솔 분비에 중독될 수 있다. 심지어 코르티솔 분비를 위해 일부러 위험한 상황 속으로 뛰어들기도 한다.

이게 끝이 아니다. 자신이 당한 일을 생각이 비슷한 사람들에게 털어놓으면 그들과의 사회적 유대감이 강화된다. 그러면 뇌에서 '사랑 호르몬'이라 불리는 옥시토신 oxytocin 이 분비된다.

또한, 분노는 우리의 자기 정체성을 강화한다. 이로 인해 자기 긍정 self-affirmation 과 관련된 신경 전달 물질들이 복합적으로 상호 작용하며 활성화된다. 자존심이 강한 사람들은 기분이 상했을 때 분노를 통해 자존심을 되찾으려 한다. 또 자신을 피해자라고 생각한다면 분노는 그 피해자 정체성을 더욱 강화할 뿐이다.

분노의 패턴은 무의식적으로 점점 강해질 수 있다. 분노할 때의 쾌감을 경험하면 뇌의 보상 경로가 강해진다. 그러면 분노할 거리를 적극적으로 '찾기' 시작한다. 분노할 거리를 계속해서 곱씹으면 분노는 눈덩이처럼 불어난다. 분노의 눈덩이가 삶의 언덕을 굴러 내려가면서 점점 더 많은 분노가 달라붙는다. 결국 거대한 분노의 눈사태가 발생해 의도치 않은 온갖 파괴가 나타난다. 그런데 뇌의 화학 물질로 인해 당장은 기분이 좋을지 몰라도 분노와 갈등은 장기적으로는 '기분 나쁜' 결과를 만들어 낸다. 아니, 분노는 기분 나쁜 정도가 아니라 매우 위험한 길로 우리를 이끌 수 있다.

무시하고 덮어 두면 사라질까?

기분이 상하는 것 자체는 죄는 아닐지 모르지만, 그것은 쉽게 분노로 이어질 수 있고, 그 분노는 결국 죄로 이어질 가능성이 높다. 그것이 바울이 이렇게 경고하는 이유이다. "분을 내어도 죄를 짓지 말며 해가 지도록 분을 품지 말고 마귀에게 틈을 주지 말라."엡 4:26-27

바울은 해가 지도록 분을 품지 말라고 말한다. 그렇게 하기 위해서는 기분이 상했을 때 즉시 생각을 사로잡아야 한다. 분노의 작은 씨앗은 결국 원한으로 발전하게 되어 있다. 그리고 한번 원한이 뿌리를 내리면 온갖 잡초가 무성히 자란다.

우리를 분노의 패턴에 계속해서 가둬 두는 한 가지 생각이 있다. 그것은 '무시하면 알아서 사라진다'라는 생각이다. 잠언 19장 11절은 "허물을 용서"하라고 말한다. 이는 상대방의 잘못을 분명히 인식하고 나서 털어 버리기로 결심하라는 뜻이다. 하지만 '무시'는 다르다. 그것은 일종의 회피로서, 분노를 더 키우는 결과만 낳을 뿐이다.

〔 비유 〕
두 이웃 이야기

한 평화로운 마을에 벡사나와 에론이라는 두 이웃이 살았다. 두 사람은 작은 돌담으로 나누어진 각자의 정원을 가꾸었는데, 돌담의 높이는 겨우 60센티미터 남짓에 불과했다. 벡사나는 장미 정원을 꼼꼼하게 관리한 반면, 에론은 다양한 종류의 꽃이 가득한, 좀 더 자연스러운 정원을 즐겼다. 벡사나는 뭐든 자기 뜻대로 되지 않으면 쉽게 짜증을 내는 스타일인 반면, 에론은 상대적으로 무심한 성격이었다. 그럼에도 불구하고 둘은 서로를 좋아하고 상대방의 정원을 높이 평가했다.

그러던 어느 바람 부는 날, 벡사나는 에론의 정원에서 민들레 한 송이가 자라는 것을 발견했다. 그 민들레의 홀씨가 바람에 흩날리자 벡사나는 경악했다. 그의 시선은 담장을 넘어 자신의 정원으로 날아와 바로 자기 발치에 떨어지는 민들레 홀씨 하나를 따라갔다. 살짝 짜증이 났지만 그냥 무시하기로 했다. 벡사나는 며칠 동안 그 씨앗을 유심히 관찰했다.

아니나 다를까, 씨앗이 떨어진 곳에서 민들레가 자라났다. 동시에 벡사나의 짜증도 함께 자라났다. 어느 날 아침, 벡사나가 정원에 나가 보니 자신의 완벽한 장미들 사이에 민들레 한 송이가 솟아 있었다. 하얀 솜털 같은 홀씨 뭉치가 신경에 거슬렸다. 벡사나는 가까이 다가가 바닥에 쪼그리고 앉아 유심히 들여다보았다.

그때 에론이 자신의 정원에서 일하는 소리가 들렸다. 에론은 언제나처럼 자신이 좋아하는 〈몬티 파이선 Monty Python〉 영화 삽입곡, 〈항상 인생의 밝은 면을 봐〉를 휘파람으로 부르고 있었다. 벡사나는 예전에는 그 노래에 전혀 신경이 쓰이지 않았다. 심지어 듣기 좋다는 생각도 했다. 하지만 오늘따라 에론의 휘파람 소리가 견딜 수 없이 귀에 거슬렸다. 벡사나는 아무 말 없이 재빨리 집 안으로 들어가 문을 쾅 닫아 버렸다. 문이 쾅 닫히는 소리에 에론은 살짝 놀랐다. 그날 오후, 그는 밖에 나온 벡사나를 보며 괜찮은지 물었다. 벡사나는 자신의 장미꽃들 사이에 솟은 민들레를 노려보며 쌀쌀맞은 어조로 대답했다. "네, 아무 일 없어요."

벡사나의 눈은 계속해서 그 민들레에 고정되었다. 정원에 나올 때마다 솜털 같은 홀씨들이 자신을 조롱하며 더 많은 씨앗을 퍼뜨리겠다고 위협하는 것처럼 보였다. 예상대로 여러 날이 지난 뒤 홀씨들이 날아가 장미들 사이로 사방에 흩어져 있었다. 곧 벡사나의 정원에 최소한 열두 송이의 민들레가 피었다. 에론은 민들레들을 보고 벡사나에게 민들레 뽑는 일을 도와줄지 물었다. 벡사나는 코웃음을 치며 몸을 휙 돌려 가 버렸다. 그녀는 에론을 볼 일이 없도록 이른 아침에만 정원 작업을 하기로 마음먹었다. 그녀는 낮에는 대부분 집 안에서 나오지 않았다. 가끔 창문 밖으로 내다보면 아무 일 없다는 듯 자신의 자유분방한 정원을 정리하는 에론의 모습에 화만 치밀어 올랐다.

어느 날 아침, 벡사나는 잠에서 깨어 불같이 노했다. 더는 참을 수 없었다. 그녀는 잔디 깎는 기계로 한때 아름다웠던 장미 정원을 싹 밀어 버렸다. 그리고 내친김에 에론의 정원까지 밀어 버렸다. 그날 벡사나는 이웃집이 보이지 않을 만큼 높은 벽돌담을 쌓았다.

지금 자전거를 타고 벡사나의 집을 지나가면 그녀의 정원에 잡초와 민들레가 가득한 모습을 볼 수 있다. 하지만 귀를 기울이면 에론이 새로운 해바라기 정원을 가꾸며 부르는 〈항상 인생의 밝은 면을 봐〉 휘파람 노랫소리를 들을 수 있다.

시작은 씨앗 하나였지만, 어느새 잡초가 되었다. 그때라도 그 잡초는 언제든지 뽑아 버릴 수 있었다. 하지만 시간이 흐르자 씨앗들은 사방으로 퍼졌고, 잡초들은 뿌리를 내렸다.

당신을 불쾌한 감정에서 헤어나지 못하게 하는 생각들에 대해 숙고해 보라. 다음 페이지의 노트를 활용하여 몇 분간 이 활동을 하기를 바란다. 다음 글을 읽으면서 당신의 특정한 상황과 연결되는 부분이 있는지 확인해 보라.

* 분노하지 않으면 이 문제에 관심이 없다는 뜻이다. 많이 분노할수록 내가 이 문제에 더 많은 관심을 가지고 있다는 뜻이다. ◁ 이 생각은 분노를 신념과 동일시하는 것으로,

선거철에 특히 자주 들을 수 있는 말이다.

* 저들이 한 말을 그냥 넘어간다면, 저들은 더욱 활개를 칠 것이다. ◁ 이 생각은 또다시 상처를 받거나 약해 보일지 모른다는 두려움에서 비롯된 것이다.

* 내가 화내지 않으면 저들은 결국 죗값을 치르지 않을 것이다. ◁ 이 생각은 내 분노가 저들에게 벌을 주는 가장 효과적인 방법이라고 착각하는 것이다. 하지만 사실, 분노는 상대방을 해치는 것보다 나를 더 크게 해친다. 스포일러 : 전혀 그렇지 않다.

* 상대방이 사과하면 내 분노를 멈출 것이다. ◁ 이것은 내 감정적 행복을 다른 사람의 손에 맡기는 것이다.

* 분노하고 화를 내지 않으면 약한 것이다. ◁ 이것은 용서와 너그러움을 약함의 증거라고 배운 탓이다. 전혀 그렇지 않다. 한번 해 보라.

* 분노는 내 정체성의 일부이다. ◁ 이것은 하나님이 아닌 다른 누군가에게서 정체성을 얻는 것이다.

분노의 감옥을 탈출하는 법

마태복음 18장 15절에서 예수님은 누군가가 상처를 주거나 기분 나쁜 행동이나 말을 할 때 어떻게 반응해야 할지를 다루신다. "네 형제가 죄를 범하거든 가서 너와 그 사람과만 상대하여 권고하라 만일 들으면 네가 네 형제를 얻은 것이요." 예수님은 누군가가 우리에게 잘못을 저지르면 그를 직접 찾아가야 한다고 말씀하신다. 그가 우리에게 무슨 잘못을 했는지 명확하고도 구체적으로 말해야 한다. 기본적으로는 상대방과 단둘이 만나야 하고, 화해를 원하는 마음으로 해야 한다.

참고로 덧붙이자면, 이 구절이 일반적인 갈등과 사소한 잘못에 관해 말하고 있다는 점에 주목해야 한다. 이 구절은 학대나 심각한 트라우마, 범죄에는 적용되지 않는다. 이런 경우에는 안전이 최우선이며, 전문가의 도움이나 법적 개입이 필요할 수 있다. 이 구절에서 다루는 "죄"는 육체적, 정서적, 영적 학대가 동반되지 않은 개인적인 모욕이나 오해, 관계적인 갈등을 의미한다. 어떤 갈등 상황에서든 지혜와 분별력을 발휘하고 때로 전문가의 지도를 받는 것이 중요하다. 목표는 언제나 치유와 화해이다. 가능한 한 치유와 화해를 추구하되 안전을 희생하면서까지 그렇게 해서는 안 된다. 특정한 상황을 어떻게 다룰지 확실히 모르겠다면 믿을 만한 목사나 치료사, 상담사를 찾아가 조언을 구하라.

다시 본론으로 돌아와, 누군가가 우리에게 잘못을 저지를 때 예수님이 하라고 하시지 '않은' 행동의 예를 몇 가지 들어 보겠다.

- 즉시 은근히 공격하는 글을 써서 소셜 미디어에 올리는 것.
- '기도 부탁'이라는 명목으로 그 일을 많은 사람에게 떠벌리고 다니는 것.
- "다른 쪽 뺨도 돌려 대라"를 "째려보라"로 번역한 성경 역본을 찾는 것.
- 이후 3주간 샤워할 때마다 속 시원하게 쏘아붙여 줄 말을 연습하는 것.

분노가 뿌리를 내리면 우리의 정원에 각종 잡초가 자라고, 나중에는 일일이 뽑아내기 힘들어진다. 바울은 분노로 죄를 짓지 말라고 경고한 뒤에 계속해서 이렇게 말한다. "너희는 **모든** 악독과 노함과 분냄과 떠드는 것과 비방하는 것을 **모든** 악의와 함께 버리고."엡4:31 이 구절에서 "모든"이라는 단어를 놓치지 않았는가?

바울이 "모든"이 아니라 '일부'라고 말했다면 좋았을 것이다. 내가 바울이라면 '용인 가능한 분노만 **빼고** 나머지 모든 분노를 버리라'라고 썼을지 모르겠다. 그런 다음, 분노해도 '되는' 것들의 긴 목록을 나열했을 것이다. 이를테면 극장에서 영화 상영 중에 휴대폰으로 통화할 때, 주차 공간 두 칸을 혼자 차지할 때, 한 사람에게만 보내야 할 문자를 실수로 '모두에게 보내기' 버튼을 눌러 전송했을 때, 전자레인지에 남은 시간을 지우지 않고 그냥 둘 때, 상대방이 계속 이모티콘으로만 답장할 때, 이럴 때는 화를 내도 괜찮지 않을까? 분명 당신만의 목록도 있을 것이다. 누군가가 사소한 잘못을 지속적으로 저지를 때도 분노를 버리기 힘들고, 누군가가 너무 큰 잘못을 저지를 때도 분노를 버리기 힘들다.

바울은 "모든" 분노를 버리라고 말한다. 그렇다면 누군가가 우리를 지독히 분노하게 만들면 어떻게 해야 할까? 에베소서 4장 32절의 말씀을 기억하라. "서로 친절하게 하며 불쌍히 여기며 서로 용서하기를 하나님이 그리스도 안에서 너희를 용서하심과 같이 하라."

즉시 분노가 치밀어 오르는 상황들이 있을 것이다. 하지만 몸에 암 덩어리가 있으면 당연히 제거하는 것처럼 분노 역시 제거해야 한다. **모든** 분노를 제거하라. 잠자리에 들 때까지 분을 품고 있지 말라. 분노로 밤을 지새우지 말라. 분노는 좋지 않다. 분노를 친절과 연민과 용서로 대체하라. 하나님이 당신의 죄에 대한 그분의 분노를 그리스도 안에서 친절과 연민과 용서로 대체하셨던 것처럼.

세상 모든 사람이 분노의 패턴 속에서 사는 듯 보이지만 성령의 능력으로 우리는 그 패턴을 깨고 나올 수 있다.

생각 멈추기 연습

누군가가 당신에게 잘못을 저질러 기분이 상하면 어떻게 해야 할까? 불쾌한 감정에 집중하지 말고, 곧바로 예수님의 형제 야고보의 말을 떠올려야 한다. "내 사랑하는 형제들아 너희가 알지니 사람마다 듣기는 속히 하고 말하기는 더디 하며 성내기도 더디 하라 사람이 성내는 것이 하나님의 의를 이루지 못함이라."약 1:19-20

분노는 하나님이 우리에게 바라시는 의를 만들어 내지 못한다. 예수님은 바로 그 의를 위해 돌아가셨고, 우리가 그 의 안에서 살게 하셨다. 때로 우리는 자신이 옳음을 증명하는 것과 의롭게 사는 것 사이에서 선택해야 한다. 그런 순간에 우리는 듣기를 속히 하고, 말하기는 더디 하며, 성내기도 더디 해야 한다.

말이 쉽지, 일단 화가 나면 이를 실천하기가 영 쉽지 않다. 왜일까? 놀랍고 신비롭게 창조된 우리의 뇌 때문이다. 화가 나는 일이 일어나면 우리 뇌의 측두엽에 있는 작은 호두 모양의 편도체가 활성화된다. 동시에 뇌교의 위쪽 부분에서 활동이 활발해지고, 시각 후두측두피질 visual occipitotemporal cortex과 주의 두정피질 attentional parietal cortex의 활동은 줄어들며, 수축기 혈압이 상승한다.[8] 이런 스트레스 반응은 시상하부-뇌하수체-부신 축 HPA Axis을 자극하여 코르티솔과 아드레날린 adrenaline을 분비하게 한다. 전전두피질은 상황을 해석하려고 하지만, 감정적 반응으로 인한 생물학적 폭풍이 합리적인 의사결정을 압도하는 경우가 많다.[9]

너무 전문적인 용어가 많은가? 그렇다면 좀 더 쉬운 표현으로 말해 보겠다. 한마디로 이성을 잃는 것이다. 욱했다, 격노했다, 뚜껑이 열렸다, 속이 뒤집어졌다, 홱 돌았다, 폭발했다.

원래는 듣기는 속히 하고, 말하기는 더디 하며, 성내기도 더디 하는 사람이었다. 하지만 어느 순간부터는 그게 잘 안 된다. 상황이 괜찮다가도, 어떤 계기로 기분이 상하면 사람이 변하게 된다. 일단 화가 나면 뇌는 멈춰서 생각하라고 말하지 않는다. 싸우거나 도망치라고 말한다. 물론 이런 반응이 필요할 때도 있지만, 대부분의 일상적인 상황에서 이런 생존 전략은 너무 과하다. 바로 이런 상황에서 생각을 사로잡는 노력이 필요하다.

듣기를 속히 하고, 말하기를 더디 하며, 성내기를 더디 하는 것이 그 순간에는 불가능하게 느껴질 수 있다. 하지만 이 부분에서 하나님은 우리에게 생물학적인 도움을 주셨다. 투쟁-도피 메커니즘이 발동하면, 눈 바로 위에 있는 뇌의 안와전두피질 orbital frontal cortex이 활성화되어 한껏 달아오른 감정에 제동을 건다. 이 현상을 연구하는 매사추세츠종합병원 Massachusetts General Hospital 정신의학 교수 다린 도허티 Darin Dougherty에 따르면 "건강한 사람들은 분노를 느껴도, 그 분노에 따라 행동하기 전에 억누를 수 있다."[10] 다시 말해, 그들은 멈춰서 생각할 수 있다.

분노의 생각들을 사로잡아 그리스도께 순종하는 생각들로 대체하려고 할 때 도움이 되는 단어 하나를 소개한다. 화가 나기 시작할 때 이 단어를 기억하라. 멈춤.

멈추라. 백문百聞이 불여일견不如一見이라고 생각하는 사람이라면 정지 표지판을 상상하면 좋다. 화가 나기 시작하면 '멈춤'이라는 단어를 떠올리거나 정지 표지판을 머릿속에 그리라.

이 전략은 성경에서 비롯한 것이다. 이는 날뛰는 자멸적이고 해로운 생각을 사로잡는 한 방법이다. 현대 과학을 통해 효과가 증명된 방법이기도 하다. 분노 조절 상담을 받으면 '생각 멈추기' 기법을 배운다. 이것이 무엇일까? "생각 멈추기는 원치 않는 불쾌한 생각이 내담자의 마음속에 자리를 잡지 않도록 해 준다. 내담자는 대신 더 긍정적인 대상을 떠올리거나, 즐거운 활동에 참여하거나, 자신의 감정을 나누거나, 자신의 생각을 분석하고 재해석할 수 있다."[11]

이것이 화난 사람들에게 멈춰서 열까지 세라고 권하는 이유이다. 이왕이면 30, 아니 100까지 세면 더 좋다. 그렇게 하면 안와전두피질이 작용하여 차분히 생각할 틈이 생긴다. 우리가 이렇게 멈추는 것은 우리의 뇌를 향해 '괜찮아. 시간이 충분해'라고 말하는 것과도 같다. 물론 투쟁이나 도피가 필요한 상황을 만나면 멈춰서 생각할 시간이 없다. 뜸을 들이다가는 순식간에 목숨이 날아갈 수 있다. 하지만 화가 날 때 멈춰서 심호흡을 하고 그 감정을 찬찬히 돌아보면 우리의 뇌가 몸과 더 잘 연결될 수 있다. 멈추는 것은 자신에게 이것이 생존 반응을 필요로 하는 급박한 상황이 아니라고 말하는 것이다.

분노가 치솟고 해로운 생각들이 그 분노에 기름을 붓는 것을 감지할 때 '생각 멈추기'는 유용한 도구가 될 수 있다. 이 기법은 부정적인 생각의 순환을 끊는 것이지만, 억지로 할 필요는 없다. 개인의 성격과 상황에 따라 접근 방식은 달라질 수 있다. 예를 들면 이런 식이다.

* **단호한 접근법**   부정적인 생각이 피어오를 때 자신에게 '멈춰!'라고 단호하게 말하는 것이 효과적인 사람들이 있다. 속으로 말해도 좋고, 상황이 허락한다면 소리 내어 속삭여도 좋다.
* **부드러운 방향 전환**   어떤 이들은 생각을 부드럽게 전환하는 접근법을 선호한다. 그들은 자신의 생각을 천천히 새로운 방향으로 이끈다. 예를 들어, 자신에게 '이 상황에 대해 좀

다르게 생각해 보자' 혹은 '이 상황을 다르게 볼 방법이 있을까?'라고 조용히 말한다.

* **유심히 관찰**   아무런 판단 없이 그냥 '지금 내가 분노의 생각을 하고 있구나'라고 인정한 다음, 그 생각이 하늘의 구름처럼 지나가도록 둔다.

* **시각적인 개입**   시각적인 것을 좋아하는 사람들은 멈춤 표지판이나 빨간불을 머릿속에 그릴 수 있다. 분노의 생각 흐름을 끊는 데 도움이 되는 평화로운 광경을 상상해도 좋다.

* **육체적인 신호**   사람에 따라 손목에 건 고무줄을 당기거나 심호흡을 하는 식으로 생각 멈추기와 특정한 육체적 행동을 서로 연결시키는 것이 도움이 될 수도 있다.

* **호기심 어린 질문**   자신에게 멈추라고 명령하는 대신, 이렇게 물을 수도 있다. '지금 이 생각이 도움이 되는가?' 혹은 '이 상황에 대한 더 건설적인 생각은 무엇일까?'

요지는 자신에게 자연스럽고 효과적인 접근법을 찾으라는 것이다. 생각 멈추기의 핵심은 감정을 억누르거나 현실을 부정하는 것이 아니라 틈을 만들어 내는 것이다. 이는 분노를 촉발하는 상황과 반응 사이에 생각하고 선택할 시간을 내는 것이다. 멈추면 편도체에서 비롯하는 감정적인 반응에만 휩싸이지 않고 우리 뇌의 이성적인 부분인 전전두피질을 동원할 수 있다.

명심하라. 목표는 좋지 않은 생각들의 패턴을 부드러우면서도 단호하게 깨뜨려 더 건설적인 사고를 할 틈을 만들어 내는 것이다. 연습하면 다양한 상황에서 당신에게 가장 잘 맞는 방법들을 찾아낼 수 있을 것이다. 편도체의 인도에 따라 가벼운 불쾌감에서 짜증을 거쳐 분개와 주체하지 못할 격노로 가는 것이 우리의 자동적인 흐름이다. 이 흐름을 그냥 따라가지 말고 하나님께 멈출 힘을 달라고 요청하며 노력해야 한다.

신경가소성 덕분에 이 전략을 채택할 때마다 한결 더 쉬워진다. 우리의 뇌가 학습을 한다. 신경 세포가 서서히 재훈련된다. 첫 시도가 가장 어렵고 가장 부자연스럽게 다가온다. 그래서 격려하고 점검해 줄 사람이 필요할 수 있다. 하지만 우리의 뇌는 멈추는 법을 점점 배워 갈 것이다. 그리고 멈추기를 '원하는 마음'만으로 충분히 의미 있는 첫걸음이 될 수 있다.

생각 멈추기를 하면 자신의 상황을 더 분명히 인식할 수 있다. 반응하기 전에 멈추면 무엇이 분노를 일으키는지 파악할 수 있다. 또한 상황에 대한 자신의 해석을 의심해 볼 여유가 생긴다. 상황을 보는 다른 시각이나 더 옳은 시각, 더 건강한 시각, 더 경건한 시각이 있을 수 있다.

생각을 멈춘 다음에는 어떻게 해야 할까? 두 가지 중요한 질문에 관해 기도하면서 생각해 봐야 한다.

// 이 분노가 어디에서 왔는가 //

'무엇이 이 분노를 유발하는가? 나는 왜 이것을 개인적인 공격으로 받아들이는가?' 이것은 놀랍도록 깊은 질문이다. 특히 자신의 분노나 감정적 반응의 강도가 상황에 비해 과도하다고 느껴질 때 더욱 그렇다.

심리학자 카일 벤슨Kyle Benson은 "분노의 빙산"이라는 표현을 썼다.[12] 바다에서 빙산을 보면 물속에는 물 위로 보이는 것보다 훨씬 더 큰 얼음 덩어리가 숨어 있다. 분노도 이와 같다. 이것이 우리가 성내기를 더디 해야 하는 이유이다. 일단 멈춰야 눈에 보이지 않는 이면의 것을 생각할 수 있어서이다.

우리가 화를 내지만 사실은 불안한 것일 수도 있다. 불안이 짜증으로 표출된 것일 수 있다는 말이다. 우리는 자신에게 분노의 문제가 있다고 생각하지만, 실상은 불안의 문제를 안고 있을 수 있다. 불안은 왜 분노로 표출되는 것일까?

대개 우리는 누군가의 감정이나 자신의 상황, 미래에 일어날지 모르는 일처럼 우리가 통제할 수 없는 것에 대해 불안해한다. 하지만 분노하면 마치 우리가 통제권을 되찾은 것만 같은 기분이 든다. 자신에게 힘이 있다는 착각을 주는 것이다.

표면 아래에 거절감이 숨어 있을 수도 있다. 거절감이 드는 것보다 화를 내는 편이 덜 비참하다. 거절감을 느끼면 자신이 약자가 된 것만 같다. 하지만 우리는 약자로 보이기를 원치 않는다. 그래서 상처를 다루는 대신, 분노하는 편을 택한다.

우리가 화가 나서 흥분할 때 표면 아래에서는 또 다른 일이 벌어지고 있다. 그것은 무엇일까? 우리는 어떤 생각의 패턴에 사로잡혀 있는가?

'개인적인 해석'이 문제일 수도 있다. 다시 말해, 우리의 특기 중 하나인 독심술을 발휘하는 경우다. 우리는 상대방의 의도를 안다고 착각하고, 악의 없는 행동을 개인적인 공격으로 해석한다. 때로는 열등감이 분노로 표출되기도 한다. 자기 의심으로 꽉 찬 사람은 상대방이 조금만 자신을 모욕하는 것 같으면 극도로 민감하게 반응한다. 하나님이 가인의 제사를 받지 않으셨을 때 벌어진 일이 기억나는가? 가인은 겸손하게 반응하지 않고 동생을 죽였다. 가인이 분노하고 마음이 상했던 이유는 열등감 때문이었을 수 있다. 그는 아벨의 순종과 뛰어남을 보면서 마치 자신에게 죄를 묻는 것처럼 느꼈을지도 모른다.

우리의 분노 이면에 숨어 있는 것은 보기가 어렵다. 그리고 대개 우리는 그것을 계속 숨겨 두고 싶어 한다. 그래서 우리가 사람들에게 보여 주는 것이 바로 분노이다. 때로는 수동적이거나 공격적이며, 때로는 수동-공격적인 형태로 나타난다. 그래서 우리는 멈춰서 생각해야 한다. '이 분노가 어디에서 왔는가?'

∥ 상대방은 어떤 상황인가 ∥

　누군가에게 기분이 상했을 때 스스로에게 물어야 하는 두 번째 질문은 '상대방은 어떤 상황인가?'이다. 이는 분노를 연민으로 바꾸는 데 도움이 되는 질문이다.

　요한복음 4장에서 우리는 뜨거운 한낮에 우물가에 계신 예수님을 만날 수 있다. 예수님은 더위에 지쳤고 몹시 목이 마르셨다. 우물이 눈앞에 있었지만, 길어 마실 도구가 없었다. 이것만으로도 충분히 짜증이 날 만한 상황이다. 한 사마리아 여인이 우물로 다가오자 예수님이 말을 거신다. 여인은 대답을 해야 할지 망설인다. 대부분의 유대인 남성은 사마리아 여인이 말을 건네면 화를 낼 것이 분명했기 때문이다.

　대화가 이어지던 중에 여인은 자신에게 쏠린 관심을 돌리려, 유대인과 사마리아인 사이의 오랜 갈등 원인이었던 예배 장소에 관한 몇 가지 질문으로 예수님을 도발한다. 예수님은 여인의 도발적인 함정에 넘어가지 않으셨다. 대신, 자신이 그녀의 가장 깊은 목마름을 해소해 줄 수 있는 '생명의 물'임을 밝히신다.

　누군가의 말이나 행동이 우리를 도발하고 자극할 때, 우리는 보통 지나치게 민감하게 반응하거나, 문제에 대한 우리의 확신을 증명하기 위해 분노의 강도를 높이곤 한다. 하지만 예수님은 은혜와 연민으로 반응하신다. 예수님은 어떻게 그러실 수 있었을까? 여인과 여인의 사연을 아셨기 때문일 것이다. 예수님은 그 여인이 경험한 실망감과 배신감을 잘 아셨다. 그녀가 왜 자신 같은 남성에게 공격적이고 불신을 보이는지를 이해하셨다. 최악부터 생각하고 쉽게 화를 내는 세상에서 연민을 선택하는 것은 파격적인 행동이다.

누군가가 우리를 화나게 해도 우리는 연민으로 반응할 수 있다. 우리가 받은 상처보다 '상대방'의 상처를 생각해야 한다. 상대방이 우리를 화나게 할 때 고려해야 할 좋은 질문은 '상대방은 어떤 상황인가?'이다.

상대방이 어떤 상황에 처해 있는지 진지하게 살펴보라. 그러면 그를 더 잘 이해하기 위한 질문을 던지게 될 것이다. 내 경험상, 어떤 사람이 무엇을 겪고 있는지 궁금해할수록, 그 사람의 입장을 더 잘 이해하게 된다. 그렇게 이해하고 나면 분노 대신 연민을 느끼게 된다. 자신에게 초점을 맞추기보다 상대방에게 초점을 맞춰 생각하게 되는 것이다.

분노를 버리고 사랑으로 나아가다

분노의 생각 패턴에서 헤어나지 못하던 나는 어느 화요일 아침, 결정적인 전환점을 맞았다. 전날 나는 비판적이고 냉소적인 이메일들에 답장하느라 몇 시간을 보낸 상태였다. 목사답게 온화하게 답변하려고 애썼지만, 내 인내심은 점점 바닥을 향해 치달았고, 친절함은 이미 고갈된 상태였다. 그런 상태에서 이메일을 열어 보니 개인적으로 알지 못하는 한 교인에게서 통렬한 비판의 메시지가 와 있었다. 한 마디 한 마디가 참 독했다. 내 리더십 스타일에서 옷차림까지 모든 것을 싸잡아 비난하는 글을 읽다 보니 도저히 참을 수 없었다.

나는 항변의 이메일을 보내는 대신, 이 교인의 전화번호를 찾아 직접 전화를 걸었다. 내 안에서 신경 전달 물질들이 폭발하면서 콧김이 뿜어져 나오는 것만 같았다. 나는 그에게 쏘아붙일 말을 준비했다. 나는 이 교인을 깜짝 놀라게 할 심산으로 일부러 교회 전화번호로 전화를 걸었다. 그런데 지치고 쉰 목소리에서 뭔가 심상치 않은 상황임을 감지했다. "안녕하세요. 교회에서 웬일이죠?" 내가 잠시 침묵하자 남자는 떨리는 음성으로 물었다. "혹시 제 아들 문제로 전화하셨나요?"

순간 내 마음이 바뀌었다. 내 생각의 방향이 전환되었다. "카일 아이들먼 목사입니다." 그렇게 말하는 순간 분노가 사그라들었다. "선생님이 보내신 이메일에 관해 드릴 말씀이 있어서 전화를 드렸습니다. 하지만 그보다 먼저 아드님께 무슨 일이 있는지 알고 싶습니다."

"지금 그 애는 내슈빌의 한 병원에 있어요. 약물 과다 복용으로 병원에 실려 갔는데 입원 치료 시설로 이송해야 한답니다. 그런데 어디로 보내야 할지 모르겠고 치료비도 없어서 걱정이에요."

나는 교회에서 도와줄 수 있다고 말했고, 몇 분간 이야기를 나눈 뒤에 아들을 위해 기도해 주고 싶다고 말했다. 내가 전화로 기도

하는 동안 수화기 너머에서 나지막이 흐느끼는 소리가 들렸다.

자기 의와 교만에서 비롯한 나의 분노가 눈 녹듯이 녹아내렸다. 자기 힘으로 어찌할 수 없는 상황에 두려워하던 한 아버지가 고통을 쏟아 내듯 이메일을 보냈다. 그 이메일은 내가 사로잡혀 있던 분노의 패턴에 나를 묶어 두고, 내 생각을 지배했다. 나는 내 감정에만 너무 집중해 있었다. 노하기를 빨리했다. 그래서 내가 애초에 목사가 된 이유를 까마득히 잊어버렸다. 사람들이 가장 어두운 순간을 무사히 통과하도록 돕는 것, 바로 그것이 내가 목사가 된 이유였다.

chapter 7.

쾌락의 패턴 깨기

덧없는 만족을 버리고,
영원한 가치를 추구하다

마이클은 화장실 거울 속을 들여다본다. 거울 속에서 자신을 바라보는 150킬로그램이 넘는 이 거구가 도대체 누구인지 모르겠다. 방금 병원에서 근 2년 만에 처음으로 몸무게를 재고 돌아왔다.

마이클은 마흔넷이다. 의사는 위험할 정도로 높은 혈압 수치와 당뇨 수치에 관해 또다시 경고했다. 마이클이 노력하지 않은 것은 아니다. 다이어트란 다이어트는 다 시도했다. 휴대폰에 칼로리 계산 앱도 깔았고, 헬스클럽 회원권도 있다. 하지만 둘 다 언제 마지막으로 사용했는지 기억도 나지 않는다. 마이클의 집 주방 찬장을 열면 그가 식사량을 조절하기 위해 구입한 아동용 크기의 접시가 가득하다. 하지만 그런 접시에 담아도 여러 번 먹으니 아무런 소용이 없다.

마이클은 계속해서 행동 교정에 집중했다. 하지만 음식에 대한 생각 자체를 파악하고 다루기 전까지는 아무것도 바뀌지 않을 것이다. 마이클은 그냥 음식이 너무 맛있고 식욕이 왕성할 뿐이라고 생각한다. 하지만 사실 음식을 대하는 그의 사고방식은 여덟 살 소년의 세상이 산산이 부서졌던 어느 서늘한 가을날로 거슬러 올라간다. 소방관이었던 그의 아버지는 근무 중에 순직했다. 집에는 침통한 목소리와 눈물로 얼룩진 얼굴만 가득했다. 모두가 슬픔과 혼란에 빠져 있었다. 마이클은 조용히 방으로 들어가 베개 밑에 얼굴을 파묻었다.

이윽고 살짝 문을 두드리는 소리가 들렸다. "마이클……." 어머니의 목소리에는 슬픈 감정이 가득했다. 어머니는 손에 접시를 들고 침대 가장자리에 앉았다. "네가 좋아하는 간식을 만들었어. 초콜릿 칩 쿠키야." 따뜻하고 향긋한 냄새가 풍기자 마이클은 일어나 앉았다. 어머니는 아들을 가까이 끌어당겼고, 두 사람은 조용히 쿠키를 먹었다. 초콜릿 칩 쿠키의 달콤함에 잠시나마 상실의 무게가 줄어들었다. 잠시나마 마음속 고통이 가라앉았다.

여덟 살의 마이클은 신경 전달 물질이 어떻게 작용하는지 혹은 초콜릿 칩에 들어 있는 페닐에탈아민^{phenylethylamine}이 무엇인지 몰랐다. 페닐에탈아민은 기분이 좋아지게 하는 도파민과 테오브로민^{theobromine}의 분비를 촉진시킬 수 있다. 초콜릿도 적당히 먹으면 괜찮지만 마이클의 머릿속에 새겨진 공식은 분명했다. 초콜릿을 많이 먹을수록 기분이 좋아진다는 것.

마이클이 슬퍼하거나 불안해하거나 넋을 잃고 있을 때마다 어머니의 반응은 똑같았다. 언제나 갓 구운 쿠키를 가져와 따스한 포옹을 해 주었다. 그렇다 보니 쾌락의 생각 패턴이 자리를 잡았다.

감정적인 고통 → 쿠키 → 위로.

자라면서 이 대응 기제는 확장되었다. 학교에서 괴롭힘을 당하면? 집으로 돌아오는 길에 가게에서 캔디 바를 사서 입에 넣으면 고통이 조금이나마 줄어들었다. 이성 친구에게 데이트 신청을 했다가 거절을 당하면? 아이스크림이 입에 들어오면 비참한 기분이 진정되었다. 인생이 시련을 던질 때마다 마이클의 뇌는 익숙한 후렴구를 속삭였다. '음식을 먹으면 기분이 나아질 거야.' 신경 경로가 강해졌고, 습관이 깊이 뿌리를 내렸다.

대학교에 입학하자 몸무게 자체가 불안의 근원이 되었다. 이는 악순환으로 이어졌다. 자신의 외모에 대한 혐오는 더 많은 폭식으로 이어졌고, 그럴수록 살은 점점 더 쪘다. 그러면 기분이 나아지기 위해 더 많이 먹어야 했다.

세월이 흘렀지만 여덟 살 때 자리 잡은 생각은 여전히 마이클을 사로잡고 있다. 게다가 이제 뇌의 모든 신경 세포가 그 생각을 지원한다. 집에서 일이 잘 풀리지 않으면 그는 밖으로 나가 치킨과 맥주를 사 온다. 그런 경험을 반복할수록 그의 생각 패턴은 계속해서 강해졌다. 그 패턴이 너무 깊이 자리를 잡아, 심지어 거울을 보며 의사의 무시무시한 경고를 떠올리면서도 간헐적 단식은 내일부터 시작하기로 마음을 먹는다. 지금 당장은 기분을 좋게 해 줄 초콜릿 칩 쿠키와 아이스크림이 있어야 한다.

음식이 주는 쾌감이 삶을 살 만하게 만들어 주는 듯하지만 실상은 그를 죽이고 있다. 그의 생각 패턴은 그를 한때 쾌락을 주던 것의 노예로 전락시키고 있다. 한때 고통으로부터의 위안을 약속했던 쿠키는 이제 끊어 낼 수 없는 족쇄로 변했다. 음식에 대한 그의 생각 패턴은 깊이 자리를 잡았다. 하지만 그러한 생각이 그를 이 감옥에 집어넣은 것이라고 생각을 바꾸면 이 감옥에서 해방될 수 있다.

여기서 잠시 멈춰 보자. 마이클 이야기를 들으며 마치 거울을 보는 것처럼 느끼는 독자들이 있으리라. 자신의 문제와 고통, 어쩌면 수치를 보며 괴로워하고 있을지도 모르겠다. 그런 이들에게, 당신의 마음이 예수님께 더없이 중요하다는 사실을 말해 주고 싶다.

마이클 이야기가 당신 안의 죄책감이나 수치심 혹은 무기력감을 자극했는가? 괜찮다. 힘겹게 싸우고 있다 해도 괜찮다. 눈물을 삼키고 있는가? 가슴 속이 답답한가? 괜찮다. 당신의 고통을 충분히 이해한다. 하지만 당신이 문제와 씨름하고 있다고 해도 당신의 가치나 당신을 향한 하나님의 사랑은 전혀 줄어들지 않는다.

지금 이 순간, 예수님이 당신과 함께 계신다. 그분은 멀찍이 서서 실망감에 고개를 흔들고 계시지 않는다. 그분은 바로 당신 곁에 계신다. 그분은 당신과 함께 마음 아파하고 계시며, 당신을 위로하기 위해 손을 뻗고 계신다. 잊지 말라. 그분은 나병 환자들을 만지고, 버림받은 자들과 함께 식사를 하고, 마음이 상한 자들과 함께 우셨던 분이다. 그분은 절대 당신의 고통이나 문제에 눈살을 찌푸리시는 법이 없다.

쾌락의 가면을 쓴 중독적인 생각들

마이클 이야기에서 초콜릿 칩 쿠키를 생각해 보자. 물론 실제로 초콜릿 칩이 문제일 수도 있다. 하지만 여기서 초콜릿 칩은 '쾌락을 약속하지만 실제로는 우리를 옭아매는 모든 것'을 의미한다.

곧 구약에 기록된 한 이야기를 살펴볼 텐데, 그 전에 이 이야기에 성폭력 장면이 포함되어 있다는 점을 밝히고 싶다. 이 이야기는 강간과 근친상간이 주를 다룬다. 따라서 일부 독자에게는 이 이야기가 너무 고통스럽게 다가올 수 있다. 날것 그대로의 이 이야기가 당신을 치유하는 데 도움이 되리라 믿지만, 일단 건너뛰고 후에 믿을 만한 친구나 상담사, 목회자의 도움을 받을 수 있을 때 다시 읽어도 좋다.

구약에 기록된 다윗왕의 아들 암논과 그의 이복누이 다말과 관련된 사건은 아마 주일학교에서 쉽게 다루지 않는 이야기일 것이다. 그런데 이 이야기는 생각의 패턴이 반드시 결과를 낳고, 쾌락을 약속하는 생각을 그냥 두면 참담한 선택으로 이어질 수 있다는 사실을 잘 보여 준다.

암논의 생각 패턴은 가져서는 안 되는 것, 이 경우에는 가져서는 안 되는 사람에 대한 생각으로 시작되었다. 그는 이복누이 다말을 범하고 싶었다. 그 생각이 처음 떠올랐을 때 그는 안 좋은 생각임을 알았다. 하지만 생각만 하고 행동으로 옮기지는 않을 것이니 큰 문제는 없으리라 생각했다. '머릿속으로 상상만 하는데 무슨 문제가 있겠어?' 그래서 그는 그 생각을 계속해서 했다. 하지만 어느 순간부터 그 생각이 그를 사로잡기 시작했다. "암논이 그의 누이 다말 때문에 울화로 말미암아 병이 되니라."삼하 13:2 그렇다. 그는 병이 생길 정도로 누이에게 집착했다. 계속해서 그 생각을 하다 보니, 그 생각을 멈출 수 없는 지경에 이르렀다.

암논은 그 생각에 사로잡혔다. 마침내, 한 친구에게 털어놓았더니 그 친구가 사악하고 잔인하고 추악한 계획을 내놓았다. 아픈 척하고 있다가 다말이 병문안을 오면 그때 덮치라고 말이다. 머릿속에서 음란한 장면을 수없이 상상하던 암논은 마침내 이 계획을 실행하기로 마음을 먹었다. 다말은 암논에게 이러지 말라고 애원했다. 나중에 어떻게 될지 냉정하게 생각해 보라고 말렸다. 자신은 더러워지고 그도 명예를 잃게 될 거라고 설득했다. "암논이 그 말을 듣지 아니하고 다말보다 힘이 세므로 억지로 그와 동침하니라."삼하 13:14 잔인하고 참담하고 악하다. 다말은 큰 충격에 빠졌다.

암논은 한때 생각할 수도 없는 일이라고 생각하던 행위를 계속해서 생각하다가 결국 그 짓을 저지르고 말았다. 하지만 처음에는 쾌락을 약속했던 생각이 오히려 그 자신뿐만 아니라 그의 누이와 온 가족, 결국에는 온 나라에 말할 수 없는 고통을 안기는 결과를 낳았다.

암논의 생각에 대해 생각하고, 그의 생각 패턴을 더 자세히 살펴보자. 비록 추측이 가미되었지만 이 패턴은 상당히 정확하다고 자신한다. 나는 목사로서 이 패턴을 매일같이 본다. 그리고 나뿐만 아니라 많은 사람이 이 패턴을 본 적이 있으리라. 물론 다행히 이런 생각이 다말 사건처럼 참담한 범죄로 이어지는 경우는 드물지만 말이다.

암논이 품었던 생각의 궤적을 추적해 보자.

* **경계를 넘다** 그는 누이와 실제 삶 속에서는 차마 할 수 없는 행위에 대해 생각하기 시작한다.
* **집착** 그 생각은 점점 더 잦아지고, 그 생각을 할 때마다 누이를 가져야 한다는 확신이 점점 더 강해진다.
* **대상화** 그의 집착적인 생각은 강한 신경 경로를 만들어 낸다. 더는 누이가 사람이 아니라 자신의 쾌락을 위해 존재하는 물체처럼 보인다.
* **권리 의식** 그는 왕자이다 보니 원하는 것을 얻는 데 익숙해져 있다. 그는 '나는 원하는 것을 가질 자격이 있어'와 '내게 규칙 따위는 적용되지 않아' 같은 생각을 자주 한다.
* **합리화** 친구의 계획을 듣고 '그렇게까지 큰일은 아니야'와 '누이도 좋아할지 몰라'라는 생각을 하게 된다. 자신이 누이를 원하는 것만큼이나 누이도 자신을 원할지 모른다고 제멋대로 상상한다.
* **확대** 자신의 욕구를 채워야 한다고 확신하게 된다. 게다가 애초에 충족시킬 생각이 아니었다면 욕구를 품지도 않았을 것이라고 생각하기에 이른다.

* **축소**   집착이 강해지면서 오직 쾌락만 생각하고 결과는 생각하지 않는다.

암논은 마침내 폭력적인 정욕에 따라 행동했지만 꿈꾸었던 '쾌락'은 그에게 전혀 만족감을 주지 않았다. 오히려 기대했던 것과 정반대 결과가 나타났다. 만족감을 느끼기는커녕 경멸감이 밀려왔다. 암논은 다말을 범한 뒤에 "그를 심히 미워하니 이제 미워하는 미움이 전에 사랑하던 사랑보다 더한지라."삼하 13:15

이상한 노릇이다. 다말은 암논에게 잘못한 게 없다. 그런데 왜 그녀를 미워했을까? 암논은 불만이 차오르면서 엄청난 공허함에 사로잡혔다. 그런 의미에서, 그가 진정으로 미워한 대상은 바로 자신이지 않았을까? 그가 표면적으로 누이를 미워한 것은 죄책감을 다루기 위한 방편으로 책임을 전가하는 생각의 패턴을 보여 준다. 그는 누이를 볼 때마다 자신이 한 짓과 자신이 가한 고통이 떠올라 견딜 수 없었을 것이다.

다말은 결국 이 사실을 친오빠 압살롬에게 털어놓았다. 당연히 압살롬은 불같은 분노에 휩싸였지만 적기가 올 때까지 기다렸다. 생각의 종류는 다를지 몰라도, 압살롬 역시 암논 못지않게 악하고 강박적인 생각을 품었다. 그는 복수를 다짐했다. 복수하기 전까지 절대 만족이란 없었다. 2년 뒤 절호의 기회가 찾아왔고, 결국 압살롬은 친누이 다말에게 몹쓸 짓을 했던 암논을 죽이고 말았다. 한 왕자가 다른 왕자를 죽였고, 이 일은 결국 내전으로 이어졌다.

암논의 생각 패턴은 하루아침에 나타나지 않았다. 그 패턴은 악한 생각이 점점 부패해진 결과물이었다. 그 생각을 한 번 할 때마다 그 생각을 정당화하기가 점점 더 쉬워졌다. 내 행복이 최우선이라는 쾌락의 패턴은 우리 사회에 만연한 패턴이다. 암논 이야기는 쾌락의 패턴이 우리의 마음속에서 어떻게 자라나는지를 잘 보여주는 사례이다. 생각을 사로잡지 않고 쾌락을 좇다가 인생을 망친 사람이 지나온 길에서 우리는 교훈을 얻어야 한다.

'나는 마땅히 누릴 자격이 있다'는 유혹

내 친구 로리는 한 대기업의 잘나가는 회계사였다. 그녀는 회사의 재무 시스템에서 작은 허점을 발견했다. 처음에는 그냥 호기심이 발동했을 뿐이다. '내가 소액의 돈을 빼돌리면 누군가 눈치챌까?' 그런데 그 호기심이 점차 집착으로 발전했다. 언제부터인가 틈만 나면 회사 돈을 빼돌려 뭘 할 수 있을지 생각하기 시작했다. '인터넷에서 내가 원하는 걸 다 산다면 얼마나 좋을까? 원하는 물건을 보자마자 구매 버튼을 클릭할 만큼 돈이 많으면 얼마나 좋을까?' 점점 이 같은 생각에 집착하기 시작했다.

이 강박적인 생각은 권리 의식에 대한 생각으로 이어졌다. '나는 누구보다도 열심히 일하고 있어.' 그다음에는 합리화가 발동했다. '나는 일한 만큼 충분한 보수를 못 받고 있어.' 이어서 축소가 이루어졌다. 즉 결과는 생각지 않고 오직 보상만 생각했다.

결국 로리는 회사 공금을 10만 달러 넘게 횡령했다. 잘못을 들킨 그녀는 해고는 물론이고 체포되기에 이르렀다. 이 일로 그녀와 그녀의 가족은 나락으로 떨어졌다. 약간의 도파민을 분비시키는 작은 생각 하나가 결국 스스로도 도저히 해서는 안 되는 짓이라고 생각했던 일을 실행에 옮기게 만들었다.

스콧은 프로그래머가 되기 위해 야간 학교에 다녔다. 학업은 힘들었고 경쟁은 치열했다. 스콧은 일터에서도 최선을 다했지만, 일과 학업을 병행하다 보니 돈도 많이 못 벌었고 승진도 힘들었다. 그러던 어느 날 저녁, 그는 농구 경기를 보다가 온라인 도박에 돈을 걸기로 결심했다. 그냥 경기만 보는 것보다 20달러를 걸고 보니 훨씬 재미있었다. 그때 꽤 큰 돈을 딴 그는 이번에는 온라인 포커에 도전했다.

수업과 일을 마친 뒤에 하는 온라인 포커는 꿀맛이었다. 게다가 하루에 20달러 이상은 하지 않았으니 크게 나쁜 일도 아니라고 생각했다. 하지만 도박에 쓰는 돈의 액수는 점점 올라갔다. 얼마 못 가 그는 수백 달러를 걸었다. 생활은 점점 쪼들렸고, 신용카드는 한도까지 다 쓰게 되었다. 심지어 잃은 돈을 만회하기 위해 학자금 대출까지 받기에 이르렀다.

그의 생각 패턴을 추적해 보자.

＊ **권리 의식**   난 누구보다 열심히 살고 있으니 조금은 즐길

자격이 있어.
* **합리화** 나는 숫자에 강해서 유리해.
* **확대** 큰 모험은 하지 않아. 그리고 돈을 따면 학비를 충당할 수 있어.

이 모든 일은 하나의 생각에서 출발했다. 쾌락을 약속했지만 쾌락과 전혀 다른 결과를 가져온 하나의 생각.

쾌락의 생각 패턴 깨기

사실 우리 모두는 세상의 쾌락 패턴에 갇힐 위험이 있다. 이런 생각을 사로잡지 않으면 도리어 거기에 사로잡히는 것은 시간문제이니 생각이 진행되는 과정을 알아야 한다.

// 기분 좋게 느껴지는 것을 하면 행복해질 것이다 //

우리는 행복해질 것이라는 착각에 빠져 더 새롭고, 더 빠르고, 더 빛나고, 더 큰 것들을 추구한다. 자신을 기분 좋게 해 줄 것 같은 상황을 추구한다. 쾌락을 얻겠다는 목적으로 사람들에게 다가가고, 심지어 사람들을 이용하기까지 한다. 우리는 행복을 얻기 위해 쾌락을 추구한다. 쾌락을 주는 것을 좇고 행하고 충분히 얻기만 하면 행복해질 것이라 생각한다.

하지만 기독교 기관뿐 아니라 수많은 세상 기관들의 연구 결과, 행복을 목표로 삼는 것보다 더 빨리 '불행해지는' 길은 없다는 사실이 드러났다. 이를 '쾌락 패러독스' 혹은 '행복의 환상'이라 부른다. 행복은 더 열심히 추구할수록 더 멀어진다. 쾌락을 추구하면 오히려 불행해질 뿐이다.

C. S. 루이스의 아내 조이 데이빗먼 Joy Davidman 은 이런 말을 했다. "쾌락을 위해 사는 것은 사람이 할 수 있는 가장 즐겁지 않은 일이다. 이웃들이 역겨움을 참지 못해 그를 죽이지 않더라도 그는 권태와 무기력감으로 서서히 죽어 갈 것이다."[1]

세상은 행복이 쾌락을 좇는 데 있다고 말하지만 하나님은 그분을 추구할 때 행복을 얻는다고 말씀하신다. 하나님은 우리가 행복하기를 원하시는데, 이 행복은 그분을 찾고 아는 데서 비롯한다. 성경에서 하나님은 우리에게 말씀하신다.

"여호와를 기뻐하며 즐거워할지어다."시 32:11

"여호와를 기뻐하라."시 37:4

"기쁨으로 여호와를 섬기며."시 100:2

"여호와를 자기 하나님으로 삼는 백성은 복이 있도다〔행복하다〕."시 144:15

"주 안에서 항상 기뻐하라."빌 4:4

마치 자신이 행복해지기 위해 필요한 것을 제공하는 것이 하나님의 역할인 듯 여기며, 하나님을 자기 행복의 수단으로 보는 이들이 너무도 많다. 하지만 하나님은 그러려고 존재하시는 분이 아니다. 하나님 자체가 우리의 가장 큰 복이다. 그래서 그분을 추구하면 행복해진다. 우리는 행복이 아니라 하나님을 추구해야 한다. 행복한 사람은 행복을 추구하지 않고 하나님을 추구한다. 그럴 때 행복은 저절로 따라온다.

// 나는 지금 당장 행복해질 자격이 있다 //

이 쾌락의 생각 패턴은 내가 당장 행복해지는 것보다 더 중요한 것은 없다는 생각에 뿌리를 두고 있다. 내가 행복해질 자격이 있다거나, 하나님의 가장 큰 바람이 내 행복이라고 생각하면 지금 당장 나를 행복하게 해 줄 것만 생각하게 된다.

이 생각은 하루에도 수천 번씩 우리 머릿속으로 들어온다. 정확히 말하면, 4,000번에서 10,000번 사이다. 이는 미국인들이 평균적으로 매일 노출되는 광고 수이다. 이런 광고의 주된 주제는 '당신은 지금 당장 행복해질 자격이 있다'는 것이다. 기업들은 2024년에 미국에서 광고비로 3,890억 달러라는 엄청난 금액을 지출할 것으로 전망했다.[2] 아이러니하게도 이 금액은 지구상의 모든 사람에게 카주 피리를 하나씩 사 줄 수 있는 예상 비용과 맞먹는다. 차라리 그 돈으로 카주를 사 주는 게 우리를 행복하게 할지도 모른다. 피리를 불면서 화를 내기란 쉽지 않으니 말이다.

이 기업들은 우리 모두가 즉각적인 만족을 원한다는 것을 알고 우리의 뇌가 어떤 식으로 작용하는지를 이해한다. 신경과학자들은 우리가 가지지 못한 뭔가를 얻게 될 거라는 약속이 전전두피질을 자극하고, 우리 뇌에서 감정을 담당하는 부분인 변연계를 활성화한다는 사실을 발견했다. 그래서 기업들은 행복을 안겨 줄 뭔가가 우리의 삶에 빠져 있다는 느낌을 우리에게 심어 주려고 한다. 그런데 정작 그 느낌은 행복의 정반대인 불만족이다.

우리의 삶이 '나는 행복해질 자격이 있다'라는 생각의 지배를 받으면 즉각적인 쾌락을 추구해야 한다고 믿게 된다. 무엇이든 우리를 행복하게 만드는 것은 옳은 것이고 우리를 불행하게 만드는 것은 잘못된 것이라고 생각하게 된다. 이는 잘못된 것을 옳다고 생각하고 옳은 것을 잘못되었다고 생각하는 경우가 많아진다는 뜻이다. 우리를 당장 행복하게 해 주지 '않지만' 우리에게 좋은 것들이 많다. 예를 들어, 다음과 같은 것들이다.

* **일찍 일어나기**
  — 당장의 결과 : 처음 한 시간 동안은 세상이 다 싫어지고 모든 것이 짜증 난다.
  — 장기적인 유익 : 아침을 먹기도 전에 오늘 할 일을 다 마친 뿌듯함이 든다.
* **운동**
  — 당장의 결과 : 땀을 비 오듯 흘리며 '내가 왜 이 고생을 하나' 싶은 생각이 든다.

— 장기적인 유익 : 벗은 내 몸이 마음에 들고…… 아, 그리고 건강하게 더 오래 산다.

* **저축**
  — 당장의 결과 : 친구들과의 만남을 줄이고 라면만 먹는 신세가 된다.
  — 장기적인 유익 : 자신을 잘 건사하고 다른 사람도 도울 수 있는 여력이 생긴다.

* **힘든 대화**
  — 당장의 결과 : 어색한 대화를 피하기 위해 죽은 척이라도 하고 싶다.
  — 장기적인 유익 : 길을 가다가 상대방을 만날까 두려워 다른 지역으로 이사하는 대신, 마음의 평화를 얻고 관계의 경계를 분명히 하게 된다.

* **집 수리**
  — 당장의 결과 : 오랜만에 쉬는 날에 '물때나 곰팡이 냄새는 어떤 냄새일까?'를 검색하느라 입에서 험한 말이 터져 나오려는 것을 가까스로 참는다.
  — 장기적인 유익 : 귀가했을 때 편안한 좋은 집에서 살게 된다.

당신이 서구 문화권에서 사는 그리스도인이라면 '나는 행복할 자격이 있어'라는 세상적인 생각이 훨씬 더 위험한 생각으로 발전했을 가능성이 높다. 그것은 '나를 행복하게 해 주는 것이 하나님의 역할이다'라는 생각이다. 이런 생각에 빠지면 반드시 하나님에 대한 '불만'을 품게 된다.

'하나님을 열심히 따랐는데도……'

결국 암에 걸리고 말았어.
아이들이 엉망진창이야.
재정 상황이 조금도 나아지지 않았어.
결국 이혼하고 말았어.
여전히 아이가 생기지 않아.
아직도 짝을 못 만났어.
조금도 더 행복하지 않아.

하나님이 우리의 삶에 대해 가장 원하시는 것이 즉각적인 쾌락과 행복이라고 생각하면 일상에서 겪는 불편이나 지체를 하나님 잘못으로 여기기 시작한다. 일이 잘 풀리지 않으면 하나님이 일을 제대로 하고 있지 않다고 비난하는 것이다.

// 행복은 현재 상황에 따라 결정된다 //

솔직히 나는 비행기를 탈 때 약간이라도 대접을 받고 싶다. 어느 정도의 편안함과 편리함을 누리고 싶은 마음이다. 그래서 '우수 회원제'에 가입했다. 여기에는 우선 탑승권 등 몇 가지 혜택이 있다. 기내에 오래 머무는 것이 왜 혜택인지는 잘 모르겠지만, 어쨌든 종종 퍼스트 클래스로 좌석이 업그레이드되는 서비스만은 정말 좋다.

처음 몇 번 좌석 업그레이드를 받았을 때 기분이 그렇게 좋을 수가 없었다. 그런데 한번은 퍼스트 클래스 창가 좌석에 앉았는데 옆자리에 앉은 남자가 '모든 것'에 대해 불평을 늘어놓았다. 탑승 과정, 기내의 온도, 심지어는 창문을 통해 들어와 눈부시게 만드는 빛마저 못마땅하다고 투덜거렸다. 나는 원래 내 옆 창문의 블라인드를 내릴 생각이었지만, 그 남자의 태도에 생각이 바뀌었다. 빛이 더 많이 들어오게 블라인드를 활짝 열어 두었다. '당신에게 불평할 거리를 하나 더 드리지요.'

남자의 불평은 한이 없었다. 듣다못해 나는 이렇게 말했다. "음, 그런데…… 퍼스트 클래스에 앉을 수 있다는 건 정말 감사한 일 아닌가요?" 남자는 코웃음 치며 대꾸했다. "내가 이코노미석에 앉을 일은 없을 겁니다." 그러고 나서 이렇게 덧붙였다. "이 비행기가 만들어진 뒤로 승객들 엉덩이 크기가 평균 38센티미터나 커졌어요." 물론 그가 실제로 '엉덩이'란 표현을 쓴 건 아니지만, 아무튼 그런 의미였다. 내가 어색하게 웃자 그가 계속해서 말했다. "아니, 진짜라니까요. 여기 직접 찾아봐요. 승객들 엉덩이 크기가 평균 38센티미터 커졌다니까요."

나는 그 사실을 검색해 보았다. 정말이었다. 이 남자는 자신이 특별한 대우를 받아야 한다고 너무나 확신해서, 화가 난 채로 비행기 승객들 엉덩이 크기 통계까지 조사한 것이다! 그는 엉덩이가 38센티미터나 작았던 시절의 승객들에게 맞춰 만들어진 이코노미석에 앉는 일은 상상조차 할 수 없었다.

비행기에서 내리면서 승무원에게 내가 이 남자의 친구가 아니라는 점을 밝히고 싶었다. 그래서 한 승무원에게 이렇게 말했다. "저분 때문에 힘드셨죠? 퍼스트 클래스에 앉은 것만으로도 감사하지 않다니, 원." 그러자 승무원은 이렇게 말했다. "아니에요. 퍼스트 클래스에서는 흔한 일이에요. 불행한 승객들이 대부분 퍼스트 클래스를 타고 다니거든요."

공항 밖으로 나오면서 정말 아이러니가 아닐 수 없다는 생각이 들었다. 이코노미석 승객들은 퍼스트 클래스의 승객들을 몹시 부러워한다. '거기 앉기만 하면 좋을 텐데. 여기보다 공간이 조금만 넓으면 참 좋을 텐데. 음료수를 조금 더 일찍 받을 수 있다면 좋을 텐데. 이곳도 조금만 저곳처럼 해 주면 좋을 텐데. 그러면 행복할 텐데.' 하지만 현실은 이와 다르다. 풍요는 행복으로 이어지지 않는다. 오히려 풍요는 권리 의식과 불만족, 불평으로 이어지기 쉽다.

영어의 "happiness 행복"와 "happen 일어나다"은 어원이 같다. 그래서인지 우리는 행복이 우리에게, 그리고 우리 주변에서 일어나는 일에 달려 있다고 믿는다. 행복에 대한 우리의 생각은 한 가지 반복되는 후렴구를 갖고 있다. '~하기만 하면 행복할 텐데.' 새 집에 들어가기만 하면, 더 좋은 차를 사기만 하면, 더 좋은 배우자를 얻기만 하면, 다른 직장에 들어가기만 하면, 다른 도시에서 살기만

하면, 다른 학교에 가기만 하면, 몸짱이 되기만 하면.

그러나 이런 것이 행복을 가져다준다면 미국인들은 지구상에서 가장 행복한 사람들이어야 한다. 지금 미국인들은 세계 역사상 가장 좋은 환경을 누리고 있기 때문이다. 하지만 갤럽^{Gallup} 조사 결과, 미국은 세계 행복 순위에서 겨우 23위에 올랐다.[3]

또 다른 조사에서는 미국의 환경이 꾸준히 개선되는 동안, 즉 더 큰 안락과 편리함, 더 많은 돈, 더 많은 오락거리를 누리는 동안 우울증과 낮은 자존감, 절망, 자살률은 꾸준히 늘어났다.[4] 사실, 행복을 중시할수록 행복이 줄어들 수 있다는 연구 결과도 있다.[5]

혹시 당신도 경험해 봐서 아는가? 당신의 상황이 변했지만 더 행복해지지는 않았는가? '돈을 이만큼만 벌면 행복하겠어'라고 생각했지만 그만큼 돈을 벌고 나니 행복해지기 위해 필요한 돈의 액수가 변했는가? 하지만 그 액수를 벌어도 더 행복해지지는 않을 것이다. 액수는 다시 변할 테니까. 사실, 액수는 항상 변하고 있으며 절대 줄어들지는 않는다.

사도 바울은 행복과는 거리가 멀어 보이는 환경에 자주 처했다. 그리스도인이 되어 복음을 전한다는 이유로 공격과 매질을 당하고 감옥에 갇히고 죽기 일보 직전까지 이르렀다. 그런 상황에서 그는 어떻게 반응했는가? 그는 어둡고 축축한 감옥에서 다음과 같은 편지를 썼다.

내가 궁핍하므로 말하는 것이 아니니라 어떠한 형편에든지 나는

> 자족하기를 배웠노니 나는 비천에 처할 줄도 알고 풍부에 처할 줄도 알아 모든 일 곧 배부름과 배고픔과 풍부와 궁핍에도 처할 줄 아는 일체의 비결을 배웠노라 내게 능력 주시는 자 안에서 내가 모든 것을 할 수 있느니라.
> / 빌립보서 4장 11-13절

같은 편지 바로 앞부분에서 바울은 "주 안에서 항상 기뻐하라"라고 썼다.⁴절 바울은 자신의 생각을 사로잡아 그리스도께 복종시킨 사람이다. 그가 처한 상황에는 기뻐할 만한 것이 아무것도 없었지만 그는 예수님과의 관계로 인해 만족하는 법을 배웠다.¹¹절 여기서 "배웠노니"라는 표현은 이런 생각을 저절로 갖게 된 게 아님을 말해 준다. 이는 난관과 시련에 대해 다르게 생각하는 훈련을 꾸준히 한 결과였다.

∥ 가지지 못한 것을 가지면 행복해질 것이다 ∥

우리는 가지지 못한 것을 갖거나 '남들이' 가진 것을 가지면 행복해지리라 생각한다. 우리는 이미 가진 것은 좀처럼 생각하지 않고 부족한 것만 생각하는 경향이 있다. 하지만 성경은 이미 가진 것을 기뻐하라고 가르친다. "항상 기뻐하라 쉬지 말고 기도하라 범사에 감사하라."살전 5:16-18 성경은 모든 상황에 '대해' 감사하라는 말이 아니다. 다만 우리는 모든 상황 '속에서' 감사할 수 있다는 것이다. 의식적으로 감사하는 연습을 하면 우리의 뇌가 그쪽 방향으로 형성된다. 그러면 우리에게 없는 것보다 이미 받은 것들을 더 의식하고 생각하게 된다. 감사하기로 선택하는 것이 불행한 생각들을 사로잡는 열쇠이다.

미국국립보건원 National Institutes of Health 은 감사를 많이 표현하는 사람일수록 전반적으로 시상하부 hypothalamus 활동 수치가 높다는 연구 결과를 발표했다.[6] 시상하부는 우리가 과자를 먹고,^{식욕} 콤부차를 마시고,^{갈증} 밤에 숙면을 취하는 것^{수면} 같은 우리 몸이 필요로 하는 기본 기능들을 조절하는 뇌의 핵심 부위이다. 결국 이 연구는 감사가 우리가 몸으로 하는 모든 활동에 긍정적인 영향을 준다는 점을 증명한 셈이다.

감사를 선택하면 더 행복해진다는 사실이 밝혀졌다. 실험 참가자들이 감사를 표현했을 때, 행복감을 주는 보상 신경 전달 물질인 도파민 분비가 증가했다. 요컨대, 실험 참가자들이 감사를 표현할 때마다 그들의 뇌는 '와! 한 번 더 해!'라고 말한 것이다. 이런 식으로 감사는 더 많은 감사로 이어진다. 감사할 것이 계속해서 늘어난다. "감사할 거리들을 보기 시작하면 뇌는 더 많은 감사할 거리를 찾기 시작한다. 그렇게 선순환이 나타난다."[7] 이것이 사실이라면, 지금 내게 없는 것을 가지면 행복해진다는 생각을 몰아내고, 이미 지금 가진 것에 감사하기로 선택하는 게 마땅하지 않을까?

로버트 에몬스 Robert Emmons 와 마이클 맥컬로프 Michael McCullough 라는 두 심리학자의 연구 결과는 감사의 생각이 얼마나 강력한 효과를 발휘하는지를 잘 보여 준다. 〈성격 및 사회 심리학 저널 Journal of Personality and Social Psychology〉에 발표된 그들의 2003년 연구는 감사와 불만의 효과를 측정하기 위한 시도였다.[8]

에몬스와 맥컬로프는 실험 참가자들을 세 그룹으로 나누었다. 한 그룹은 매일 감사할 거리를 쓰게 했고, 다른 그룹은 매일 짜증나는 것들을 쓰게 했다. 세 번째 그룹은 좋지도 나쁘지도 않은 일을 쓰게 했다. 에몬스와 맥컬로프는 이 활동을 10주간 진행하면서 참가자들이 느끼는 행복감의 다양한 측면을 측정했다.

결과는 놀라웠다. 감사할 거리에 초점을 맞춘 참가자들은 삶이 전반적으로 행복해지고 미래를 더 낙관적으로 보게 되었다고 답변했다. 삶 속의 좋은 일들을 단순히 인정한 행위가 그들의 세계관 전체를 밝게 색칠한 것과도 같았다. 유익은 정신적 건강에만 머물지 않았다. 놀랍게도, 매일 감사할 거리를 쓴 실험 그룹은 육체적인 불평도 줄어 다른 그룹에 비해 더 열심히 운동을 했다. 감사의 생각은 몸의 건강으로도 이어지는 것으로 나타났다.

특히 흥미로운 사실은, 감사를 실천한 사람일수록 개인적인 문제로 고민하는 다른 이들을 돕는 경우가 많았다는 것이다. 감사는 자신을 행복하게 하는 데서 멈추지 않고 주위에도 행복을 퍼뜨리는 것으로 보인다. 이 세상의 패턴은 더 많이 가질수록 행복해진다고 주장한다. 하지만 감사는 우리에게 이미 가진 것을 즐기라고 가르친다.

A. J. 제이콥스 Jacobs 는 Thanks a Thousand 1,000번의 감사 라는 책

에서 자신이 모닝커피를 마실 수 있도록 해 준 수많은 사람에게 감사를 표현한 여정을 이야기한다. 자신에게 감사가 더 필요하다는 것을 깨달은 그는 식사 전 기도에서, 농부부터 배송 트럭 운전사, 마트 계산대 직원까지 자신에게 일용할 양식을 제공해 주는 이들에게 감사하는 습관을 실천하기 시작했다.

어느 날, 그의 아들이 그 사람들을 찾아가 고마운 마음을 직접 전해 보면 어떻겠냐는 제안을 했다. 제이콥스는 아들의 제안을 진지하게 받아들였고, 품목을 커피로 정했다. 그리고 전 세계를 돌며 커피 산업에 종사하는 수많은 사람들을 일일이 찾아가 감사를 표시하는 일명 '감사 프로젝트'를 실시했다.[9]

제이콥스의 여행으로 바리스타에서 농부, 도로 포장 노동자, 심지어 커피 컵 뚜껑 발명가까지 커피 산업에 기여하는 전 세계의 다양한 사람들에게 이목이 집중되었다. 그는 이 프로젝트를 통해 사람들을 인정하고 존중하며, 평범한 순간들을 즐기고, 평범한 물건들 속의 숨은 걸작을 알아보는 법을 배웠다. 특히 그는 억지로라도 감사를 표현하면 진정한 감사의 마음이 솟아난다는 것을 배웠다. 그는 잘못된 몇 가지 일 대신 잘 풀린 수많은 일에 초점을 맞추는 법을 배웠다.

이 거대한 감사 프로젝트를 통해 그의 시각이 바뀌었다. 그는 세상이 하나로 연결되어 있다는 사실과 작은 일에 감사하는 것의 중요성을 깨달았다. 그는 감사가 더 많은 선행을 부를 수 있다는 결론을 내렸다. 실제로 이 프로젝트 과정에서, 그는 안전한 식수를 제공하는 것 같은 일들도 지원하게 되었다. 그는 우리 모두에게 크든 작든 감사의 길을 따르라고 조언한다. 그렇게 하면 인생을 바라보는 시각이 달라진다고 말이다. 감사를 실천하다 보면 단순한 즐거움에도 더 깊이 감사하게 된다. 그리고 그럴수록 더 많이, 더 자주 감사하고 싶어진다.

우리도 지금부터 시작하면 어떨까? 가지지 못한 것만 생각하는 대신, 감사 노트를 마련하거나 감사 앱을 휴대폰에 다운로드해서 이미 가진 것에 감사하는 모험을 시작하면 어떨까?

이제 우리 자신의 생각에 사로잡힌 삶에서 벗어나 그 생각을 사로잡아야 할 때이다. 마이클, 암논, 로리, 스콧처럼 우리의 생각 패턴은 우리를 쾌락의 노예로 전락시킬 수 있다. 안위를 약속한 것이 도리어 끊어 낼 수 없는 지긋지긋한 족쇄로 변할 수 있다. 우리의 생각이 우리를 감옥에 가둘 수 있다. 하지만 반대로, 생각을 바꾸면 자유를 얻는다!

chapter 8.

절망의 패턴 깨기

왜곡된 생각의 굴레를 끊고,
기도로 돌파하다

어느 늦은 밤, 극심한 절망감에 휩싸인 마틴 루서 킹 주니어 Martin Luther King Jr.는 주방 식탁에 홀로 앉아 자신의 사명을 계속 이어 갈 수 있을지를 놓고 깊이 고민했다. 평소 같으면 활기차고 희망으로 가득했을 그였지만, 그날만큼은 깊은 좌절감에 빠져 헤어나올 수 없었고, 모든 것을 포기한 상태였다.

때는 1956년 1월이었다. 로자 파크스 Rosa Parks의 체포로 촉발된 몽고메리 버스 보이콧 이후, 킹은 지역 당국과 백인 우월주의자들의 맹렬한 저항과 적대감에 직면하고 있었다. 심지어 자신과 가족의 목숨까지 위협받는 상황이었다. 킹은 시민권 운동에 헌신했지만, 더는 이 운동을 이끌 수 없다고 결론 내린 상태였다.[1]

절망의 패턴에 빠진 세대

아마 당신도 이런 경험이 있을 것이다. 식탁 의자에 웅크려 앉아 두려움에 떠는 기분, 희망이 통째로 날아가 버리는 기분이 무엇인지 알 것이다. 한밤중에 천장을 응시하며 떠올린 불안한 생각 하나가

피할 수 없는 파멸이라는 최악의 시나리오로 치닫는 경험도 다들 해 보지 않았는가. '이제 잠자리에 들 시간이야. 이불 속에서 따뜻하게 푹 자야지!'라고 시작했던 생각이 어느새 절망의 침대에서 밤새 뒤척이는 상황으로 변했던 나날들.

여기 암울하지만 다른 의미로는 좋은 소식이 있다. 당신만 그런 게 아니라는 것이다.

* 1990년 이후로 스스로 불행하다고 답한 사람들 수가 계속해서 증가했다.[2]
* 지난 수십 년 동안 약물 남용, 알코올의존증, 자살 충동 같은 "절망의 질병"이 급증했다.[3]
* 1999년 이후로 "절망으로 인한 사망"이 극적으로 증가했다. 이 죽음은 자살, 약물 중독 및 알코올의존증, 알코올성 간 질환과 간경변증으로 인한 사망을 의미한다.[4]
* 미국의 우울증 발병률은 기록적인 수준에 도달했다.[5]
* 전문가들은 우리 시대를 "불안의 시대"라고 부른다. 실제로 현재 불안 장애는 미국에서 가장 흔한 정신 질환으로, 4,000만 명 이상의 성인, 즉 전체 인구의 19.1퍼센트에 영향을 미치고 있다.[6]

반드시 절망의 패턴을 형성하는 사고방식이 있다. 그것은 '왜곡된 사고'에서 시작한다. 왜곡된 사고는 사건이나 상황을 부정적인 시각으로 잘못 해석하는 것이다. 우리는 흔히 제한된 증거만으로 비관적인 결론을 내리거나,^{지나친 일반화} 나쁜 일이 일어나면 자신의 탓으로 돌리거나,^{개인화} 늘 최악의 상황이 닥친다고 가정하는^{재앙화} 경향이 있다.

왜곡된 사고 다음에는 '낙심'이 찾아온다. 우리는 해결책이나 긍정적인 시각을 찾으려 하지 않고 부정적인 생각에만 머무른다. 우리는 스스로를 판단하고 비난하며, 이로 인해 자신감과 열정을 잃는다. 이 낙심은 '환멸'로 이어진다. 우리는 점점 나락으로 떨어지면서 우리의 기대가 비현실적이었는지 의심하고, 상황이 달라지거나 나아질 수 있다는 믿음을 잃기 시작한다. 우리의 노력이 헛된 것은 아닌지 의심한다. '만일 그렇다면, 삶은 대체 무엇인가?'

환멸은 그렇게 우리를 '절망'으로 이끈다. 아마 절망해 본 적이 있다면, 그곳이 아무도 머물고 싶어 하지 않는 자리임을 알 것이다. 우리는 어떠한 해결책이나 개선도 불가능하다고 느끼며, 체념과 무기력, 절망 상태로 빠져든다. 우리는 상황에 갇혀 있다고 느끼고, 벗어날 길이 없다는 잘못된 결론에 도달한다.

참으로 암울한 이야기이다. 정도 차이는 있겠지만, 살다 보면 누구나 한 번쯤은 이런 상황에 처하기 마련이다. 그렇다면 절망적인 생각 패턴에 사로잡힐 때 우리는 무엇을 해야 할까? 세상에 순응하지 않고 변화되도록 우리 마음을 새롭게 할 수 있을까?^{롬 12:2} 어떻게 해야 우리의 절망 속에 하나님을 모실 수 있을까?

앞서 말했듯이, 당신만 그런 것이 아니다. 나도 이러한 생각의 패턴에 빠진 기분을 잘 안다. 나 역시 과연 상황이 나아질지 걱정하며 뜬눈으로 밤을 지새운 적이 있다. 심지어 하나님에게 "내 마음에 맞는 사람"행 13:22이라 인정받았고, 후대까지 위대한 믿음의 인물로 손꼽히는 다윗도 이런 기분을 안다.

성경에 나오는 많은 시편을 이스라엘의 다윗왕이 썼다. 그중 일부는 찬양과 경배의 걸작이지만, 어떤 시편들은 그렇지 않다. 그 시편들은 인생의 깊은 곳, 어둠 속으로 들어간다. 그 시편들은 절망을 솔직하게 전달한다. 시편 55편을 잠시 살펴보자. 이 시편은 다윗이 자신의 생각의 흐름을 얼마나 의도적으로 바꿔 나가는지 보여 주는 놀라운 예시이다. 다윗은 자신의 생각에 여섯 가지 변화를 주는데, 우리 역시 그러한 생각의 변화를 따를 수 있다.

시편 55편을 읽은 지 꽤 되었다면, 잠시 시간을 내어 두 번 정도 읽고 그 의미를 다시금 마음에 새기라. 그리고 거기서 다윗이 표현한 감정을 당신이 느낀 시기가 언제였는지 떠올려 보라. 그런 다음, 다윗의 생각의 변화 과정을 살펴보기 전에, 지금 당신이 다음 중 어떤 이유로 힘든지, 혹은 이 중에서 스트레스 가득한 시기에 당신이 주로 빠지는 상태가 무엇인지 몇 분간 시간을 내 파악하라.

* 왜곡된 사고, 낙심, 환멸, 절망.

자신감에서 부르짖음으로

하루는 우리 집 안방 화장실의 카펫을 보니 새것으로 교체해야 할 상태였다. 그때 이런 생각이 들었다. '화장실 바닥에 카펫이 아닌 타일을 깔면 더 좋을 것 같은데? 그 정도는 내가 할 수 있어. 그래, 내가 직접 타일을 깔아 봐야지!' 그리고 돌아오는 토요일 아침에 나는 아내에게 이렇게 말했다. "여보, 내가 안방 화장실 바닥에 타일을 깔게요."

아내는 걸음마를 배우던 우리 아들이 언젠가 스파이더맨이 되겠다고 했을 때 지었던 것 같은 표정으로 나를 쳐다봤다. 내가 진지하다는 것을 알아챈 아내는 손가락으로 나를 가리키며 웃기 시작했다. 아, 물론 아내가 직접 손가락으로 가리킨 건 아니었지만, 사실상 손가락질과 마찬가지 의미의 웃음이었다. 하지만 아내의 비웃음은 오히려 내 결심을 더욱 굳건하게 만들었다. '난 할 수 있어. 난 마음만 먹으면 뭐든 할 수 있어.' 나는 셀프 인테리어 용품 전문점인 홈 디포 Home Depot 에 가서 타일 시공에 관한 45분짜리 수업을 들었다. 그리하여 결심에 자신감이 더해졌지만, 솔직히 이런 생각이 든 것도 사실이다. '어쩌면 화장실에는 카펫을 놓는 게 더 편안할지도 몰라.'

나는 필요한 모든 용품을 사서 집에 돌아와 과감하게 카펫을 뜯어내 버린 뒤 화장실로 다시 향했다. 그런데 카펫 밑에 무엇이 있었을까? 아뿔싸, 합판! 적잖이 당황했고 겁이 덜컥 났다. 합판을 보며 생각했다. '대체 내가 무슨 짓을 한 거지? 나는 화장실 바닥에 타일을 깔 수 없어. 내겐 그럴 능력이 없다고. 도움이 필요해.' 내 마음은 왜곡된 사고에서 환멸을 거쳐 낙심까지 재빨리 내달렸다.

그래서 내가 어떻게 했을까? 전문가를 부를 돈은 없었다. 그로부터 한 달 동안 우리 집 안방 화장실 바닥은 합판 그대로였다. 나는 내가 잘못 생각했다고 솔직히 인정하는 대신, 아내에게 합판 바닥이 '고풍스러운 유행'이라고 우겼다. 이미 너무도 아름다운 바닥에 현대식 타일을 깔아 미관을 해치고 싶지 않다고 말이다. 물론 아내는 결코 내 말을 믿지 않았지만.

절망하던 나는 마침내 처음에 했어야 하는 행동을 했다. 내 부족함을 인정하고 셀프 인테리어를 즐기는 친구에게 도움을 요청한 것이다. 그는 곧바로 우리 집에 와 주었고, 우리는 반나절 만에 작업을 뚝딱 마무리했다.

우리 모두는 '나는 할 수 있어. 도움 따위는 필요치 않아'라고 생각하고 싶어 한다. 그러다 일이 뜻대로 풀리지 않으면 그 자신감은 낙심으로 바뀔 수 있다. 그런데 우리는 낙심에 빠지면 '더' 고집을 부리곤 한다. 이를테면 '하나님은 아무것도 해 주시지 않아. 나를 도와주시지 않아. 아무래도 나 혼자 해야겠군. 결국 나밖에 믿을 사람이 없어. 내가 이 문제를 해결하지 않으면 아무도 하지 않을 거야'라고 생각한다.

하지만 우리는 '내게는 이것을 해결할 능력이 없다. 도움이 필요하다'라고 인정할 만큼 겸손해져야 한다. 다윗은 그렇게 했다. 그가 시편 55편을 어떻게 시작하는지 보라. "하나님이여 내 기도에 귀를 기울이시고 내가 간구할 때에 숨지 마소서 내게 굽히사 응답하소서 내가 근심으로 편하지 못하여 탄식하오니."시 55:1-2

이 시편을 읽다 보면, 거인 골리앗에게 과감히 돌진해 도발하던 자신만만한 다윗과 완전히 다른 사람 같다. 골리앗 앞에서 그는 전혀 자신의 문제에 압도된 것처럼 보이지 않았다. 하지만 세월이 흘러 다윗은 한밤중에 잠 못 이루고 주방 식탁에 앉아 자신이 문제에 압도되었음을 솔직하게 인정한다. 그는 하나님께 부르짖는다.

혹시 불안해하거나 두려워하는 것은 좋지 않은 태도라고 배우며 자랐는가? 부모님에게서 감정을 표출하는 것은 약한 것이라고 배웠는가? 혹은 교회에서 감정을 표출하며 연약한 모습을 보이는 것은 믿음이 부족한 증거라고 배웠는가?

아니다. 다윗은 하나님께 기도할 때 자신의 약함을 있는 그대로 드러낸다. 그는 하나님께 자신이 무능력하다고 말하며 도움을 부르짖는다. 이렇게 하는 것이 다윗에게는 특히 더 어렵지 않았을까 하는 생각이 든다. 그에게는 용사라는 특별한 명성이 있었기 때문이다. 당시 그는 두려움을 모르는 인물로 유명했다. 절망적인 생각을 한다고 인정하는 것은 다른 이들에게 자칫 나약하게 비칠 수 있었다. 그래서 골리앗을 무찌른 뒤로부터 다윗은 결코 그런 약점을 보이지 않으려는 강한 유혹에 사로잡혔을 것이다.

도움이 필요하다고 인정하려면 많은 용기가 필요하다. 그러나 감정에 압도된다고 해서 약한 것은 아니다. 스트레스에 시달리는 것을 부끄러워할 필요도 없다. 우리의 생각이 낙심에서 절망으로 바뀔 때, 우리는 다윗처럼 하나님께 정직하게 부르짖을 수 있다. "주님, 이 문제 앞에서 어떻게 해야 할지 모르겠습니다!" "주님, 더는 못하겠습니다. 이 짐은 너무 무거워서 제 힘으로 감당할 수 없습니다!" "주님, 저는 충분히 용감하지 못하고, 충분히 지혜롭지 못하며, 충분히 강하지 못합니다!"

우리가 할 수 있는 가장 위험한 생각 중 하나는 이것이다. '나는 이것을 할 수 있다. 도움 따위는 필요치 않다.' 반면, 가장 용기 있고 강한 행동은 "하나님, 도와주십시오. 저는 눌려 있습니다. 제 간구를 모른 체하지 마십시오. 제발 저를 구해 주십시오!"라고 부르짖는 것이다. 실제로는 그렇지 않으면서도 특정한 감정을 느끼는 척하며 삶을 살아가는 것은 결코 강하거나 용감한 태도가 아니다. 우리에게 필요한 첫 번째 생각의 변화는 '자신감에서 부르짖음으로' 나아가는 것이다.

막연한 기도에서 구체적인 기도로

다윗은 무엇에 관해 부르짖는가? 아직 알 수 없다. 그가 아직 말해 주지 않았기 때문이다. 하지만 그의 기도를 계속해서 들어 보면 막연한 내용에서 구체적인 내용으로 바뀌는 것을 볼 수 있다. "내 원수들이 내게 소리 지르고, 큰소리로 사악한 위협을 퍼붓습니다. 그들이 나를 괴롭히고 분노하며 나를 추격합니다. 내 심장이 가슴 속에서 격렬하게 뛰고, 죽음의 공포가 나를 덮칩니다. 두려움과 떨림이 나를 압도하고, 나는 떨림을 멈출 수 없습니다."시 55:3-5, NLT 다윗은 무엇이 자신을 힘들게 하고 절망에 빠뜨리는지 구체적으로 밝힌다. 바로 자신을 추격하며 위협하는 적들이다.

계속해서 다윗은 자신을 배신한 친구에 관해 하나님께 말씀드린다. "나의 동료는 친구를 배신했습니다. 그는 자신의 약속을 어겼습니다. 그의 말은 버터처럼 부드러우나, 그의 마음속에는 전쟁이 있습니다. 그의 말은 로션처럼 부드러우나, 그 아래에는 단검이 숨어 있습니다!"시 55:20-21, NLT

다윗이 기도하는 동안 그 내용이 막연한 것에서 구체적인 것으로 어떻게 전환되었는지 보이는가? 우리의 생각 패턴이 막연하면 넓고 모호한 두려움에 압도된다. 하지만 더 구체적으로 생각할 때, 상황을 명확히 보고 절망감을 효과적으로 다스릴 수 있다.

돈 문제를 생각하다가 절망의 패턴에 빠진 적이 있는가? 갚아야 할 청구서와 쌓여 가는 빚이 있는데, 저축한 돈은 없다. 돈 문제를 막연히 생각하면 상황이 불가능하고 절망적으로 다가온다. 이것이 데이브 램지Dave Ramsey와 같은 재정 전문가들이 돈 문제에서 벗어나려 할 때 일련의 '베이비 스텝baby steps'을 추천하는 이유이다. 이는 마치 아기 걸음마처럼 쉽고 구체적인 단계들로 이루어져 있다. 생각을 막연한 것에서 구체적인 것으로 전환함으로써, 더는 상황에 눌리지 않으며 다음에 무엇을 해야 할지가 더 실현 가능하게 다가온다. 바로 다음 단계만 바라보면서 하다 보면 불가능해 보이던 일에서 조금씩 진전이 나타난다.

절망감을 느낄 때 우리는 막연하게 기도하는 경향이 있다. 보다 구체적으로 기도해야 한다. 실제로 하나님은 우리에게 그렇게 하라고 말씀하신다. "너희 염려를 다 주께 맡기라 이는 그가 너희를 돌보심이라."벧전 5:7

하나님은 우리를 돌보시며, 우리가 절망하는 그 어떤 것이든 구체적으로 그분께 가져오라고 초대하신다. 그것을 소리 내어 말하는(명명하는) 데는 힘이 있다. 이 과정이 실제로 우리 뇌와 감정 상태에 측정 가능한 영향을 미칠 수 있기 때문이다. 신경과학 연구에 따르면, 감정을 말로 표현하는 것, 즉 '정서 명명affect labeling'이라 불리는 과정이 우리의 감정 경험을 조절하는 데 도움이 된다. 이는 우리가 기도할 때 우리의 염려를 주님께 맡기는 과정과도 같다.

감정을 언어로 표현하는 이러한 과정은 감정 조절에 관여하는 전전두피질을 활성화하는 동시에 편도체의 활동은 줄여 준다. 요컨대, 우리의 불안에 이름을 붙임으로써 뇌 활동을 감정 중추emotional centers에서 사고와 언어 관련 영역으로 전환할 수 있다.

2007년 UCLA 심리학자 매튜 리버먼Matthew Lieberman이 주도한 연구에 따르면, 감정을 말로 표현할 때 슬픔, 분노, 고통의 강도가 약해지는 것으로 나타났다.[7] 이는 우리가 불안한 마음을 구체적으로 기도하며 하나님께 아뢸 때, 단순히 '영적인 훈련'을 하는 것을 넘어 '과학적으로 감정 관리에 효과가 있다고 입증된 행위'에 참여하는 것임을 시사한다.

그러므로 하나님이 우리에게 염려를 그분께 맡기라고 초대하실 때, 그분은 단순히 영적인 위로만 주시려는 것이 아니다. 그분이 우리 뇌를 설계한 방식에 맞는 훈련으로 우리를 부르시는 것이다. 기도할 때 우리의 염려를 구체적으로 명명해 아룀으로써, 우리는 이러한 생각들을 사로잡고 감정 조절과 치유 과정을 하나님과 함께 해 나간다.

우리의 생각에 대해 생각할 때 놀라운 한 가지는, 우리가 신경 쓰는 것을 하나님도 신경 쓰신다는 사실이다. 여기 하나님의 또 다른 초대가 있다. "아무것도 염려하지 말고 다만 모든 일에 기도와 간구로, 너희 구할 것을 감사함으로 하나님께 아뢰라 그리하면 모든 지각에 뛰어난 하나님의 평강이 그리스도 예수 안에서 너희 마음과 생각을 지키시리라." 빌 4:6-7

어떻게 하면 공포에서 벗어나 평강을 얻을 수 있을까? 모든 생각을 사로잡아 모든 염려를 기도로 바꾸라. 결혼 문제로 걱정이라면, 그것에 관해 기도하라. 내려야 할 결정 때문에 걱정이라면, 그것에 관해 기도하라. 집세를 제때 낼 수 있을지 걱정이라면, 그것에 관해 기도하라. 구체적으로 구하라. 당신은 그렇게 할 수 있다. 우리가 신경 쓰는 것을 하나님도 신경 쓰시기 때문이다.

중요한 사실 하나를 짚고 넘어가자. 일부 독자들, 특히 뿌리 깊은 불안과 절망감으로 씨름하는 이들은 빌립보서에 기록된 바울의 메시지와 내가 지금 제시한 이 해결책이 답답할 만큼 단순해 보일 수 있다. 어쩌면 당신이 직면한 실제적이고 복잡한 문제에 무관심한 것처럼 들릴 수도 있다. 충분히 이해한다. 당신의 어려움을 폄하하거나 쉬운 해결책이 있다고 말할 생각은 추호도 없다. 하지만 기도라는 최고의 도구를 사용하지 않는 사람이 너무도 많다. 당신의 절망을 경시하려는 의도는 절대 없다. 다만, 당신의 절망 속에서 기도의 힘을 경시하지 않기를 바랄 뿐이다.

때때로 우리는 너무 막연하게 기도하곤 한다. "하나님, 저 정말 불안해요." 이런 기도가 오히려 우리를 더 불안하게 만들 수 있다. 우리는 불안한 감정을 느낀다는 사실 자체에 대해 불안해하게 된다. 마찬가지로, 압도감을 느낀다는 사실 자체에 다시 압도당하기 시작하는 것이다.

그렇다면 다윗의 본을 따라 구체적으로 기도하면 어떤 일이 일어날까? 부정적인 생각을 파악하고, 그런 부정적인 생각들을 사로잡아 기도로 하나님께 가져감으로써 그것들에 도전한다면 무슨 일이 벌어질까?

이 강력한 전략은 성경에만 있는 것이 아니다. 과학적으로도 입증되었다. 한 연구에서는 우울증을 다루는 '인지 재구성 cognitive restructuring; 혹은 인지적 재구조화' 기법의 효과를 조사했다. 인지 재구성이란 부정적인 생각을 식별하고 그것에 맞서는 과정이다. 다시 말해, 생각을 사로잡는 것이다. 이 연구에서 인지 치료를 받은 참가자들은 부정적인 감정 처리와 관련된 뇌 영역의 활동이 줄어들었다.[8] 또 다른 연구는 '인지 편향 수정 cognitive bias modification' 프로그램, 즉 상황을 긍정적으로 해석하도록 돕는 치료가 불안을 감소시킨다는 사실을 발견했다.[9] 이는 다윗이 직관적으로 알았던 사실을 현대 심리학이 이제야 따라잡고 있는 셈이다.

심리 치료사들이 우리와 함께 이 과정을 진행할 수 있고, 우리 중 많은 이에게는 이것이 큰 진전이 될 것이다. 하지만 우리는 이 과정을 하나님과 함께 해 나갈 수도 있다. 우리는 우리의 문제들을 파악하고 그것들을 놓고 구체적으로 기도할 수 있다.

다윗의 경우, 그를 압도한 것은 그의 삶에 있던 한 사람이었다. 우리는 그의 이름을 알 수 없지만, 다윗이 특정한 누군가를 염두에 두고 시편 55편을 썼음은 분명하다. 아마 당신에게도 특정한 한 사람이 문제일 수 있다. 그 사람의 어떤 점이 당신에게 불안을 일으키는가? 구체적으로 기도하라. 혹시 연락을 끊고 사라져 버린 친구가 있어 이해가 가지 않는가? 그 일에 대해 기도하라. 당신이 특정한 감정을 가졌으면 하고 바라는 사람이 있을 수도 있다. 그들이 당신이 원하는 그런 감정을 가지고 있지 않아서 스트레스를 받고 있는가? '만약 ~하면 어쩌지?' 하는 질문들이 있는가? '그녀가 끝까지 내게 마음을 열지 않으면 어쩌지?' '그가 끝까지 그 말을 하지 않으면 어쩌지?' '그가 그렇게 묻지 않으면 어쩌지?' '그녀가 바람을 피우면 어쩌지?' 이런 모든 염려를 내려놓고 기도하라.

자녀 문제로 걱정할 수 있다. 자녀의 결정, 친구 관계, 인생의 선택들을 통제할 수만 있다면 얼마나 좋을까? 하지만 우리가 통제할 수 없는 것들이 너무 많기에, 우리는 이런저런 '만약 ~하면 어쩌지?' 하는 질문들을 품게 된다. '자녀가 이 난관에서 헤어 나오지 못하면 어쩌지?' '자녀가 삶의 방향을 바꾸지 못하면 어쩌지?' '자녀가 지금 사귀는 사람과 결혼하겠다고 하면 어쩌지?' '자녀가 영영 집에 돌아오지 않으면 어쩌지?' '자녀가 평생 독립하지 않으면 어쩌지?' 이런 걱정들을 놓고 구체적으로 기도하라. 그것이 바로 우리가 생각을 사로잡는 방법이다.

내 방법에서 하나님의 방법으로

다윗은 자신이 절망한 이유를 하나님께 아뢴다. 그는 또한 이 불쾌한 감정들을 어떻게 다루고 싶은지, 무엇을 하고 싶은지도 하나님께 아뢴다. "나에게 비둘기처럼 날개가 있다면, 그 날개를 활짝 펴고 날아가서 나의 보금자리를 만들 수 있으련만. 내가 멀리멀리 날아가서, 광야에서 머무를 수도 있으련만. 광풍과 폭풍을 피할 은신처로 서둘러서 날아갈 수도 있으련만." 시 55:6-8, 새번역

나도 이런 기분을 느낀 적이 있다. 그냥 이곳에서 벗어나고만 싶은 심정. 누구나 다윗의 이러한 생각 흐름에 공감할 것이다. 문제와 스트레스, 불안을 안고 있는 그는 그냥 도망쳐 버리고 싶다. 하지만 그는 자신의 방법이 올바른 방법이 아님을 안다. 분명 우리의 감정을 다루는 올바른 방법이 있으며, 도망치는 것은 옳지 않다.

우리의 감정을 올바른 방법으로 다루기 위해서는 먼저 그 감정을 알아차려야 한다. 이는 어떤 사람에게는 쉽지만, 모두에게 쉬운 일은 아니다. 나는 내 감정을 느끼는 법을 배우지 못했다. 금욕적인 태도가 더 영적으로 보였기 때문이다. 나는 항상 기뻐해야 한다고 생각했고, 슬픔 같은 감정은 기쁨과 양립할 수 없는 듯 보였다. 그것이 내가 슬픔을 느껴 본 적이 없다는 뜻일까? 아니다. 단지 어떤 종류의 '나쁜' 감정이든, 그것을 억누르기 위해 내가 할 수 있는 모든 것을 했다는 것이다. 기쁨과 슬픔을 동시에 느낄 수 있고, 하나님의 도우심으로 슬픔이 기쁨으로 변할 수 있지만, 슬픔을 부

인해서는 결코 그렇게 될 수 없음을 이해하기까지는 오랜 시간이 걸렸다.

혹자에게는 당연하게 들릴지 모르겠으나, 나로서는 힘겹게 얻은 지혜이다. 문제가 없는 척해서는 결코 기쁨에 이를 수 없다. 당신은 자신의 감정을 느끼고 그 감정에 대해 생각해야 한다. 우리는 그것들로부터 도망칠 수 없다. 당신은 그 감정들을 붙잡아 하나님께로 달려가야 한다. 올바른 길은 그 상황 속에 하나님을 모시는 것이다. 다윗은 그렇게 했다. "나는 하나님께 부르짖으리니 여호와께서 나를 구원하시리로다 저녁과 아침과 정오에 내가 근심하여 탄식하리니 여호와께서 내 소리를 들으시리로다."^{시 55:16-17}

다윗은 자신의 절망을 명명한 뒤, 그 상황 속으로 하나님을 모신다. 마치 이렇게 말하는 듯하다. "하나님, 제 방법은 도망치는 것이지만, 그 방법 대신에 이렇게 주님께 부르짖습니다. 주님의 방법대로 하고 싶습니다. 주님께로 달려가고 싶습니다!"

절망을 다루는 당신의 방법은 무엇인가? 도망치는가? 아니면 무언가에 압도당했을 때 극복하겠다는 굳은 결심으로 더욱 노력하는가? 그것은 건강한가, 건강하지 않은가? 당신의 방법이 무엇이든, 당신은 그 상황 속으로 하나님을 초대할 수 있다. 당신은 혼자가 아니다.

간헐적 기도에서 꾸준한 기도로

아마 당신도 나와 마찬가지로 자동차 와이퍼를 볼 때 '간헐적'이란 단어를 떠올릴 것이다. 와이퍼를 간헐적 모드에 놓고 운전하다가 갑자기 와이퍼가 튀어 올라 깜짝 놀라는 경험, "앗, 켜 놓은 걸 깜박했네!" 하는 상황 말이다. 어떤 일이 간헐적이라는 건 이처럼 가끔 한 번씩 일어나는 일이라는 뜻이다. 반면에 꾸준하다는 것은 예측 가능하고 지속적이라는 뜻이다.

당신이 절박할 때 반드시 하나님께 기도하라. 이 말을 듣자마자 혹시 이런 생각이 드는가? '난 이미 그렇게 해. 절박할 때만 기도하는걸?' 그렇다. 우리는 절박함을 느낄 때만 기도하는 경향이 있다. 젤리 롤Jelly Roll이 노래한 다음 가사에 이러한 인간의 모습이 잘 드러난다. "나는 도움이 필요할 때만 하나님께 말을 걸고, 더는 어찌할 도리가 없을 때만 기도하지."[10]

우리가 이렇게 간헐적으로만 기도하는 이유는 우리가 무엇에 초점을 맞추는지와 관련이 있다. 1부에서 다룬 인지의 법칙과 노출의 법칙을 기억하는가? 많은 사람이 아침에 눈을 떠서 처음 하는 생각은 하나님이 아니라 자신의 불안에 관한 내용이다. 왜 그러는 걸까?

우리는 아침에 눈을 뜨자마자 휴대폰을 집어 들어 뉴스를 읽거나 업무 이메일을 확인한다. 그런 다음에는 일정표와 해야 할 일 목록을 보며 오늘 해야 할 모든 일을 살핀다. 그렇게 하루의 첫

20분 동안 우리는 세상의 모든 문제와 우리를 짓누르는 삶의 압박을 떠올린다. 우리는 불안에 초점을 맞추면서 하루를 시작하는 셈이다. 밤에는 텔레비전을 보다가 침대에 누워 소셜 미디어 앱을 계속 스크롤하다 어느새 잠이 든다. 다른 모든 사람들의 삶은 사랑과 웃음으로 가득 차 있는데 자기 삶만 그렇지 않다고 되새기며 하루를 마감한다. '왜 나만 이런 거지?' '왜 다른 사람들의 집은 저렇게 멋지게 꾸며져 있지?' '왜 나만 뚱뚱한 거지?' 이런 불안감에 초점을 맞춘 채 잠이 든다.

하지만 다윗은 어떻게 했는지 다시 보라. "나는 하나님께 부르짖으리니 여호와께서 나를 구원하시리로다 저녁과 아침과 정오에 내가 근심하여 탄식하리니 여호와께서 내 소리를 들으시리로다."시 55:16-17

고통을 다루고 절망적인 생각과 싸우는 다윗의 전략은 아침, 점심, 저녁으로 기도하는 것이었다. 다윗은 자신의 생각을 사로잡는다. "나는 하나님께 초점을 맞춘다. 이것이 내가 하루를 시작하고 마치는 방식이다. 중간중간에도 마찬가지다. 어제도 그랬고, 오늘도 그랬다. 내일도 그럴 것이다. 내 생각은 하나님을 향한 생각, 곧 기도의 생각들이다."

당신이 절박할 때든 그렇지 않을 때든 항상 기도하기를 강력히 권한다. 만약 당신이 다윗의 조언을 따라 아침, 점심, 저녁으로 하나님께 초점을 맞춘다면 어떨까? 아침에 눈뜨자마자 성경을 펴고 한 장을 읽으면서 하루의 시작부터 당신이 따를 하나님의 진리를 떠올린다면? 다윗처럼 점심시간에 몇 분을 할애해 하나님 중심으로 자신을 재정비하고, 하나님을 부르며 생각을 다시 집중해 본다면? 기도하고, 사랑과 웃음으로 삶을 채운 감사한 일들을 되새기며 하루를 마친다면 어떨까? 과연 이 전략이 불안을 줄이는 데 도움이 될까? 이렇게 하면 절망의 구름을 조금이라도 걷어 낼 수 있을까? 단언하건대, 틀림없이 그럴 것이다.

나에 관해 하나님께 말하는 것에서 하나님에 관해 내게 말하는 것으로

다윗은 먼저 자신의 절망을 하나님께 솔직히 털어놓는다. 그런 다음, 그는 하나님이 어떤 분이신지에 대한 진실을 스스로에게 일깨우기 시작한다. 이것이 핵심이다. 그는 자신의 절망에 대해 하나님께 말하는 것을 멈추고, 자신의 절망을 향해 하나님에 대해 말하기 시작한다. 다윗은 하나님이 누구이시고, 무엇을 하셨으며, 무엇을 하실 것인지 스스로에게 상기시킨다. "나를 대적하는 자 많더니 나를 치는 전쟁에서 그가 내 생명을 구원하사 평안하게 하셨도다 옛부터 계시는 하나님이 들으시고 그들을 낮추시리이다."시 55:18-19

부정적인 생각, 견고한 진, 세상의 틀을 부수는 길은 우리의 생각을 사로잡아 그리스도께 복종시키는 것이다. 바로 이것이 여기서 다윗이 한 일이다. 그는 자신의 절망적인 생각들을 사로잡고,

하나님에 대한 진리들을 자신에게 선포함으로써 자신의 마음을 새롭게 한다. 우리는 이것을 배워야 한다.

주의하지 않으면 불안을 더욱 키우는 식의 기도를 하게 될 수 있다. 하나님께 계속해서 걱정거리만 늘어놓는 것은 그 모든 잘못된 것을 스스로에게 상기시키는 일에 불과하다. 절망으로 이어지는 생각 패턴 중 하나는 '곱씹기'다. 이것은 부정적인 생각을 반복적이고도 지속적으로 하는 것이다. 과거의 실수, 당황스럽고 창피했던 순간들, 해결되지 않은 갈등, 미래에 대한 걱정, 자신이 겪고 있는 우울증 증상무기력함, 슬픔, 집중력 저하 등에 대한 생각 등이 곱씹기의 흔한 주제이다.

우리가 곱씹을 때, 우리는 괴로운 생각에 초점을 맞춘다. 문제에 대해 계속해서 생각하고 또 생각한다. 물론 이런 행위는 이해는 되지만, 분명 문제가 있다. 곱씹기는 절망적인 생각을 다루는 효과적인 전략이 아니다. 영화를 보다가 마음에 들지 않는 장면이 나온다고 해 보자. 그 장면이 불쾌해서 상황이 다르게 전개되었으면 좋겠다고 바란다. 그래서 당신은 어떻게 하는가? 그 장면을 다시 보고, 되감아서 다시 보고, 또 되감아서 다시 본다. 매번 볼 때마다 다른 결말을 바라지만, 그럴 수 없음을 잘 안다. 그것이 바로 곱씹기이다.

다윗은 불안의 생각을 곱씹으며 기도를 시작하지만 방향을 바꿔 그 생각을 사로잡는다. 그는 자신에 관해 하나님께 이야기하는 것에서 하나님에 관해 자신에게 이야기하는 것으로 전환한다. 그는 마치 이렇게 말하는 것 같다. '다윗, 하나님이 어떤 분이신지 기억 안 나? 그래, 기억하지? 너, 그분이 하신 일을 기억하잖아! 이 상황은 그분께는 그다지 어렵지 않아. 넌 눌렸을지 모르지만, 그분은 아니야. 그분은 이 일을 해결하실 수 있어. 그분이 널 붙들고 계셔. 걱정할 것 없다고!'

원리는 간단하다. 초점의 문제이다. 우리가 어디에 초점을 맞추느냐에 따라 우리가 느끼는 안정감이 결정될 것이다. 외줄을 타는 사람이 저 멀리 아래에 있는 딱딱한 바닥에 시선을 고정한다면 어떤 기분이 들까? 하지만 그들이 그 줄이 얼마나 강하고 믿을 만하고 검증되었는지에, 즉 그 줄에 초점을 맞춘다면, 완전히 다른 이야기가 되지 않을까?

하나님이 누구이시고 어떤 일을 행하셨으며 어떤 일을 행하실지 수시로 자신에게 말하고 있는가? 만일 아니라면, 그 이유를 조용히 돌아보라. 그러고 나서 당신이 좋아하는 무언가를 생각해 보라. 음악을 좋아하는가? 음악의 아름다움과 형태는 하나님께로부터 왔다. 자연을 사랑하는가? 꽃 한 송이조차 하나님 허락 없이 몰래 피어날 수 없고, 모든 산이 하나님의 명령에 따라 솟아났다. 자녀? 그들의 뼈 하나하나가 그분의 조용한 명령에 따라 자궁 속에서 형성되었다. 당신은 그분의 것이다. 그리고 세상 모든 것이 그분의 것이다.

스트레스에 대해서도 당신은 이렇게 할 수 있다. 하나님께 아뢰고, 그런 다음 자신에게 하나님에 대해 말하는 것이다. '하나님이

이 일을 해결하실 것이다! 하나님이 나를 붙들고 계신다! 나는 걱정할 필요가 없다!'

그리고 이러한 선포가 당신을 마지막 변화로 이끌 것이다.

걱정에서 예배로

시편 55편에서 다윗은 자신을 대적하는 적들 때문에 절망에 잠긴 상태로 시작한다. 그는 압도당한다. 하지만 그는 솔직하고 구체적으로 기도한다. 그는 하나님께 운전대를 잡고 상황을 맡아 달라고 요청한다. 아침, 점심, 저녁으로 그는 하나님이 누구이시며 무엇을 하셨는지 자신에게 상기시킨다.

그리고 어떤 일이 벌어지는가? 그는 걱정에서 예배로 나아간다. 시편은 사실 노래다. 음악에 맞춰 큰 소리로 부르는 기도인 셈이다. 다윗은 이 말들을 노래로 부르고 있다. 그는 시편 55편을 이런 말로 시작한다. "내가 간구할 때에 숨지 마소서 …… 내가 근심으로 편하지 못하여 탄식하오니."

그런데 이 시편이 어떻게 끝나는지 보라. "네 짐을 여호와께 맡기라 그가 너를 붙드시고."시 55:22

다윗은 더 이상 걱정하지 않는다. 대신, 그는 예배한다. 기도하면서 하나님이 누구이신지를 떠올린다. 그러자 하나님을 찬양하지 않고는 못 배길 정도로 가슴이 부풀어 오른다. 그렇게 예배하는 동안 그의 예배가 그의 걱정을 잠재운다. 예배와 걱정이 공존할 수 있는지 나는 확신할 수 없다. 문제가 사라진다는 뜻이 아니고, 불안이 사라진다는 뜻도 아니다. 그러나 걱정이 우리를 지배하는 힘은 크게 약해진다. 절망의 패턴은 의존의 패턴에 자리를 내준다.

다윗은 우리에게 권면한다. "하나님께 네 짐을 맡기라. 그러면 그분이 너를 붙들어 주실 것이다." 우리는 하나님을 의지할 수 있다. 단, 그분께 짐을 맡긴다고 해서 우리의 모든 문제가 당장 해결되지는 않는다. 그렇다고 해도 우리는 그분을 의지할 수 있다. 그분이 누구이시고 무엇을 행하셨는지 기억하면 당신의 걱정은 예배로 변할 것이다.

기도의 자리에서 시작되는 변화

이번 장 첫머리에서 우리는 주방 식탁에 앉아 있는 마틴 루서 킹 주니어를 만나 보았다. 그는 자신이 직면한 저항과 죽음의 위협 때문에 완전히 낙담하여 모든 것을 포기할 준비가 되어 있었다.

그 순간, 당신이라면 어떻게 했을까?

그는 기도했다.

킹 목사는 고난에 압도된 채 침묵 속에 앉아 있었다. 하지만 결국 그는 하나님께 부르짖었고, 하나님은 응답해 주셨다. 그는 그 주방 식탁에서 하나님의 임재를 느꼈다. "계속 싸우라고 말씀하시는 예수님의 음성을 들었다. 그분은 결코 나를 떠나지 않겠고, 결코 나를 홀로 두지 않겠다고 약속하셨다. '아니, 결코 홀로 두지 않으시리라. 아니, 결코 홀로 두지 않으시리라.' 그렇다. 그분은 결코 나를 떠나지 않겠고, 결코 나를 홀로 두지 않겠다고 약속하셨다."[11] 그가 〈결코 홀로 두지 않으시리라 Never Alone〉라는 옛 찬송가 가사를 읊조리는 동안, 그의 걱정은 예배로 변했다.[12]

예수님과의 만남으로 시민권 운동을 위한 결심을 새롭게 다잡은 그는 그 싸움을 끝까지 완수했다. 그는 자신의 생각을 사로잡았고, 하나님의 도우심으로 절망의 패턴을 물리쳤다. 당신도 당신의 주방 식탁에서 똑같이 할 수 있다.

Part   3

그리스도인의
생각 사용법

'마음의 창조주'를
힘입어
일상을 온전하게

TRANSFORMED THINKING

지금까지 우리는 '생각의 힘'과 '우리 사고방식에 큰 영향을 미치는 세상의 패턴'을 살펴보았다. 우리의 마음이 얼마나 쉽게 '하나님의 가장 좋은 뜻으로부터 우리를 멀어지게 하는' 생각의 방식에 순응하는지 확인했다. 하지만 하나님은 우리를 그 상태에 머물도록 내버려두시지 않는다. 그분은 우리에게 벗어날 길, 변화의 길을 제시하신다.

사도 바울은 로마서 12장 2절에 이렇게 썼다. "너희는 이 세대를 본받지 말고 오직 마음을 새롭게 함으로 변화를 받아." 이 변화는 단순히 좋은 개념이나 영적인 비유가 아니다. 이것은 우리가 일상생활에서 경험할 수 있는 실제적인 현실이다.

3부에서는 마음을 새롭게 한다는 것이 무엇을 의미하는지 그리고 이 변화의 과정에 우리가 어떻게 적극적으로 참여할 수 있는지를 탐구할 것이다. 이어지는 장들을 읽는 동안, 이것들이 단순히 영적인 활동이 아니라는 사실을 기억하라. 이것들은 하나님이 우리 뇌가 기능하도록 설계하신 방식에 부합하는 강력한 도구들이다. 이 원칙들을 실천하면 신경 경로가 어떻게 재편성되는지 보게 될 것이며, 이는 우리의 생각, 감정, 행동에 지속적인 변화를 가져올 것이다.

이 변화는 더 많은 의지력을 가지거나 더 열심히 노력하는 것과는 거리가 멀다. 오히려 우리의 마음을 하나님께 온전히 맡기고 그분의 진리가 우리의 생각을 다시 형성하도록 돕는 실천에 관한 것이다. 이것은 우리가 새로운 방식으로 생각하도록 힘을 주시는 성령과 함께 해 나가는 여정이다.

chapter 9.

작전명
: 모든 생각을 사로잡아
그리스도께

우리 시대의 최정예 전투 부대와 함께 훈련할 기회가 주어진다면, 당신은 선뜻 참여하겠는가? 나는 근처 군사 기지에 연줄이 있는 친구에게서 그런 기회를 제안받은 적이 있다. 훈련 장소가 어디이며, 어떤 정예 부대인지, 무슨 임무였는지는 말해 줄 수 없다. 일급 군사 기밀이니 이해해 달라. 사실, 이미 너무 많은 말을 한 것 같기도 한데…….

나는 친구 다섯 명과 함께 이 훈련에 참여하기로 했다. 우리는 민간인이었지만, 마음속으로는 우리가 세상을 구하는 특수 부대의 훈련을 돕기 위해 특별히 선택된 정예 부대라고 생각했다. 그러면서도 한편으로 나는 이 훈련에서 내가 맡은 역할이 육체적으로 그리 힘들지 않으리라 예상했다. 마치 축구 경기를 관람하듯, 사이드라인에 서서 국가 안보를 위해 특수 부대 훈련을 조용히 지켜보기만 하면 된다고 생각했다.

날짜가 다가올수록, 예상보다는 조금 더 실전 같은 경험이 될 거라는 이야기가 들려오기 시작했다. 우리가 적군 역할을 맡아야 한다고 했다. 특수 부대원들이 공격하면 우리 그룹이 맞서 싸워 그들을 몰아내야 했다. 우리는 서로 문자를 주고받으며 서로 우쭐대거나 각자 무용담을 자랑하기 시작했다. 그러다 어느 순간, 우리가 문자에서 이모티콘을 너무 많이 쓰고 있음을 깨달았다. 솔직히 말해서, 이모티콘으로 허세를 부리는 데 능숙하다면 특수 부대와의 전투에서는 고전할 가능성이 높다.

군사 기지에 도착하자마자 우리는 수많은 포기 각서에 서명을 했다. 어쩌면 훈련 중에 사지가 절단되거나 심지어 목숨을 잃을 수도 있겠다는 공포감이 들었다. 내가 공부한 바로는, 그때쯤 내 시상하부에서는 상당량의 코르티솔과 노르에피네프린이 분비되기 시작했을 것이다. 다시 말해, 용기는 온데간데없어지고 '스트레스'가 온몸을 감쌌다. 아무도 대놓고 말하지는 않았지만, 모두가 '내가 도대체 무슨 일에 말려든 거지?' 하는 표정이 역력했다.

우리는 일단 무장을 했다. 이제 곧 세계에서 손꼽히는 최정예 부대 전사들과 마주할 참인데, 우리는 스케이트보드 보호대나 착용하고 페인트 탄환 총을 들었다. 우리는 픽업트럭 뒤에 올라타, 치열한 전투가 휩쓸고 간 제3세계 마을처럼 보이는 곳으로 향했다. 트럭에서 내리자마자 친구 한 명이 말했다. "제군들, 정말 우리가 이길 수 있을 것 같아." 하지만 잔뜩 긴장한 그의 목소리는 평소보다 톤이 높았고 가늘고 떨렸다. 내 귀에는 그 소리가 "우린 이제 큰일 났어. 숨을 곳이 있는지 눈을 크게 뜨고 찾아다니자"라는 말로 들렸다.

우리는 그 후 뿔뿔이 흩어져 각자 다른 집으로 들어가라는 지시를 받았다. 그곳에서 특수 부대 팀이 나타나면 그들과 교전하라고 했다. 깨진 유리창으로 어둠이 내려앉는 것을 보다가 불현듯 '내가 여기서 뭘 하고 있는 거지?' 하는 생각에 사로잡혔다. 그때 갑자기 어디선가 대여섯 대의 치누크와 블랙호크 헬기가 불빛 하나 없이 날아들었다. 야간 투시경을 쓴 수십 명의 군인들이 헬기에서 로프를 타고 내려왔다. 마치 로켓포에 맞은 것처럼 거리의 자동차 여러 대가 폭발했다.

나중에 알고 보니 마을 전체에 특수 효과용 폭발물이 설치되어 있었다. 내가 있던 집 꼭대기 주변부를 포함해 우리 근처 사방에서 폭발이 일어났다. 공중에서 총성이 난무했다. 분명 훈련용 탄환임을 알았지만, 실제 소리 같았다. 그리고 섬광탄이 터졌다. 내가 있던 폐가에 연속 폭음 섬광탄이 던져졌고, 그 순간 편도체가 완전히 나를 장악했다. 의식적인 결정을 할 틈도 없이, 나는 무작정 달아나며 숨을 곳을 찾았다.

나는 지금껏 내가 '투쟁하는 타입'인지 '도피하는 타입'인지 궁금했는데, 이제 확실히 알았다. 나는 상대를 제압할 만한 훈련, 도구, 기술도, 테스토스테론$^{\text{testosterone; 대표적인 남성 호르몬}}$도 없었다. 아무리 스스로를 다독여도 소용없었다. 아무런 전투 계획이 없었기에, 첫 총알이 발사되기도 전에 나는 이미 진 것이나 다름없었다.

생각을 단호하게 사로잡으라

고도의 훈련을 받고, 야간 투시경을 비롯해 완전 무장을 한 특수 부대를 상상해 보라. 부대원들은 온몸의 감각을 최대치로 끌어올린 상태에서 적진을 조용히 침투한다. 그들의 임무는 고가치 표적을 생포하는 것이다. 그런데 중요한 사실이 하나 있다. 절대 요란하게 총을 쏘며 돌진하지 않는다. 이것은 정밀함, 전략, 흔들리지 않는 집중력이 요구되는 작전이다.

고린도후서 10장 5절 말씀은 '특수 작전'에 비유해 생각하면 이해하기 쉽다. "하나님 아는 것을 대적하여 높아진 것을 다 무너뜨리고 모든 생각을 사로잡아 그리스도에게 복종하게 하니."

여기서 "사로잡다"라는 말은 헬라어 "아이크말로티조"에서 왔다. 이 헬라어 단어는 적군을 사로잡거나 포로를 끌고 가는 것을 의미하는 군사 용어이다. 바울은 해로운 생각들과의 싸움을 묘사하기 위해 전쟁의 이미지를 사용한다. 우리는 해로운 생각들을 영적 전쟁 속의 적군인 것처럼 다루어야 한다. 그것들과 협상하거나 그것들이 마음대로 배회하도록 놔두지 말고, 단호하게 포로로 잡아야 한다. 이 전략을 취하면 생각의 수동적인 피해자가 되는 대신, 우리의 정신적 과정에서 적극적인 역할을 할 수 있다.

"생각"에 해당하는 헬라어 단어는 "노에마"인데, 이는 정신이나 이해, 또는 생각의 과정을 지칭한다. 그런데 여기서 우리는 개별적인 생각에 관한 이야기를 하는 게 아니다. 여기서 초점은 우리의 생각 패턴 전체이다.

바울은 사실상 이렇게 말한다. "당신의 마음은 전쟁터이며, 하나님의 진리에 반하는 생각들은 바로 적이다. 당신의 임무는 그 적들을 사로잡아 그리스도의 말씀에 복종시키는 것이다."

할수록 쉬워지는 특수 작전

이런 생각들을 정확히 어떻게 사로잡을까? 생각을 통제하려고 애써 본 적이 있는가? 성경 공부에 집중하다가 자신도 모르게 저녁에 뭘 먹을지 고민한다. 그러다 갑자기 고등학교에서 저질렀던 창피한 사건을 떠올린다.

지금까지 내내 나는 신경가소성, 즉 우리 뇌가 생각 패턴에 따라 어떻게 스스로 재배선될 수 있는지에 관해 이야기했다. 우리의 뇌는 마치 유명한 놀이용 점토인 플레이도우$^{Play-Doh}$처럼, 우리가 가장 자주 생각하는 것에 의해 끊임없이 모양이 만들어지고 다시 형성된다. 부정적인 생각을 계속해서 사로잡아 긍정적인 생각으로 바꾸면 새로운 신경 경로가 뚫린다. 그렇게 하다 보면 오래된 생각 패턴의 틀이 깨지고, 새롭고 더 건강한 방식으로 생각할 수 있게 된다.

그러니 바울의 조언은 단순히 영적으로만 옳은 것이 아니다. 현대 과학이 그의 조언을 뒷받침한다. 생각을 사로잡을 때 우리는 단순히 성경의 명령에 순종하는 것만이 아니라 우리의 뇌를 재형성하는 것이다.

그렇다면 구체적으로 어떻게 해야 할까? 어떻게 하면 생각을 사로잡는 전사가 될 수 있을까? 특수 작전 비유가 기억나는가? 그 작전을 펼쳐 보자.

1. **정찰** 특수 부대가 표적 대상을 사로잡으려면 먼저 지형을 알아야 한다. 주변 상황을 인지해야 한다. 우리에게 이것은 생각의 패턴을 파악하는 것을 의미한다. 다음 장에서 우리의 문화가 우리에게 주입시키려는 흔한 생각의 패턴들에 대해 이야기할 것이다. 일단 여기서는 실생활에서 정찰이 어떻게 이루어지는지 이야기해 보자.

    사라는 수년간 불안감에 시달렸다. 그녀의 마음속에는 '만약 ~하면 어쩌지?'라는 생각과 최악의 시나리오가 끊임없이 맴돌았다. 이런 생각을 사로잡기 위한 첫 번째 단계는 단순히 이것들을 알아채는 것이다. 이런 생각을 판단하거나 바꾸려 하지 말고, 그저 의식하는 것이다. 생각 일기를 쓰는 것도 좋은 방법이다. 사라는 불안한 생각이 느껴질 때마다 생각 일기장에 쓴다. '이번 프레젠테이션을 망치면 어쩌지?' '우리 아이들이 아프면 어쩌지?' '이번 달 집세를 못 내면 어쩌지?' 이런 생각을 알아채고 명명하는 것이 이것들을 사로잡기 위한 첫 번째 단계이다.

2. **표적 확인**   우리의 특수 부대원들은 적진에서 '모든 적'을 사로잡으려고 하지 않는다. 그렇게 하는 것은 몹시 버거우면서 비효율적이다. 그들은 특정한 표적을 정한다. 마찬가지로, 모든 생각을 한꺼번에 사로잡으려고 하지 말아야 한다. 하나님께 반하는 생각들을 인식하는 법을 배워야 한다는 것이다.
생각 일기장을 읽던 사라의 눈에 패턴이 보이기 시작한다. 그녀는 자신의 많은 생각이 '만약 ~하면 어쩌지?'로 시작되고, 대개는 일어날 가능성이 없거나 그녀가 전혀 통제할 수 없는 일에 대한 걱정이라는 사실을 깨닫는다. 그녀는 '만약 ~하면 어쩌지?'라는 생각을 표적으로 정한다.

3. **은밀한 접근**   이 부분에서 많은 사람이 착각한다. 부정적인 생각을 알아채면 우리의 본능은 그것과 정면으로 맞선다. '그 생각 그만해!'라고 우리 자신에게 말한다. 하지만 어떤 생각을 안 하려고 할수록 더 하게 되지 않던가? 내가 당신에게 이렇게 말한다고 해 보자. "지금 무엇을 하고 있든 오토바이를 타는 기린에 대한 생각은 하지 마세요." 자, 지금 무슨 생각이 떠오르는가?
우리의 특수 작전 접근 방식은 은밀하다. 사라는 요란을 떨지 않고 자신의 생각을 조용히 관찰한다. 자신의 생각에 정면으로 맞서지 않는다. 생각에 정면으로 맞서거나 어리석다고 비난하는 대신, 더욱 은밀하게 접근한다. 가만히 관찰하는 것이다. 불안한 생각을 알아챈 뒤 조용히 이런 질문을 던진다. '이 생각이 어디에서 오는가? 내가 이 생각을 얼마나 오랫동안 해 왔는가? 이 생각은 나에게 어떤 기분이 들게 하는가? 이 생각은 주로 언제, 어떤 상황에서 나타나는가?'

4. **정확한 포획**   지금부터 진짜 행동이 시작된다. 우리의 특수 부대원들은 표적을 사로잡기 위해 무시무시한 힘을 동원하지 않는다. 그들은 정밀함, 전략, 올바른 도구들을 활용한다. 우리의 도구는 성경, 기도, 믿을 만한 친구의 조언 같은 것들이다.

사라는 자신이 '이 프레젠테이션을 망치면 어쩌지? 해고를 당하면 어쩌지?'라는 부정적인 생각을 자주 하고 있다는 사실을 발견한다. 이제 정확하게 포획할 시간이다. 사라는 이 생각을 진리로 포위한다.

— 성경 : 빌립보서 4장 6-7절을 떠올린다. "아무것도 염려하지 말고 다만 모든 일에 기도와 간구로, 너희 구할 것을 감사함으로 하나님께 아뢰라 그리하면 모든 지각에 뛰어난 하나님의 평강이 그리스도 예수 안에서 너희 마음과 생각을 지키시리라."

— 기도 : 잠시 시간을 내어 기도한다. "하나님, 이번 프레젠테이션 때문에 불안합니다. 이 염려를 주님께 맡깁니다. 제게 평강을 주시고 최선을 다하도록 도와주십시오."

— 진실 : 다음 사실들을 떠올린다. '나는 이 프레젠테이션을

위해 열심히 준비했어. 완벽하게 하지 못하더라도 이 일로 직장을 잃지는 않을 거야. 최악의 경우 해고를 당한다 해도, 지금까지 늘 그래 왔듯이 하나님이 내게 필요한 것을 공급해 주실 거야. 게다가 내 정체성은 이 직책에 달려 있지 않아.'

5. **확실히 사로잡아 방향 바꾸기** 특수 부대원들은 표적을 사로잡으면 그곳에 그냥 두지 않는다. 확보한 뒤 끌고 간다. 마찬가지로, 우리도 생각을 사로잡은 뒤에는 하나님의 진리에 맞게 변화시켜야 한다. 사라의 경우, 이런 결론을 내릴 수 있다. '이 프레젠테이션의 결과와 내 모든 커리어를 하나님께 맡기겠어. 내 일로 하나님을 영화롭게 하기 위해 최선을 다할 것이고, 결과는 그분의 손에 맡길 거야.'

생각을 사로잡는 일에 익숙해지도록 이 전투 계획을 몇 가지 가상 상황에 적용해 보자. 집중해서 따라오기 바란다. 그리고 나서 이번 장 끝에서 각자 자기 생각을 사로잡는 실습을 해 볼 것이다.

먼저 잭을 소개한다. 잭은 평생 분노 조절 장애와 씨름했다. 그는 화를 다스리기 위한 상담도 받고 열까지 세는 법도 배웠다. 하지만 항상 내면에 분노가 들끓는다. 잭이 우리의 특수 작전 접근법을 어떻게 적용할 수 있는지 보자.

1. **정찰** 잭은 자신의 감정들에 관심을 기울이기 시작한다.

운전을 하다가 차가 막히면, 아이들이 너무 소란을 피우면, 종일 직장에서 고생하다 온 자신에게 아내가 집안일을 시키면 화를 내는 경우가 많다는 사실을 알아챈다.

2. **표적 확인**   잭은 누군가가 자신을 존중하지 않거나 귀찮게 한다는 생각이 들 때 화를 내는 경우가 많다는 사실을 깨닫는다.

3. **은밀한 접근**   다음번에 차가 막혀 짜증이 올라오기 시작할 때 잭은 곧바로 화를 내지 않고 조용히 묻는다. '이 생각이 어디에서 오는가? 내가 이 생각을 얼마나 오랫동안 해 왔는가? 이 생각은 나에게 어떤 기분이 들게 하는가? 이 생각은 주로 언제, 어떤 상황에서 나타나는가?' 그러고 나서 관찰을 통해 이런 사실을 알아낸다. '나는 화가 나면 운전대를 꽉 쥔다. 턱이 경직된다.' 이렇게 상황을 관찰할 때 감정 조절에 도움을 주는 안와전두피질이 활성화된다.

4. **정확한 포획**   잭은 도로에서의 분노에 초점을 맞추기로 한다. 그는 다음과 같은 도구를 사용한다.

   — 성경 : 잠언 14장 29절을 암송한다. "노하기를 더디 하는 자는 크게 명철하여도 마음이 조급한 자는 어리석음을 나타내느니라."

   — 기도 : 이렇게 기도한다. "하나님, 지금 화가 납니다. 분노 대신 인내로 반응하도록 도와주십시오."

   — 진실 : 이렇게 되뇌며 상황을 정확히 보려고 노력한다. '이 교통 체증은 나에 대한 개인적인 공격이 아니야. 다른

사람도 다 일정이 지체되고 있어. 내가 화를 낸다고 해서 차가 조금이라도 빨리 가지 않아.'

5. **확실히 사로잡아 방향 바꾸기** 잭은 분노의 생각을 변화시킨다. '저 녀석들이 나를 지체시키고 있어!'라는 생각을 '인내를 연습할 기회야. 이 시간을 활용해서 기도하거나 찬양을 들을 수 있어'라는 생각으로 바꾼다.

이런 연습을 꾸준히 하자 화를 내는 횟수와 강도가 줄어들었다. 그는 행동만 다루는 데 그치지 않고 생각의 패턴을 변화시키고 있다.

한 가지 사례를 더 보자. 리사는 기억도 나지 않을 만큼 오래전부터 낮은 자존감에 시달렸다. 그녀는 긍정적인 말을 하려고 노력했지만 그저 공허한 말처럼 느껴질 뿐이었다. 그녀가 우리의 특수 작전 접근법을 어떻게 적용할 수 있는지 보자.

1. **정찰** 리사는 자기 감정을 관찰하기 시작한다. 자신이 소셜 미디어를 할 때, 직장 업무를 제대로 처리하지 못했을 때, 금요일 밤 홀로 있을 때 스트레스를 받는다는 사실을 알아챈다.
2. **표적 확인** 리사는 자신이 무가치하다는 생각이 나쁜 감정을 일으키며 그 생각이 자신을 보시는 하나님의 시각과 일치하지 않는다는 사실을 깨닫는다.
3. **은밀한 접근** 다음번에 리사는 인스타그램을 하다가 자신이

무가치하다는 생각이 들 때 그 생각과 싸우는 대신, 한 발 뒤로 물러나 스스로에게 질문을 던진다. '이 생각이 어디에서 오는가? 내가 이 생각을 얼마나 오랫동안 해 왔는가? 이 생각은 나에게 어떤 기분이 들게 하는가? 이 생각은 주로 언제, 어떤 상황에서 나타나는가?' 그녀는 자신이 무가치하다는 생각이 들 때 가슴이 답답해진다는 사실을 발견한다. 그리고 스스로를 남들과 비교하고, 성과와 외모, 인간관계에서 자신의 가치를 찾고 있음을 발견한다. 어릴 적에 부모에게 인정을 받기 위해서는 성과를 내야 했다는 사실이 기억난다.

4. **정확한 포획** 리사는 소셜 미디어를 할 때 떠오르는 생각들에 초점을 맞추기로 한다. 그녀는 다음과 같은 도구를 사용한다.

   — 성경 : 시편 139편 14절을 암송한다. "내가 주께 감사하오음은 나를 지으심이 심히 기묘하심이라 주께서 하시는 일이 기이함을 내 영혼이 잘 아나이다."

   — 기도 : 이렇게 기도한다. "하나님, 지금 제가 무가치하게 느껴집니다. 주님의 눈으로 저를 바라보게 도와주십시오."

   — 진실 : 이렇게 되뇐다. '소셜 미디어는 진짜 삶이 아니라 완벽하게 연출된 삶만 보여 줄 뿐이야. 내 가치는 남들이 공들여 연출한 사진과 비교해서 결정되는 게 아니야.'

5. **확실히 사로잡아 방향 바꾸기** 그녀는 자신이 무가치하다는 생각을 변화시킨다. '나만 빼고 모든 사람이 성공했어. 난 망한 인생이야'라는 생각을 '난 하나님께 심히 기묘하게 지음받은

사람이야. 내 가치는 남들의 시선이나 남들과 비교해 정해지지 않고 하나님께로부터 오는 거야'로 바꾼다.

분명히 해 둘 것이 있다. 생각을 사로잡는 것은 단번에 완성되는 일이 아니라 평생 지속되는 과정이요, 전투이다. 하지만 좋은 소식은, 할수록 이 작업이 쉬워진다는 것이다. 신경가소성을 기억하는가? 당신은 뇌를 재형성하고 있다. 생각을 사로잡는 연습을 할수록 뇌에 새로운 신경 경로들이 뚫려 생각을 사로잡기가 점점 더 쉬워진다.

혼자 수행하는 작전이 아니다

이 마음 전쟁에서 '나는 혼자다'라는 생각을 하지 말라. 당신 혼자 긍정적인 생각의 힘을 발휘해야 하는 것이 아니다. 당신 혼자 냉수마찰을 하며 마음을 다스리는 훈련을 해야 하는 것이 아니다. 당신이 적지 깊숙한 곳에서 중요한 임무를 수행하는 특수 부대원이라고 해 보자. 당신 혼자 작전을 수행하고 있을까?

마음 전쟁에서 당신은 결코 혼자가 아니다. 고린도후서 10장 5절을 다시 보라. "(우리는[We, NIV]) 하나님 아는 것을 대적하여 높아진 것을 다 무너뜨리고 모든 생각을 사로잡아 그리스도에게 복종하게 하니."

여기서 영어 성경을 보면 바울은 '나'나 '당신'이 아닌 "우리"라는 표현을 사용한다. 그렇다. 이것은 팀 작전이다. 자신의 생각을 사로잡을 때 성령의 도우심을 받아야 한다. 실제로 예수님은 성령을 "보혜사_{돕는 분}"라고 부르셨다. 성령이 우리를 도우시는 방법 중 하나는 우리의 생각을 이끄시는 것이다. 예수님은 제자들에게 성령이 "너희에게 모든 것을 가르치고 내가 너희에게 말한 모든 것을 생각나게 하리라"라고 말씀하셨다. 요 14:26

성령은 우리가 자신의 생각을 깨닫도록 초자연적으로 역사하시고, 관련된 성경 구절이 떠오르도록 도우시며, 그 말씀을 우리의 삶에 어떻게 적용해야 할지 가르쳐 주신다. 이 싸움 속에서 그분은 우리와 함께하신다. 그래서 우리가 부정적인 생각이나 음란한 생각 혹은 복수의 생각을 할 때 갑자기 성경 구절이 떠오른다. '이 성경 구절이 왜 갑자기 생각나지?' 우리는 고개를 갸웃거리지만, 이는 다름 아닌 성령의 역사이다. 이런 일이 반드시 나타나며, 그런 경험을 우리가 혼자가 아님을 일깨우는 강력한 증거로 삼아야 한다.

성령은 우리를 도우사, 모든 것을 가르치시고 예수님의 말씀을 생각나게 하시며, 우리를 굳건하게 하신다. 로마서 8장 26절은 그렇게 말한다. "성령도 우리의 연약함을 도우시나니." 자신의 생각에 억눌려 있는가? 당신의 생각이 당신을 쓰러뜨려서 짓밟고 있는 것만 같은가? 그럴 때 당신에게 힘을 주시는 성령이 계심을 기억하고, 그분께 도움을 구하라.

또 우리에게는 다른 신자들이 있기에 결코 혼자가 아니다. 우리는 분대의 지원을 받는다고 말할 수 있다. 잠언 27장 17절은 이렇게 말한다. "철이 철을 날카롭게 하는 것같이 사람이 그의 친구의 얼굴을 빛나게 하느니라."

한 달에 몇 번씩 나와 안부를 주고받는 동료 목사가 있다. 우리는 서로에게 개인적인 문제를 솔직히 털어놓는다. 우리 중 한 명이 분노나 정욕, 교만한 생각과 씨름하고 있을 때는 상대방에게 이 상황을 솔직히 인정하고 기도를 부탁한다. 우리는 자주 서로에게 다음과 같은 문자 메시지를 보낸다.

"한 교인에게 몹시 비판적이고 가혹한 이메일을 받았어. 잊으려 해도 잊을 수가 없어. 자꾸만 화가 나. 깊이 상처받았거든. 나도 그 이메일 못지않게 독한 답장을 보내고 싶지만 그건 아무에게도 득이 되지 않는다는 걸 잘 알지. 그러니 나를 위해 기도해 줘. 이메일 답장을 그 교인에게 보내기 전에 먼저 네게 보낼 테니 한번 점검해 줘."

"오늘 밤 호텔방에 혼자 묵게 되었는데, 휴대폰이나 보면서 시간을 허비하게 될지 모르겠어. 내 생각을 잘못된 방향으로 이끌 사진을 보고 싶을지도……. 오늘 밤 나를 위해 기도해 줘. 그리고 내가 오늘 밤을 어떻게 보냈는지 내일 물어봐 줘."

"저녁에 집에 와서 아내를 온유하게 대하지 않고 아내에게 쏘아붙였어. 내가 모든 생각을 사로잡아, 듣기는 빨리하고 말하기는 더디 하고 노하기도 더디 하는 사람이 되도록 기도 부탁해."

우리가 서로에게 이렇게 할 때 놀라운 일이 벌어진다. 나는 친구의 기도가 나 혼자는 무너뜨릴 수 없는 견고한 진을 무너뜨릴 수 있다고 확신한다. 이것이 실제 삶에서 어떤 모습으로 나타날까? 앞서 살폈던 사례의 주인공들을 다시 만나 보자.

* **사라와 불안감**   사라는 자신의 힘으로 불안한 생각을 사로잡으려고 하지 않는다. 그녀는 불안에서 비롯된 생각들을 알아차릴 수 있도록 도와 달라고 성령께 구한다. 빌립보서 4장 6-7절을 암송하고, 불안할 때 그 구절이 생각나게 해 달라고 성령께 요청한다. 또한 자신의 어려움을 소그룹 식구들에게 털어놓는다. 그들은 사라를 위해 주기적으로 기도하고 수시로 안부를 확인한다. 한 친구는 매일 아침 그녀에게 힘이 되는 성경 구절을 문자로 보내 준다.

* **잭과 분노**   잭은 분노를 다스리는 과정에 성령을 초대한다. 그는 흥분하지 않고 사랑으로 반응하게 해 달라고 성령께 도움을 구한다. 그는 또한 남성 그룹에 도움을 요청한다. 그들은 매주 그의 분노 유발 요인과 반응을 물으며 그에게 책임감을 부여한다. 그는 화가 치밀어 오를 때마다 전화하거나 문자를 보낼 친구 한 명을 지정한다.

* **리사와 낮은 자존감 문제**   리사는 하나님의 눈으로 자신을 보게 도와 달라고 성령께 구하면서 매일을 시작한다. 그리스도 안에서의 참된 정체성과 상충하는 생각들을 알아채게 도와

달라고 성령께 요청한다. 또한 함께 기도해 주고, 성경의 진리로 격려해 주며, 부정적인 자기 대화를 부드럽게 바로잡아 줄 수 있는 믿을 만한 교회 멘토에게 자신의 문제를 털어놓는다.

당신도 이렇게 할 수 있다. 생각을 사로잡는 일을 절대 혼자서 하는 작전으로 여기지 말라.

그리스도께 내 마음 내어 드리기

생각을 사로잡는 이 과정은 곧 마음을 새롭게 하는 과정이다. 행동을 바꾸는 것만으로는 부족하다. 생각 자체를 바꾸어야 한다. 그럴 때 우리의 삶이 바뀐다.

지금 당신이 무슨 생각을 하는지 대충 짐작이 간다. '이론적으로야 좋은 말이지만 내 생각은 이미 너무 엉망진창인걸. 내 머릿속에서 무슨 일이 벌어지는지 몰라서 하는 소리라고!' 이런 생각을 하고 있다면 바로 그 생각을 사로잡아 우리의 특수 작전 프로그램에 돌리라.

당신이 그런 불안한 생각을 사로잡아 '하나님의 평강'으로 대체할 때 당신의 삶이 어떻게 바뀔지 상상해 보라. 분노의 생각을 사로잡아 '참아 주고 이해해 주는 태도'로 대체할 때 당신의 인간관계가 얼마나 좋아질지 상상해 보라. 당신이 가치 없는 존재라는 생각을 사로잡아 '당신이 하나님의 눈에 헤아릴 수 없이 귀한 존재라는 진리'로 대체할 때 당신 자신을 보는 시각이 어떻게 달라질지 상상해 보라.

이것이 생각을 사로잡는 활동의 위력이다. 이것은 우리의 생각을 통제하는 것이 아니다. 하나님이 우리의 마음을 변화시켜 주시도록 내어 드리는 것이다. 모든 생각을 그리스도의 주 되심 아래에 놓는 것이다.

그러므로 이제 정찰 임무에 나서라. 당신의 생각에 주의를 기울이라. 필요하다면 생각들을 노트에 기록하라. 어떤 생각들을 사로잡아야 할지 파악하기 시작하라. 그러고 나서 그 생각을 사로잡는 과정을 시작하라. 성경과 기도, 진리를 사용하여 그 생각을 사로잡아 하나님의 진리에 일치시키라.

이제 실전이다

다음은 일상에서 생각을 사로잡는 데 도움이 되는 프로그램이다. 앞서 불안, 분노, 낮은 자존감의 생각을 사로잡는 과정의 사례를 살펴보았다. 이제 이 과정을 당신에게 적용할 시간이다. 다음 질문들을 깊이 숙고해 보기를 바란다.

1. **정찰**
   — 특정한 생각 패턴에 주의를 기울이라. 어떤 부정적인 생각이나 도움이 되지 않는 생각이 계속해서 떠오르는가?
   — 이런 생각이 주로 어떤 상황에서 떠오르는가?
   — 이런 생각이 들 때 감정적으로나 육체적으로 어떤 상태가 되는가?

2. **표적 확인**
   — 당신이 관찰한 모든 생각 중에서 어떤 생각들이 가장 해롭거나 하나님의 진리에 가장 반하는가?
   — 이 생각들이 당신을 그토록 강하게 사로잡고 있는 이유는 무엇인가?
   — 이 생각들 사이의 공통된 주제 혹은 이 생각들을 유발하는 공통적인 요인은 무엇인가?

3. **은밀한 접근** 다음번에 이런 표적 생각 중 하나나 어려운 감정이 떠오르면, 그 생각을 어찌해 보려고 하지 말고 그저 가만히 관찰하면서 스스로에게 이렇게 물으라.
   — 이 생각이 어디에서 오는가?
   — 내가 이 생각을 얼마나 오랫동안 해 왔는가?
   — 이 생각은 나에게 어떤 기분이 들게 하는가?
   — 이 생각은 주로 언제, 어떤 상황에서 나타나는가?
   이런 생각에 대해 찬찬히 생각하다 보면 정서적으로나 육체적으로 어떤 변화가 나타날까?

4. **정확한 포획** 당신이 규명한 표적 생각들 중 하나를 정해서 다음과 같은 질문을 던지라.
   — 어떤 성경 구절이 이 생각을 물리치는 진리를 말하고 있는가?
   — 이 특정한 생각을 잘 다룰 수 있도록 하나님께 도와 달라고 구하는 기도문을 간략하게 쓰라.
   — 어떤 객관적인 진실로 이 생각을 반박할 수 있는가?

5. **확실히 사로잡아 방향 바꾸기**
   — 하나님의 진리에 정렬되도록 표적 생각을 어떻게 다시 표현할 수 있을까?
   — 의식적으로 새로운 생각을 할 수 있도록 표적 생각을 글로 적어 두었는가?
   — 이 생각을 꾸준히 바꿔 나가면 당신의 삶이 어떻게 변할까?

지금 바로 시도해 보라. 이 장의 끝에 마련된 노트에 당신의 머릿속에 반복적으로 떠오르는 해로운 생각을 찾아 적고, 앞의 다섯 단계를 적용해 보라. 다음과 같은 전략도 활용해 보라.

* **훈련 활동**
   — 하루에 세 번씩 간단한 '생각 점검'을 위해 휴대폰에 알람을 설정하라.
   — 일주일 동안 생각 일기를 쓰라. 어떤 패턴이 보이는가?

― 반복적으로 떠오르는 부정적인 생각에 맞설 성경 구절 하나를 매주 암송하라. 그 구절을 가까이 두면 부정적인 생각에 대한 당신의 반응은 어떻게 달라질까?

* **임무 보고**

  ― 이 활동을 일주일간 실천한 뒤, 당신의 생각과 행동, 감정에서 어떤 변화가 보이는가?

  ― 어떤 부분이 가장 힘들었는가? 그 이유는 무엇인가?

  ― 일상생활에서 생각을 사로잡는 훈련을 계속하려면 어떻게 해야 할까?

* **분대 지원**

  ― 이 과정을 함께하며 당신을 지지하고 훈련을 점검해 줄 사람은 누구인가?

  ― 교회 공동체나 소그룹이 당신의 마음을 새롭게 하는 이 여정에서 당신을 어떻게 도울 수 있을까?

명심하라. 생각을 사로잡는 것은 장기적인 작전이다. 자신에게 인내심을 발휘하고 작은 승리들을 축하하면서 꾸준히 실천하라. 몇 번의 전투에서 지더라도 포기하지 말라. 하나님의 도우심으로 결국 전쟁에서 승리하게 될 것이다.

chapter 9.

chapter 10.

선명한 생각 필터로,
하늘의 시각을 키우다

두 사람이 같은 것을 전혀 다르게 볼 수 있다는 사실이 정말 놀랍지 않은가? 이런 현상은 답답함을 넘어서 혼란마저 일으킨다. '왜 나와 같은 것을 보면서도 내가 보는 것을 보지 못하는 거지?'

이 현상을 잘 보여 주는 유명한 사례가 바로 2015년, 인터넷에 올라온 한 줄무늬 옷의 색깔에 관한 전 지구적 논쟁이다. 온 세상이 멈춰 서서 그 옷의 색깔을 논했다. 그 옷의 줄무늬는 파란색과 검은색일까, 아니면 흰색과 금색일까? 이 옷의 사진은 순식간에 분당 84만이라는 조회수를 기록했다. 오래지 않아 1,000만 명이 넘는 사람들이 트위터에 이 옷에 관한 글을 올렸다. '드레스 색깔 논란 #dressgate'이라는 해시태그가 친구들과 가족들을 분열시켰다. 같은 주장을 펼치는 편들이 형성되기 시작했다. "나는 파/검파다." "나는 흰/금파다."

내 눈에는 파란색과 검은색 줄무늬 옷이었다. 그리고 실제로도 내 판단이 옳았다. 물론 흰/금파에 속한 독자들은 이 사실을 믿지 않으리라. 충분히 이해한다. 사실 더 많은 사람이 그 옷을 흰색과 금색으로 보았다. 하지만 대다수는 틀렸다.

세상을 떠들썩하게 만들었던 드레스 색깔 논란 이후로 여러

과학자가 사람들이 왜 하나의 사진을 다른 색으로 보는지 설명했다. 그 설명들의 핵심은 바로 '시각^{perspective; 관점}'이었다. 당신의 시각이 눈앞에 보이는 것을 어떻게 볼지 결정한다. 우리가 그 드레스를 봤을 때, 무의식적으로 사진 속 빛에 대한 가정을 하고 있었다. 그리고 우리가 의식조차 못 하는 그 가정들이 우리가 무엇을 보고 있다고 믿는지를 결정한다.

이러한 역학은 우리 삶의 모든 면에서 항상 작용한다. 우리는 무언가에 대해 생각할 때 무의식적으로 온갖 종류의 가정을 한다. 그 가정은 우리의 시각을 형성하고, 그렇게 형성된 무의식적인 생각은 우리가 무엇을 보고 있는지를 결정한다. 그래서 두 사람이 같은 것을 봐도 각자의 시각에 따라 다른 결론에 이르는 것이다.

인터넷에 올라온 사진 속 옷 색깔에 대한 시각 차이는 그저 흥미롭게 보고 넘길 수 있다. 하지만 훨씬 더 중요한 문제가 걸려 있다면 어떨까? 예를 들어, 크게 실망스러운 사건을 겪었을 때 당신은 무엇을 보는가?

당신의 삶에서 이미 일어났거나 앞으로 일어날 수 있는 일들을 당신은 어떻게 생각하는지 잠시 돌아보라.

* **연인과의 힘든 결별** 이 일을 연애 생활의 끝으로 보는가, 아니면 더 잘 맞는 상대를 만날 기회로 보는가?
* **일터에서의 난관** 스트레스 요인이자 짐으로 보는가, 아니면 성장의 기회로 보는가?

* **타의에 의한 전근** 혼란스러운 격변으로 보는가, 아니면 흥미진진한 모험으로 보는가?
* **뜻밖의 임신** 예기치 못한 골치 아픈 일로 보는가, 아니면 깜짝 선물로 보는가?
* **재정적인 어려움** 심각한 타격으로 보는가, 아니면 의욕을 불러일으키는 도전으로 보는가?
* **비판적인 평가** 개인적인 공격으로 보는가, 아니면 자기 발전의 계기로 보는가?
* **건강 문제** 절망적인 싸움으로 보는가, 아니면 더 온전히 살라는 경종으로 보는가?

이 순간 당신이 무엇을 보는지는 무엇보다도 당신의 무의식적인 시각에 따라 결정된다. 그리고 그 시각은 반복된 생각을 통해 형성된다. 그런 식으로 이 순환은 시간이 지날수록 점점 강해진다. 이 순환은 다음과 같이 이루어진다.

* **생각** 무언가에 대한 생각을 한다.
* **시각** 그 생각이 우리의 시각을 형성한다.
* **해석** 우리 시각이라는 렌즈를 통해 사건을 해석한다.
* **경험** 이런 해석이 우리의 경험을 형성한다.
* **기억** 이런 경험에 따라 기억을 형성한다.
* **강화** 이런 기억이 기존의 생각을 강화시킨다.

* **반복**   이 순환이 계속 이어지고, 순환할 때마다 이 생각이 더욱 굳어진다.

실례를 들어 보자. 헤일리는 항상 자신이 불운하다고 생각했다. 이 생각은 어린 시절 겪은 일련의 실망스러운 일들에서 비롯했다. 학교 반장 선거에서 불과 몇 표 차이로 낙선한 일, 모두가 합격을 예상했던 축구 팀에서 탈락된 일 등등. 이러한 사건은 알게 모르게 그녀의 시각에 영향을 미쳐 이 세상은 처음부터 자신에게만 불공평하다는 확신을 심어 주었다.

어느 월요일 아침, 늦잠을 자는 바람에 헤일리는 회사에 지각하게 되었다. 정신없이 준비하면서 그녀는 이렇게 생각했다. '이럴 줄 알았어. 나는 늘 운이 없지.' 이 생각은 그녀의 부정적인 시각을 더욱 부채질했다. 겨우겨우 출근길에 나섰지만 도로가 꽉 막혔다. 자신이 불운하다는 시각으로 이 상황을 보니, 교통 체증이 도시 생활에서 흔히 일어나는 일이 아니라 불운한 사건의 하나로 해석되었다. 이 해석은 아침 출근 시간을 스트레스와 짜증 가득한 고역으로 전락시켰다.

회사에 도착했을 때는 이미 기분이 나빠질 대로 나빠져 있었다. 그 와중에 상사가 헤일리에게 새로운 프로젝트를 맡겼다. 하지만 부정적인 시각 탓에 헤일리는 이 일을 기회로 보는 대신, 상사가 무거운 짐을 부당하게 자신에게 떠넘기는 상황으로 해석했다. '왜 하필 나야? 일이란 일은 나한테만 몰리니, 아이고 내 팔자야.'

그날 저녁, 헤일리가 하루를 돌아볼 즈음에는 자신은 불운한 사람이라는 시각과 일치하는 기억만 잔뜩 쌓여 있었다. 그녀는 늦잠, 교통 체증, 회사에서 맡게 된 추가 업무만 떠올렸다. 직장 동료가 헤일리를 위해 남겨 둔 달콤한 머핀의 맛, 프레젠테이션에서 받은 칭찬, 상사가 자신을 믿고 새로운 업무를 맡겨 권한을 위임한 일 같은 긍정적인 측면은 아예 무시했다. 헤일리가 떠올린 그날 하루의 기억은 자신이 불운한 존재라는 기존의 생각을 더욱 굳건히 하는 데 일조했다. 그녀는 '아, 역시 오늘도 불운한 하루였어'라고 생각하며 잠자리에 들었다.

이튿날 아침, 헤일리는 눈을 뜨자마자 어제와 똑같은 생각을 했다. '나는 정말 운이 없어.' 악순환은 반복되었다. 생각이 시각을 형성하고, 그 시각은 해석에 색깔을 입히며, 해석은 경험에 영향을 미친다. 또한 경험은 기억을 만들고, 그 기억은 다시 원래의 생각을 강화시킨다. 몇 주가 지나자 자신이 불운하다는 헤일리의 믿음은 더욱더 굳어졌다. 재난처럼 보이는 사건이 일어날 때마다 부정적인 시각은 한층 깊어졌다. 그럴수록 긍정적인 면을 보거나 다른 해석을 하기가 점점 더 어려워졌다.

시각의 힘

시각이 우리의 현실을 형성한다. 세리 마태를 바라보는 예수님의 시각을 예로 들어 보자. 1세기 유대 사회에서 세리들은 매국노요, 죄인 취급을 받았다. 그들은 더 많은 세금을 걷어 개인적으로 착복하는 로마제국의 부역자들이었다. 하지만 예수님은 세리의 직업과 대외적인 이미지를 넘어 제자로서의 잠재력을 보셨다. 예수님은 상황과 사람을 다르게 보셨다. 그리고 우리도 그렇게 할 수 있다.

무의식적이거나 의도하지 않은 생각이 우리의 시각을 형성하는 경우가 많다. 하지만 그러지 않을 수 있다. 우리의 생각을 사로잡아 의식적으로 옳은 것들을 생각하면 우리의 시각을 올바르게 결정할 수 있다. 상황을 어떻게 바라볼지 우리 스스로 선택할 수 있다는 말이다. 이는 단순히 희망적 사고가 아니다. 과학적으로 입증된 사실이다. 심리학자들은 이를 '인지 재평가 cognitive reappraisal'라고 부른다. 이는 자신이 경험하는 것의 의미를 재해석하는 능력이다.

과학자들이 온갖 뇌 영상 연구를 해 온 결과, 일관된 신경 활성화 패턴을 발견했다. 즉, 사람이 자신의 관점을 바꾸기로 결심하면 인지적 통제에 관여하는 전두엽 부분에서 활동이 증가하고, 뇌의 감정 처리 영역에서는 활동이 줄어든다. 이는 우리가 무언가를 다른 방식으로 보기로 결정하면 뇌가 우리를 돕기 위해 활동하기 시작한다는 뜻이다.

우리는 보다 좋고 경건한 시각을 선택함으로써 우리가 되고 싶은 사람으로 나아갈 수 있다. 뉴욕주립대학교 버팔로캠퍼스 State University of New York at Buffalo에서 다음과 같은 실험을 했다. 첫 번째 그룹 실험 참가자들에게 다음 문장을 다섯 번 완성하게 했다. "내가 _____가 아니라서 다행이다." 그랬더니 어떤 일이 벌어졌을까? 삶에 대한 만족감이 눈에 띄게 증가했다. 두 번째 그룹 참가자들에게는 다음 문장을 다섯 번 완성하게 했다. "내가 _____이면 얼마나 좋을까?" 그 결과는? 삶에 대한 만족감이 눈에 띄게 감소했다.[1] 이 실험 참가자들의 삶이 실제로 변했을까? 아니다. 변한 것은 삶을 바라보는 그들의 시각이었다.

당신은 자신의 삶을 어떻게 바라보는가? 당신의 문제를 어떻게 바라보는가? 세상에서 일어나는 일을 어떻게 바라보는가? 교회의 문제점을 어떻게 바라보는가? 당신의 일을 어떻게 바라보는가?

우리는 전지 전능하고 놀라우신 하나님을 믿는다. 우리 하나님은 실패에서 승리를 거두시고, 악에서 선을 끌어내시며, 죽음에서 생명을 일으키신다. 궁극적으로 하나님이 모든 것을 다스리신다. 이것이 사실이라면^{물론 사실이다} 우리는 믿음 충만하고, 생명을 주고, 사랑을 낳고, 모든 지각에 뛰어난 평강을 낳는 시각을 선택할 수 있다. 단, 여기서 인지의 법칙을 기억하자. 우리가 원하는 시각을 품을지는 우리의 선택만큼이나 우리의 생각에 의해 결정된다.

다수의 소리 VS 진리의 소리

애굽에서 400년 이상 노예 생활을 하던 이스라엘 백성은 하나님께 구해 달라고 간절히 부르짖었다. 그때 하나님은 그들을 노예 생활에서 해방시켜 약속하신 땅으로 이끌어 주겠다고 말씀하셨다. 하나님은 모세를 통해 애굽에 재앙을 보내셨지만 이스라엘 백성은 그 엄청난 재앙 속에서 화를 면했다. 마침내 바로는 이스라엘 백성을 풀어 줄 수밖에 없게 되었다.

이스라엘 백성은 애굽에서 나와 약속의 땅으로 가는 여정을 시작했다. 그런데 바로의 마음이 갑자기 변하고 말았다. 그는 군대를 보내 이스라엘 백성을 추격하게 했다. 앞으로는 홍해가 가로막고, 뒤로는 애굽 군대가 바짝 뒤쫓아 오는 그야말로 진퇴양난의 상황이었다. 하지만 이스라엘 백성이 지켜보는 가운데 하나님은 홍해를 갈라 통과할 길을 내셨다. 그럼에도 애굽 군대는 바다 한가운데까지 계속해서 쫓아왔고, 결국 거대한 물 벽이 허물어지며 그들을 집어삼켰다. 이스라엘 백성이 계속해서 광야를 지나는 내내 하나님은 의심할 여지없이 기적적인 방식으로 돌보셨다.

이스라엘 백성은 하나님의 놀라운 능력과 공급하심을 바로 눈앞에서 똑똑히 지켜보았다. 그리고 마침내 그들은 약속의 땅 입구에 섰다. 바로 하나님이 수백 년 전에 아브라함을 통해 약속하신 땅이었다. 이스라엘 백성은 수 세대에 걸쳐 그토록 기다려 온 순간을 맞이했다. 약속의 땅이 코앞에 있었다. 성경은 이렇게 기록한다. "여호와께서 모세에게 말씀하여 이르시되 사람을 보내어 내가 이스라엘 자손에게 주는 가나안 땅을 정탐하게 하되 그들의 조상의 가문 각 지파 중에서 지휘관 된 자 한 사람씩 보내라." 민 13:1-2

잊지 말라. 그곳은 약속의 땅이었다. 하나님은 모세에게 정탐꾼들을 '이미 약속된' 땅에 보내라고 명령하셨다. '내가 너희에게 줄까 말까 고민 중인 땅'이나 '나중에 너희에게 줄지 말지 의논해서 결정할 땅'에 가라고 말씀하신 게 아니다. 그곳은 엄연히 약속된 땅이었다. 하나님은 모세에게 그곳이 "내가 이스라엘 자손에게 주는" 땅이라고 말씀하셨다. 그 땅을 이스라엘 백성에게 주시는 것은 이미 결정된 사항이었다. "내가 이미 너희에게 주기로 작정한 땅을 정탐하기 위해 몇 사람을 보내라." 하나님은 그렇게 말씀하신 것이다.

또 하나님은 이렇게 말씀하시지 않았다. "그 땅에 가서 내가 그곳을 너희에게 줄 수 있을지 확인하고 오렴. 다녀와서 스왓^{SWOT} 분석과 리스크 분석 자료 제출하고. 참, 성공 가능성을 분석한 원형 차트도 잊지 말고 꼭 만들어 와야 한다. 네가 준 정보를 취합해 예수와 성령에게 전달할 것이다. 우리가 함께 충분한 논의를 거쳐 결정된 사항을 알려 주마." 정탐꾼들은 그 땅의 정복 가능성을 조사하기 위해 파견된 것이 아니었다. 그 땅은 이미 주시기로 약속하신 땅이었다.

열두 정탐꾼이 선발되었고, 모세는 그들에게 임무를 주면서 이런 말로 마무리했다. "그 땅의 실과를 가져오라."$^{민\ 13:20}$ 모세는 정탐꾼들이 그 땅에 들어갔을 때 무엇을 찾아야 할지 말해 주었다. 바로 열매였다. 열매는 하나님 약속의 증거였다.

열두 정탐꾼은 약속의 땅을 향해 걸어갔고, 모든 백성이 손을 흔들었다. 그리고 모두가 기다렸다. 무려 40일 동안. 이상하지 않은가? 내가 볼 때는 사흘이면 충분해 보인다. 그런데 정탐꾼들은 40일을 돌아오지 않았다. 이 40일 동안 사람들의 불안 수치가 점점 높아지지 않았을까? 이런 생각이 들지 않았을까? '이 사람들이 과연 돌아오기는 하는 건가? 돌아온다면 과연 와서 뭐라고 말할까?'

마침내 열두 정탐꾼이 보고서를 들고 돌아왔다. 그들의 보고서는 '시각'이 얼마나 중요한지를 보여 주는 좋은 사례다. 잊지 말라. 우리가 무엇을 보는지보다 그것을 어떻게 생각하는지가 중요하다. 시각이 가장 중요하며, 그것이 우리의 현실을 만들어 낸다.

> 모세에게 말하여 이르되 당신이 우리를 보낸 땅에 간즉 과연 그 땅에 젖과 꿀이 흐르는데 이것은 그 땅의 과일이니이다 그러나 그 땅 거주민은 강하고 성읍은 견고하고 심히 클 뿐 아니라 거기서 아낙 자손을 보았으며.
>
> / 민수기 13장 27절

이 보고서는 사실상 이런 의미이다. '하나님이 말씀하신 것처럼 그 땅은 더할 나위 없이 좋은 곳입니다. 그리고 말씀하신 대로 과일을 갖고 돌아왔습니다. 하지만……'

'하지만'은 시각과 관련해서 언제나 매우 위험한 단어이다. '하나님이 무슨 말씀을 하셨고 무슨 약속을 하셨는지 잘 안다. 하지만……' 열 명의 정탐꾼의 보고 역시 이런 뜻이었다. 그들은 이렇게 말했다. "하지만 그곳 주민들이 너무 강력합니다. 그 성은 그야말로 난공불락의 완벽한 요새더군요. 아낙 자손들을 직접 봤더니 키가 장대 같은 거인들이었어요. 우리가 상대하기에는 너무 거대합니다." 열 명의 정탐꾼은 부정적인 보고서를 내놓았다.

반면에 다른 두 명의 정탐꾼인 갈렙과 여호수아는 완전히 다른 보고서를 내놓았다. 열두 명이 다 같은 것을 보았지만, 서로 다르게 본 것이다.

> 갈렙이 모세 앞에서 백성을 조용하게 하고 이르되 우리가 곧 올라가서 그 땅을 취하자 능히 이기리라 하나.
> / 민수기 13장 30절

그들은 다 같은 것을 보았지만 그들의 실제 현실은 각자의 시각에 따라 결정되었다. 열 명의 정탐꾼은 돌아와서 이렇게 보고했다. "우리는 할 수 없습니다. 우리가 감당하기에는 너무 벅찬 일입니다." 반면에 두 명의 정탐꾼은 돌아와서 이렇게 말했다. "이 땅은 우리의 것입니다. 자, 어서 갑시다!"

열 명의 정탐꾼은 부정적인 시각 탓에 약속의 땅을 차지할 자신이 없었다. 그래서 가짜 뉴스를 퍼뜨렸다.

> 그와 함께 올라갔던 사람들은 이르되 우리는 능히 올라가서 그 백성을 치지 못하리라 그들은 우리보다 강하니라 하고 이스라엘 자손 앞에서 그 정탐한 땅을 악평하여 이르되 우리가 두루 다니며

> 정탐한 땅은 그 거주민을 삼키는 땅이요 거기서 본 모든 백성은 신장이 장대한 자들이며 거기서 네피림 후손인 아낙 자손의 거인들을 보았나니 우리는 스스로 보기에도 메뚜기 같으니 그들이 보기에도 그와 같았을 것이니라.
>
> / 민수기 13장 31-33절

여기서 우리는 시각이 현실을 얼마나 왜곡하는지 보여 주는 또 다른 문제점을 발견한다. 메뚜기 키를 약 2.5센티미터라고 치고 이스라엘 남자의 평균 키가 170센티미터라고 한다면 대략 68배의 수치다. 다시 말해, 자신을 메뚜기처럼 작게 보는 시각에서는 약속의 땅에 사는 사람들의 키가 100미터가 넘는다는 결론에 이른다. 우리의 생각을 사로잡지 않으면 잘못된 생각에 따라 시각이 형성된다. 그렇게 되면 눈앞의 난관은 과대평가하고 하나님의 능력은 과소평가하게 된다.

이스라엘 백성은 열 명의 정탐꾼이 내놓은 부정적인 보고에 어떻게 반응했을까? 큰 소리로 반박했을까? "무슨 소리! 우리는 살아 계신 하나님의 백성이야. 지금까지 하나님은 우리가 모든 어려움을 이겨 내도록 이끌어 주셨어. 우리의 역사는 곧 기적의 역사야. 앞으로 더 많은 기적이 일어날 거야!" 안타깝게도, 그들은 그러지 않았다.

> 온 회중이 소리를 높여 부르짖으며 백성이 밤새도록 통곡하였더라

이스라엘 자손이 다 모세와 아론을 원망하며 온 회중이 그들에게 이르되 우리가 애굽 땅에서 죽었거나 이 광야에서 죽었으면 좋았을 것을 어찌하여 여호와가 우리를 그 땅으로 인도하여 칼에 쓰러지게 하려 하는가 우리 처자가 사로잡히리니 애굽으로 돌아가는 것이 낫지 아니하랴 이에 서로 말하되 우리가 한 지휘관을 세우고 애굽으로 돌아가자 하매.
/ 민수기 14장 1-4절

부정적인 생각은 전염병처럼 퍼진다. 비관주의는 마치 전 세계를 휩쓰는 팬데믹처럼 번져 나간다. 모든 백성이 불평과 비판을 쏟아 내며 어서 애굽의 노예 생활 시절로 돌아가자고 난리를 쳤다. 하지만 다른 두 정탐꾼인 여호수아와 갈렙은 그들의 시각을 바꾸고자 노력했다.

그 땅을 정탐한 자 중 눈의 아들 여호수아와 여분네의 아들 갈렙이 자기들의 옷을 찢고 이스라엘 자손의 온 회중에게 말하여 이르되 우리가 두루 다니며 정탐한 땅은 심히 아름다운 땅이라 여호와께서 우리를 기뻐하시면 우리를 그 땅으로 인도하여 들이시고 그 땅을 우리에게 주시리라 이는 과연 젖과 꿀이 흐르는 땅이니라 다만 여호와를 거역하지는 말라 또 그 땅 백성을 두려워하지 말라 그들은 우리의 먹이라 그들의 보호자는 그들에게서 떠났고 여호와는 우리와 함께하시느니라 그들을 두려워하지 말라 하나.

/ 민수기 14장 6-9절

그들은 같은 것을 전혀 다르게 보았다. 열 명의 정탐꾼은 돌아와서 이렇게 보고했다. "우리는 밟혀 죽을 메뚜기와도 같다." 반면에 두 명의 정탐꾼은 돌아와서 이렇게 보고했다. "그들은 우리의 먹이다. 우리가 그들을 밟아 버릴 것이다."

두 명의 정탐꾼은 왜 그토록 확신으로 넘쳤을까? 이 선포가 바로 그 이유이다. "여호와는 우리와 함께하시느니라."

우리의 시각은 우리의 삶을 형성하고, 우리가 생각하는 것에 의해 형성된다. 여호수아와 갈렙은 내내 무엇에 대해 생각했을까? 답은 분명하다. 그들은 하나님이 자신들을 노예 생활에서 해방시키신 일, 그분이 애굽 사람들에게 재앙을 내리신 일, 그분이 홍해를 가르신 일, 그분이 광야에서 공급해 주신 만나, 그들이 목마를 때 그분이 바위에서 터져 나오게 하신 물을 떠올렸다. 이런 어마어마한 일을 행하신 분이 이 일을 해내시지 못할 리 없지 않은가?

다른 열 명의 정탐꾼은 내내 무슨 생각을 했을까? 일단, 방금 말한 것과 같은 일은 생각지도 못했을 것이다. 열 명의 정탐꾼은 오직 문제만을 보았고, 두 명의 정탐꾼은 항상 약속을 지키신 하나님의 임재와 능력만을 보았다.

건강한 시각을 위한 세 가지 점검

당신의 생각이 당신의 시각을 어떻게 형성하고 있는지 파악하기 위해 다음의 몇 가지 질문을 고민해 보기를 바란다. 이 질문들은 현재 당신의 시각이 어디에서 나온 것이며, 그 시각을 어떻게 바꿀 수 있는지를 보여 준다.

// 나는 무엇을 찾고 있는가 //

존 가트맨^{John Gottman} 박사는 세계적으로 손꼽히는 부부 관계 연구의 권위자이자 임상 심리학자이다. 그는 어떤 부부는 행복한 결혼 생활을 꾸려 가는 반면, 어떤 부부는 파경을 맞게 되는지 연구했다. 수년간 4만 명이 넘는 부부를 연구한 끝에 가트맨은 어느 부부가 이혼할지를 매우 정확하게 예측할 수 있게 되었다. 그 방법은 무엇일까? 그는 행복한 결혼 생활을 꾸려 가는 부부와 파경에 이르는 부부를 가르는 몇 가지 핵심 요인을 소개한다.[2] 짐작했을지 모르겠지만 그중 한 가지 요인은 시각이다.

가트맨에 따르면 결혼 생활의 달인들은 항상 인정하고 감사할 거리를 찾는다. 반면에 결혼 생활에 실패하는 부부들은 이와 정반대였다. 그들은 배우자의 실수를 찾고, 배우자가 바뀌어야 할 점과 개선할 점만 따진다. 가트맨은 결혼 생활의 달인들이 "긍정적 감정 우세^{positive sentiment override}"를 지니고 있다고 설명한다.[3] 그들은 배우자의 말이나 행동, 기분을 최대한 좋은 쪽으로 해석한다. 반면, 파경에 이르는 부부들은 "부정적 감정 우세 negative sentiment override"를 보인다. 이들은 행복한 가정을 꾸린 사람들과 같은 것을 보고도 나쁜 쪽으로 해석한다.

당신이 말하고 있는데 배우자가 잘 듣지 않는가? 그럴 때 긍정적 감정 우세를 지닌 결혼 생활의 달인들은 이렇게 생각할 것이다. '남편(아내)에게 뭔가 신경 쓰이는 일이 있는 것 같아. 뭔가 힘든 상황을 감당하느라 스트레스를 받고 있는지도 몰라.' 하지만 파경에 이르는 부부는 같은 상황에서 이렇게 해석할 것이다. '남편이(아내가) 나한테 전혀 신경 쓰지 않아. 정말 나쁜 사람이야. 항상 이런 식이지!'

결혼 생활의 건강을 결정하는 것은 대개 결혼 생활 안에서 일어나는 일이 아니다. 그 일을 부부가 어떻게 인식하느냐가 더 중요하다. 그리고 부부의 시각은 무엇을 찾고 무엇에 대해 생각하느냐에 따라 결정된다.

우리는 삶에서 무엇을 찾아야 하는가? 가장 좋은 시각을 가지려면 무엇을 생각해야 하는가? "끝으로 형제들아 무엇에든지 참되며 무엇에든지 경건하며 무엇에든지 옳으며 무엇에든지 정결하며 무엇에든지 사랑받을 만하며 무엇에든지 칭찬받을 만하며 admirable 무슨 덕이 있든지 excellent 무슨 기림이 있든지 praiseworthy, 이상 NIV 이것들을 생각하라." 빌 4:8

바로 이것이 우리가 찾아야 할 것이다. 바울은 우리의 시각을 형성하고 우리의 삶을 결정하는 생각들을 걸러 낼 일종의 필터를 제시한다. 수년 전 나는 깨끗한 물을 얻기 힘든 국가를 한 달간 다녀온 적이 있다. 그때 아내는 물속 오염 물질을 거를 수 있는 150달러짜리 물통을 사 주었다. 진흙탕의 물을 이 통에 넣고 필터를 통과시키면 마실 수 있는 물이 되었다. 그 필터는 바이러스와 박테리아, 기생충을 걸러 내 깨끗한 식수를 만들어 주었다.

빌립보서 4장의 이 목록은 생각들을 사로잡아 다스릴 때 그 생각들을 통과시켜야 할 정신적 필터라고 할 수 있다.

참된 생각인가?
경건한 생각인가?
옳은 생각인가?
정결한 생각인가?
사랑받을 만한 생각인가?
칭찬받을 만한^{감탄하고 존경할 만한} 생각인가?
덕이 있는^{탁월한} 생각인가?
기릴 만한^{높이 평가할 만한} 생각인가?

우리를 위해 너무도 많은 것을 해 주신 하나님이 계시기에 우리는 긍정적 감정 우세를 지니고 살아갈 수 있다. 다시 말해, 참되고 사랑받을 만하며 칭찬받을 만한 것들을 보고 그것들에 대해 생각할 수 있다.

〔 비유 〕

얼룩진 창문

크리스틴은 그림처럼 아름다운 해변 도시인 시뷰Seaview에 가 보는 것이 평생의 꿈이었다. 그녀는 인터넷에서 이 마을의 깎아지른 듯한 절벽, 자연 그대로의 모습을 간직한 해안, 숨이 막힐 만큼 아름다운 석양을 담은 사진을 수없이 보았다. 수년간 여행 자금을 모은 끝에 마침내 그녀는 바다가 내려다보이는 절벽 위의 집을 에어비앤비로 일주일간 예약했다. 평점이 매우 높은 집이었다.

크리스틴은 그 집에 도착하자마자 거실 벽에 달린 큼지막한 창문 앞으로 달려갔다. '리뷰마다 극찬한 바로 그 풍경이 드디어 내 눈앞에 펼쳐지리라!' 하지만 창문 앞에 이른 순간 크리스틴의 기대감은 실망감으로 바뀌었다. 창문 중앙에 작지만 눈에 띄는 얼룩이 있었다. 크리스틴은 그 얼룩을 무시하려고 애썼지만 그 흠에 자꾸만 눈길이 갔다. 한 시간 내내 그 얼룩을 지우려고 해 봤으나 조금도 지워지지 않았다. 아무래도 유리 속에 박혀 있는 얼룩인 듯했다.

그 집에 머무는 내내 크리스틴의 시선은 그 얼룩에만 고정되었다. 창문을 보면 그 너머 펼쳐진 윤슬이 반짝이는 바다나 가파른 절벽의 절경, 찬란한 석양이 보이지 않고, 오직 그 창문의 작은 얼룩에만 시선이 꽂혔다. 사진을 찍을 때도 그녀는 밖의 경관보다 창문의 얼룩이 도드라져 보이게 찍었다. 계속해서 얼룩만 눈에 들어

왔다. 결국 그녀는 그 얼룩이 더는 보이지 않도록 아예 창문에 커튼을 쳐 버렸다. 크리스틴은 속았다는 생각에 분통을 터뜨리며 휴가의 대부분을 집 안에서만 보냈다. 어쩌다 잠깐 밖에 나가도 파도 소리나 시원한 바닷바람을 누리지 못했다.

시뷰에서의 마지막 날, 크리스틴은 최악의 리뷰를 남겼다. "이 집의 경관에 다들 그렇게 열광하는 이유를 모르겠다. 내 눈에 보이는 건 더러운 창문뿐. 시뷰가 아름답다는 건 완전 사기이다."

크리스틴이 체크아웃을 하고 그곳을 떠나려 차에 올라탔을 때 한 젊은 부부가 그곳에 막 도착했다. 여성은 차에서 뛰어내리며 잔뜩 흥분한 목소리로 풍경을 가리켰다. "우아, 저 석양 좀 봐. 사진에서보다 훨씬 아름다워!" 그 이야기를 듣고 크리스틴은 차를 몰고 떠나면서 백미러를 봤다. 보라색과 분홍색으로 물든 하늘 아래로 장엄한 황금빛 태양이 지는 모습을 조금이라도 볼 수 있을까 싶어서였다. 하지만 이번에는 백미러에 묻은 얼룩이 눈에 들어왔고, 또다시 기분만 상했다.

당신은 무엇을 찾고 있는가? 당신이 보는 것 말고, 진정으로 찾는 것은 무엇인가? 무엇을 찾든 그것을 찾게 될 것이다. 열두 정탐꾼들은 열매를 찾아오라는 명령을 받았다. 열매는 하나님을 믿을 수 있다는 증거였다. 당신은 좋은 것을 찾고 있는가? 열매를 찾

고 있는가? 아니면 실망스러운 일을 찾고 있는가? 무엇이든 당신이 찾는 것을 발견하게 될 것이다. 당신은 기회와 장애물 중 무엇을 찾고 있는가? 아름다움과 걸림돌 중 무엇을 찾고 있는가? 가능성과 문제 중 무엇을 찾고 있는가?

열두 명의 정탐꾼들은 같은 것을 보았지만, 그중 열 명은 두려움의 렌즈로 바라본 결과 문제를 발견했고, 다른 두 명은 믿음의 렌즈로 바라본 결과 약속을 발견했다.

나는 두려움의 렌즈가 클로즈업 렌즈임을 발견했다. 이 렌즈는 시야를 좁게 만든다. 바로 코앞에 있는 것에만 초점을 맞춰 장애물이 실제보다 더 크게 보이게 만든다. 반면, 믿음의 렌즈는 광각 렌즈다. 이 렌즈로 보면 큰 그림이 보인다. 하나님을 간과하지 않고, 모든 것을 올바른 시각으로 볼 수 있다.

어떻게 하면 두려움의 클로즈업 렌즈를 믿음의 광각 렌즈로 바꿀 수 있을까? 의식적으로 '열매'를 찾으면 된다. 내 아내는 이것을 누구보다도 잘하는 사람이다. 코로나19 팬데믹 봉쇄 기간 동안 모든 사람의 시각이 부정적으로 변해 갔다. 하지만 그 와중에도 내 아내는 매일 감사 일기를 쓰며 하루를 시작했다. 아내는 자신의 삶을 돌아보며 감사할 거리를 세 가지씩 기록했다. 그렇게 아내는 매일 열매를 찾으며 아침을 열었다. 아내는 자신의 생각을 사로잡으며 하루를 시작한다. 빌립보서 4장 8절에 나오는 것들을 일부러 찾아 그것들을 자주 생각한다. 당신은 무엇을 찾고 있는가? 그것이 무엇이든 그것을 찾게 될 것이다.

솔직히 나는 이렇게 하는 것이 참 어렵다. 오래전 바로 이 주제로 한 설교 원고를 쓰던 중에 내 부족함이 여실히 드러났다. '참되고 경건하고 정결하고 사랑받을 만한 것들'을 찾고 그것들에 생각을 집중하는 것에 대한 설교를 준비하는 기간에 우리 집에 도둑이 들었다. 5개월 사이에 두 번째 일어난 절도 사건이었다. 첫 번째 절도 사건은 우리가 주일 오전에 교회에 있을 때 벌어졌다. '도둑이 우리가 교회에 있는 줄 알고 있었던 게 틀림없어!'라는 생각을 하며 분통을 터뜨렸다. 화가 났지만 우리는 좋은 태도를 유지하려고 애를 썼다. 그때는 담담히 경찰서에 신고하며 속으로 생각했다. '그래, 살다 보면 이런 일도 일어나는 법이지.'

그런데 이런 일이 또다시 일어난 것이다. 하지만 이번에는 좋은 태도로 반응하지 못했다. 도둑들은 내 컴퓨터와 아이패드를 가져갔는데, 하필 최근에 한 작업들을 다른 곳에 아직 백업하지 않은 상태였다. 화가 머리끝까지 났다. 불평하지 않고 싶었지만 입에서 절로 불평이 터져 나왔다.

그 주의 어느 날, 나는 여전히 좋지 않은 기분에 사로잡혀, 사람들을 붙잡고 그 일에 관한 불평을 한바탕 늘어놓던 참이었다. 내 비서 일을 맡은 교회 간사가 다가와 이렇게 말했다. "목사님, 기도가 필요한 일이 있어요." 간사는 우리 교회에서 후원하는 한 젊은 선교사 부부의 소식을 전해 주었다. 그들은 소말리아에서 사역하는 갓난아기를 둔 선교사 부부였다. 그런데 그들이 복음을 전한 죄로 체포되어 감옥에 갇혀 있다는 긴급 기도 제목이었다. 나는 하던 일을 즉시 멈추고 이 젊은 부부를 위해 기도했다. 내 렌즈가 살짝 바뀌는 순간이었다. 답답하고 짜증 났던 내 상황을 다른 관점에서 바라보게 되었다.

같은 날, 목사실에 가니 책상 위에 누군가가 보내온 책 한 권이 있었다. 제목은 "최전선에서 핍박받는 그리스도인들과 함께한 40일"이었다. 나는 그 책을 읽다가 고백하게 되었다. '주님, 무슨 말씀을 하시려는지 알겠습니다!'

나는 목사실에서 나와 간사에게 말했다. "오늘 내 태도가 좀 안 좋았지요? 미안합니다. 소말리아 선교사 부부의 기도 제목을 듣고, 또 내 책상 위에 놓여 있던 책을 읽고 나니 모든 걸 바라보는 관점이 바뀌었어요." 간사는 이렇게 답했다. "그러실 줄 알았어요."

나는 내 얼룩에만 눈이 멀어 큰 그림을 보지 못하고 있었다. 세상 모든 사람이 저마다 힘겨운 싸움을 하고 있다. 당시 내 시각은 엉망이었다. 나는 내 얼룩이 아닌 다른 것을 찾아야 했다. 다시 말해, 내 시각을 바꾸어야 했다.

당신은 무엇을 찾고 있는가?

// 나는 누구 말에 귀를 기울이고 있는가 //

우리가 누구 말에 귀를 기울이냐에 따라 우리의 시각이 형성되고 우리가 무엇을 볼지가 결정된다. 열두 명의 정탐꾼이 돌아왔을 때 열 명은 두려움에서 나온 부정적인 보고를 내놓았고, 두 명은 믿음에서 나온 낙관적인 보고를 내놓았다. 당신은 이들 중 누구 말에 귀를 기울이는가? 여기에 많은 것이 달려 있다. 200만 이스라엘 백성들은 결정해야 했다. 두 명과 열 명 중 누구의 말을 들을 것인가?

이렇게 부정적인 의견과 긍정적인 의견이 10 대 2의 비율로 나뉜 상황에 대해 생각하다가 문득 요즘 세상도 마찬가지라는 생각이 들었다. 조사를 의뢰한 건 아니지만, 현대 세상에서도 부정적인 의견과 긍정적인 의견은 10 대 2로 갈리는 것 같다. 이것이 문제이다. 이는 누구 혹은 무엇에 귀를 기울일지를 매우 신중하게 결정해야 한다는 뜻이다.

매일같이 인터넷 서핑을 하고, 24시간 뉴스 채널을 시청하고, 계속해서 텔레비전 채널을 돌리고, 쉴 새 없이 소셜 미디어 피드를 훑어보면 마음속에 참되고 정결하고 경건하고 칭찬받을 만한 것이 가득 찰 수가 없다. 부정적이거나 비판적이거나 험담하기 좋아하는 친구들과 어울리면 경건하고 사랑받을 만하고 덕이 있는 것들에 대해 생각하기 어렵다.

결국 이스라엘 백성 모두가 열 명의 정탐꾼 의견을 듣기로 결정했다. 왜 그들은 믿음 있는 자들의 말이 아닌 믿음 없는 자들의 말에 귀 기울이기로 선택했을까? 왜 그들은 하나님께 시선을 고정한 자들이 아닌 그분을 무시하는 자들의 말을 들었을까? 그 이유 중 하나는 10 대 2라는 숫자에 있다. 만약 열 명이 긍정적인 보고를 가져오고 두 명만 부정적인 보고를 내놓았다면 이야기는 달라졌을 가능성이 높다.

오늘날 우리도 마찬가지로, 믿음 충만하고 두려움 없고 긍정적이고 건설적인 의견을 두 가지 듣는 동안 믿음 없고 두려움만 가득하고 부정적이고 비판적인 의견을 열 가지 듣는다. 우리의 생각도 이스라엘 백성처럼 악영향을 받고 있다.

이스라엘 백성은 두 명이 아닌 열 명의 말을 듣는 바람에 40년간 광야에서 방황해야 했다. 하나님은 "너희는 그 땅을 정탐한 날수인 사십 일의 하루를 일 년으로 쳐서" 그 기간 동안 광야를 헤매게 될 것이라고 말씀하셨다.[민 14:34] 40년 뒤 그 불신의 세대는 모두 세상을 떠났고, 그중에서 오직 두 정탐꾼인 갈렙과 여호수아만 약속의 땅에 들어갔다. 당신은 누구 말에 귀를 기울이고 있는가?

내 친구가 얼마 전 중독 재활을 마쳤다. 그는 가장 힘든 시간이 한밤중이라고 했다. 침대에 누우면 부정적인 목소리들이 아우성치기 시작했다. '네 삶은 완전 엉망진창이야. 넌 회복되기에는 너무 심하게 망가졌어. 네 아내는 영영 널 예전처럼 보지 않을 거야. 넌 돌이킬 수 없어. 하나님도 너한테 등을 돌리셨다고!'

이런 목소리에 귀를 기울이면 온몸에서 힘이 쭉 빠졌다. 그 친구는 이어폰을 끼고 〈길을 만드시는 분 Way Maker〉이라는 찬양을 반복해 들으면서 부정적인 목소리들을 잠재우기로 결심했다. 친구는 이 찬양을 따라 부르며 하나님을 높였다. "새 길을 만드시는 분, 큰 기적을 행하시는 분, 그는 우리 하나님. 약속을 지키시는 분, 어둠 속을 밝히시는 빛, 그는 우리 하나님."[4] 이 찬양을 들을수록 긍정적 감정 우세가 이루어졌다. 그가 귀를 기울이는 것이 그의 생각을 바꾸었고, 그 생각이 다시 그의 시각을 바꿔 놓았다.

∥ 무엇을 곱씹을 것인가 ∥

2002년, 영화 〈뷰티풀 마인드 A Beautiful Mind〉는 아카데미 작품상을 수상했다. 이 영화는 프린스턴대학교 Princeton University에서 공부한 천재 수학자인 노벨 수상자 존 내시 John Nash의 삶을 다룬다. 내시는 냉전이 한창일 당시 소련 암호 해독을 위해 미국 정부에 고용되었다. 조현병을 앓던 내시는 머릿속에서 자신을 비난하는 목소리를 끊임없이 들었고, 그로 인해 현실과 환각을 분간할 수 없는 지경에 이르렀다. 그는 수학 계산을 할 수도, 어린 아들을 돌볼 수도, 아내와 친밀하게 지낼 수도 없게 되었다.

내시는 정신 질환을 극복하기로 결심했고, 마침내 해냈다. 1994년, 노벨 위원회의 토머스 킹 Thomas King은 내시의 정신 상태를 확인하기 위해 그를 만났다. 그때 내시는 킹에게 이렇게 말했다. "저는 미쳤습니다. 새로운 약을 복용하고 있지만 존재하지 않는 것들이 아직 보입니다. 단지 그것들을 인정하지 않기로 했을 뿐입니다. 저는 마치 마음 다이어트를 하듯 특정한 욕구들을 채우지 않기로 선택했습니다."[5]

이 표현이 정말 마음에 든다. "마음 다이어트." 나도 특정한 욕구들을 채우지 않기로 했다. 누구나 자신의 몸 상태가 마음에 들지 않을 때가 있다. 그럴 때 우리는 먹는 음식을 스스로 선택할 수 있다는 것을 깨닫는다. 이 선택의 자유를 지금까지 누리지 않았다 해도 이 자유는 엄연히 우리에게 있다. 그리고 우리는 다이어트를 하기로 선택할 수 있다. 지금부터 탄수화물, 단 음식, 냉동식품을 먹지 않기로 할 수 있다. 쉽지 않지만 그것이 이치에 맞는 일이기에 건강을 위해 우리는 그렇게 하기로 선택한다.

마찬가지로 우리에게는 무엇에 대해 생각할지 선택할 자유가 있다. 그렇다. 원치 않는 생각들이 우리 안에 침입하려고 우리 마음 문을 세차게 두드린다. 하지만 그것들을 안으로 들일지 말지는 우리 스스로 '선택할' 수 있다.

예수님은 "염려하지 말라"라고 말씀하셨다.[마 6:25] 이는 스트레스를 받을 만한 일이 우리 삶에 하나도 일어나지 않거나, 걱정스러운 생각이 우리 마음의 문을 결코 두드리지 않으리라는 뜻이 아니다. 그런 상황에서 그것들에 대해 생각하지 않기로 선택하라는 말씀이다. 우리는 하나님에 대해 생각하기로 선택해야 한다. 왜냐하면 성경에서 이렇게 말하고 있기 때문이다. "주님을 신뢰하고, 주님께 생각을 고정한 모든 이들을 주께서 완전한 평안 가운데 지키실 것이다."[사 26:3, NLT]

성경의 이런 개념을 현대 과학이 증명하고 있다. 불안한 상황을 곱씹는 것, 즉 반복적인 부정적 사고의 효과에 대한 연구가 이루어진 적이 있다. 짐작했겠지만 부정적인 생각에 몰두하면 불안이 악화되고 걱정 수치가 높아지는 것으로 드러났다.[6] 해법은 무엇일까? 불안한 상황을 곱씹지 않는 것이다.

우리는 무엇에 대해 생각할지 선택할 수 있고, 우리에게는 우리가 '옳은 선택을 하고 그 선택에 따라 살 능력'을 주고 싶어 하시는 하나님이 계신다. 빌립보서 4장에서 말한 것처럼 참되고 경건하고 옳고 정결하고 사랑받을 만하고 칭찬받을 만하고 덕이 있고 기릴 만한 것을 골똘히 생각하고서 당신의 시각과 삶이 어떻게 변하는지 지켜보라.

하루는 우리 아들이 내게 당분간 식단을 바꿀 것을 권했다. 하지만 나는 아들이 추천해 준 식단대로 먹으면 필요한 칼로리를 충분히 섭취할 수 없다고 반박했다. 그러자 아들은 언짢은 투로 말했다. "아빠는 너무 많이 먹어요. 그리고 아빠는 많이 먹지 않으면 칼로리를 충분히 섭취할 수 없다는 핑계를 대고 있어요. 그런데 사실 아빠가 신경 쓰지 않아서 그렇지, 지금 아빠가 먹는 음식은 칼로리가 너무 높다고요." 아들은 내가 무엇을 먹는지 계속해서 신경을 쓸 수 있도록 식단 일기를 써 보라고 했다.

다음 문장을 최대한 빈정거리는 투로 읽어 달라. "식단 일기 쓰기는 정말 재미있다." 아들은 내 식단 일기장을 수시로 확인하면서 묻는다. "아빠, 이 과자는 뭐예요? 이 사탕은 뭐고요?" 그때마다 나는 엄청난 참을성을 발휘하면서 설명한다. "거짓말을 하려는 건 아닌데, 어, 내가 그런 걸 먹었었나? 기억이 잘 안 나네."

사실, 식단 일기를 쓰면서 내 식습관의 현주소를 제대로 파악할 수 있었다. 난생처음 내가 무엇을 먹는지를 정확히 알고서 먹게 되었고, 내 식단이 내 건강과 삶에 영향을 미친다는 사실을 분명히 보게 되었다. 눈이 번쩍 뜨이는 이 경험을 하고 나서 이런 생각을 하게 되었다. '같은 원칙을 우리의 생각에 적용하면 어떨까? 우리의 마음을 더 건강하고 더 긍정적으로 가꾸기 위해 생각 다이어트를 하면 어떨까?'

식단 일기를 쓰기 전까지는 우리가 얼마나 많이 건강에 해로운 음식을 섭취하는지 깨닫지 못하는 것처럼, 우리는 우리의 정신적 전경을 지배하는 부정적인 생각의 패턴을 의식하지 못할 때가 많다. 하지만 이런 패턴을 의식하면 긍정적인 변화를 시작할 수 있다. 그러니 이 생각 다이어트를 시도해 보길 바란다. 당신의 생각 식습관이 이미 건강하다고 생각해도 뜻밖의 사실이 드러날지도 모른다. 자, 마음의 건강을 챙길 준비가 되었는가?

〖 생각 다이어트 〗

1. **생각 기록**   일주일 동안 매일 생각 일기장에 생각을 기록하라. 생각을 판단하거나 바꾸려 하지 말고, 그저 있는 그대로 쓰라. 이 일기장을 자신의 마음의 식단 일기라고 생각하라. 더 자세한 내용은 부록을 참고하길 바란다.
2. **생각 분류**   일주일 뒤 일기 내용을 검토해, 생각들을 다음 범주들로 분류하라.
   ― '정크 푸드' 생각 : 부정적인 자기 대화, 걱정, 불평, 정욕,

이기심

　　— '공허한 칼로리Empty calorie' 생각 : 비생산적인 곱씹기,
　　지나친 소셜 미디어 사용

　　— '건강한 간식' 생각 : 긍정적인 자기 대화, 감사, 문제 해결

　　— '영양 만점' 생각 : 성경 묵상, 찬양 부르기, 의미 있는 성찰

3. **생각 유발 요인**　특정 상황이 건강하지 못한 식습관을 유발하는 것처럼, 당신의 '정크 푸드' 생각들을 일으키는 원인을 찾아내라. 스트레스인가? 특정 사람인가? 아니면 하루 중 특정 시간인가?

4. **생각 메뉴**　수시로 떠올릴 긍정적인 생각들이나 성경 구절 목록을 만들라. 이것들은 정신적 활력을 얻기 위한 '건강한 간식'이다.

5. **생각 대체**　당신이 '정크 푸드' 생각에 빠져 있음을 알아차리면, '생각 메뉴'에 있는 건강한 생각으로 의식적으로 대체하라.

6. **생각 분별**　어떤 생각에 사로잡히기 전에 잠시 멈춰 서서 '이 생각이 내 마음에 영양을 주고 있는가?'라고 스스로에게 물어보라.

7 **생각 식단 준비**　건강한 식단을 미리 준비하듯, 하루를 시작할 때 집중할 몇 가지 긍정적인 생각을 의식적으로 선택하라.

지금까지 제시된 방법들을 잠시 훑어본 후, 당신에게 가장 적합하며 당장 실천할 수 있는 두세 가지를 정해 보라.

chapter 11.

말씀 선포로,
내 안의 거짓을 깨부수다

사방에 죽음이 가득했다. 죽음의 골짜기. 말라서 부서지기 쉬운 뼈. 에스겔의 시선이 닿는 곳까지 죽은 뼈가 가득했다. 당시는 이스라엘 역사에서도 매우 힘든 시기였다. 바벨론 군대가 쳐들어와 이스라엘 백성을 포로로 잡아갔다. 에스겔은 그때 포로로 붙잡혀 바벨론으로 끌려간 사람 중 한 명이었다. 하지만 하나님이 불가능해 보이는 상황을 향해 말씀하시면 능력이 나타난다. 하나님은 에스겔이 이 점을 이해하기를 원하셨다.

에스겔은 하나님이 주신 예언적 환상을 기록했다.

여호와께서 권능으로 내게 임재하시고 그의 영으로 나를 데리고 가서 골짜기 가운데 두셨는데 거기 뼈가 가득하더라 나를 그 뼈 사방으로 지나가게 하시기로 본즉 그 골짜기 지면에 뼈가 심히 많고 아주 말랐더라 그가 내게 이르시되 인자야 이 뼈들이 능히 살 수 있겠느냐 하시기로 내가 대답하되 주 여호와여 주께서 아시나이다 또 내게 이르시되 너는 이 모든 뼈에게 대언하여 이르기를 너희 마른 뼈들아 여호와의 말씀을 들을지어다 주 여호와께서 이 뼈들에게 이같이 말씀하시기를 내가 생기를 너희에게 들어가게 하리니 너희가 살아나리라 너희 위에 힘줄을 두고 살을 입히고 가죽으로 덮고 너희 속에 생기를 넣으리니 너희가 살아나리라 또 내가 여호와인 줄 너희가 알리라 하셨다 하라.

/ 에스겔 37장 1-6절

하나님은 에스겔에게 이렇게 말씀하셨다. "이 죽은 뼈들이 다시 살아날 수 있겠느냐?"

이 질문은 에스겔뿐만 아니라 우리에게도 너무나 중요하다. 도무지 가망이 없어 보이는 것들이 있다. 너무 메마른 것, 너무 심하게 부서진 것, 너무 깊이 뿌리를 내린 것, 너무 오래된 것, 완전히 죽어 버린 것.

당신의 부부 관계가 생명력이 없다고 느껴지는가? 자녀 중 한 명과의 관계가 산소호흡기에 의지해 겨우 유지되고 있는가? 슬픔이 당신의 기쁨을 철저히 죽였는가? 당신의 자존감이 메말라 있는가? 당신의 재정 상태가 죽어 이미 땅속에 깊이 묻혔는가? 미래에 대해 품었던 소망이 오래전에 세상을 등졌는가? 이 죽은 뼈들이 과연 다시 살아날 수 있을까? 살아난다 해도 어떻게 살아날 것인가?

하나님은 뼈에 살과 근육과 피부를 입히고 생명을 불어넣겠다고 에스겔에게 약속하셨다. 그리고 지금 우리에게도 똑같은 약속을 해 주신다. 그런데 다시 말하지만, 어떻게?

하나님은 죽은 뼈들에 생명을 불어넣기 위해 에스겔에게 무엇을 하라고 명령하셨는가?

말하라.^{Speak} 기도하거나, 상상하거나, 만지거나, 일하라고 한 것이 아니다. 그저 말하라고 하셨다. 흐느끼며 웅얼거리는 아이를 달래는 엄마가 말하듯이, 하나님은 에스겔에게 '네 말을 사용하라' 고 말씀하셨다. 바로 그 말에 죽은 자들이 "살아나리라." 그러면 "내가 여호와인 줄 너희가 알리라." 겔 37:6

에스겔은 하나님이 시키신 일에 조금의 의심도 품지 않았다. 그는 이렇게 대답하지 않았다. "좋습니다. 우리 집 골방에서 기도를 시작하겠습니다." "이 문제를 기도 제목 리스트에 써 넣고 속으로 기도하겠습니다." "전략적 계획을 수립하는 작업에 돌입하겠습니다." "긍정적인 마음가짐을 갖고 제가 원하는 상황을 마음속에 그리겠습니다."

대신 그는 이렇게 말했다.

"이에 내가 명령을 따라 대언하니." 겔 37:7

그날 에스겔이 얻은 강력한 깨달음은 오늘날 우리 역시 받아들여야 할 메시지이다. 바로 '소리 내어 말하기'에 강력한 힘이 있다는 것이다. 우리가 하는 말에는 우리의 파괴적이고 메마르고 죽은 생각들에 생명을 불어넣는 힘이 있다.

말은 세상을 창조한다

하나님은 에스겔에게 마른 뼈 하나하나를 마사지해서 되살리라고 명령하실 수도 있었다. 혹은 긍정적인 생각을 하거나 기도하거나 마른 뼈들을 위해 격려의 메모를 쓰게 하실 수도 있었다. 하지만 하나님은 그러시지 않고 에스겔에게 말을 하라고 하셨다. 소리 내어. 이것은 다름 아니라, 창조주 하나님이 세상을 창조하신 방식이었다. 그분은 '말씀'으로 세상을 존재하게 하셨다. 그분의 말씀에 능력이 있다.

성경에 예수님이 죽은 자들을 살리신 사건이 세 번 나온다. 그분은 죽은 소녀, 죽은 소년, 죽은 친구 나사로를 살리셨다. 어떤 방법으로 살리셨냐면…… 말씀을 하셨다. "청년아 내가 네게 말하노니 일어나라."눅 7:14 "아이야 일어나라."눅 8:54 "나사로야 나오라."요 11:43

말은 하나님이 세상에서 능력을 발휘하기 위해 선택하신 도구이다. 하나님은 말씀으로 세상을 창조하셨다. '당신의' 세상도 말로 창조되었다. "죽고 사는 것이 혀의 힘에 달렸나니."잠 18:21 "경우에 합당한 말은 아로새긴 은 쟁반에 금 사과니라."잠 25:11 메시지 성경은 이 구절을 이렇게 번역한다. "제때 나온 알맞은 말은 맞춤 제작한 보석 같고."

초등학교 3학년 때 안경을 맞추고 처음 학교에 갔던 날이 너무도 생생하게 기억난다. 나는 안경을 쓴 내 모습이 너무나 우스꽝스러워 반 친구들이 나를 보자마자 깔깔거리며 비웃을 거라 생각했다. 설상가상으로 내가 쓴 안경은 촌스럽기 짝이 없었다. 이래저래 정말 얼간이 같은 모습이었다. 아니나 다를까 내가 교실에 들어서자 두어 명의 친구가 박장대소를 터뜨렸다. 이어서 반 전체가 웃음바다로 변했다. "바보래요~바보래요~"라는 합창이 교실 전체에 울려 퍼졌다. 그 광경이 지금도 생생하다. 그때 우리 반 담임이었던 지스 선생님은 아이들을 조용히 시키고 나서 나를 앞으로 불렀다. 나는 울지 않겠노라 마음을 먹으면서 고개를 푹 숙인 채 쭈뼛거리며 앞으로 나갔다.

우리 반 아이들 모두가 지스 선생님이 정말 예쁘다고 생각했고 선생님을 많이 좋아했다. 선생님은 대학을 갓 졸업한 신참 교사였고, 선생님의 애인은 근처 대학교의 멋진 미식축구 선수였다. 내가 반 친구들 앞에 섰을 때 전혀 몰랐던 사실은, 그 순간 나 자신을 보는 시각에 관한 신경 경로들이 형성되고 있었다는 것이다. 지스 선생님은 반 전체 앞에서 이렇게 말했다. "카일, 새 안경을 썼네." 선생님은 마치 아무도 그 사실을 눈치채지 못한 것처럼 그렇게 말하더니 이렇게 덧붙였다. "그런데 너, 누구랑 닮은 거 알아? 선생님이 볼 때는 네가 안경 쓰니까 클라크 켄트 Clark Kent를 닮은 거 같은데?"

세상에, 내가 무려 '슈퍼맨'을 닮았다는 말이었다. 쥐구멍에라도 숨고 싶은 비참한 심정은 순식간에 슈퍼 히어로가 된 듯한 자신감으로 바뀌었다. 그해 내내 나는 거울에 비친 안경 쓴 내 모습을 보며 줄곧 슈퍼맨을 떠올렸다. 물론 눈을 가늘게 뜨고 봐야 했지만 분명 슈퍼맨처럼 보였다. 선생님은 제때 알맞은 말을 해 주셨고, 덕분에 나는 나 자신에게 할 말을 얻었다.

나는 소셜 미디어에서 지인들에게 물었다. "지금까지 여러분에게 생명을 불어넣은 말에는 어떤 말들이 있나요?" 몇 사람의 답변을 소개하면 다음과 같다.

"커서 아저씨처럼 되고 싶었어요."

"선생님은 제가 가장 좋아하는 선생님이에요."

"당신을 위해 기도하고 있어요."

"얘들아, 오늘 밤 너희 엄마 정말 아름답지 않니?"

"잘 자요, 공주님."

"엄마는 최고의 엄마예요."

"친구, 오늘 밤 연주 끝내줬어."

"당신의 목소리는 하나님이 주신 선물이에요."

"나중에 너랑 결혼하는 사람은 정말 복받은 사람이야."

"성과도 성과지만, 자네의 인품이 성과보다 더 자랑스럽네."

"매일 더 예뻐지는군."

"자네만큼 열심히 일하는 사람을 본 적이 없어."

말에는 죽음의 힘도 있다. 나는 "여러분에게 큰 상처를 입혀 기억 속에 깊이 각인된 죽음의 말에는 어떤 말들이 있나요?"라는 질문도 했다. 몇 사람의 답변을 소개하면 다음과 같다.

"내가 25년간 학생들을 가르치면서 본 최악의 공연이었네."

"아무도 너와 함께하지 않으려 할 거야. 넌 하자품이야."

"넌 너무 게을러."

"넌 별로 똑똑하지 못해."

"넌 왜 누나처럼 못 하니?"

"곧 잘릴 준비나 해라."

"넌 태어나지 말았어야 해."

"넌 쓸모없는 녀석이야."

"너와 네 형은 내 인생의 걸림돌이야."

"세상 그 누구도 너와 결혼하지 않으려고 할 거야."

"넌 우리를 실망시켰어."

"너 말고 다른 사람을 만나기로 했어."

이런 말을 들으면 뼛속까지 얼얼하지 않은가? "칼로 찌름같이 함부로 말하는 자가 있거니와."잠 12:18 그리고 다른 사람들이 한 파괴적인 말이 우리가 자신에게 하는 말이 되는 경우가 많다. 반면, 적절한 말은 생명을 준다. "경건한 사람의 말은 생명을 주는 샘이다."잠 10:11; ESV

말은 생각을 표현함과 동시에, 생각을 만들어 내고 강화한다. 우리가 하는 말은 원하든 원치 않든 무의식적인 우리의 마음을 형성한다. 그런데 우리는 이를 잘 알아채지 못한다. 씨앗이 뿌려지는 시점과 열매가 맺히는 시점 사이에 시간 간격이 있기 때문이다. 하지만 분명 우리가 말할 때마다 우리의 귀가 듣고, 그 말 하나하나가 우리의 마음속에 심긴 씨앗이 된다.

반복된 생각은 신경 경로를 만들어 낸다. 생각 하나하나가 마치 가지들을 베어 기존의 길을 넓히는 작은 도끼와도 같다. 하지만 그 생각을 입으로 표현한 말은 아예 길을 뚫는 전기톱과도 같다. 생각을 입으로 말하는 것은 강력한 힘을 발휘한다. 우리가 입으로 내뱉은 말은 그 말을 뒷받침하거나 그 말과 일치하는 정보에 관심을 기울이는 뇌의 부분인 망상활성계^{RAS}를 활성화한다. 우리의 말은 우리의 뇌가 특정한 것을 찾고 그것에 관심을 기울이도록 훈련시킨다.

우리의 말로 세상을 창조할 수 있으니 우리가 하는 말, 특히 자신에게 하는 말을 더욱 조심해서 해야 한다. 당신이 자신이나 다른 이들에게 하는 말에 대해 3분간 생각해 보라. 아래 표에 적힌 단어들을 보고 각 칸에서 당신이 주로 쓰는 단어에 동그라미를 치라. 우리가 하는 말은 우리의 생각을 형성하기에 그 말에 대해 생각해 보는 시간이 반드시 필요하다. 이 시간을 충분히 가지라.

화난	은혜로운
불평하는	희망을 주는
가혹한	부드러운
분개한	친절한
부정적인	긍정적인
불안한	확신에 찬
정죄하는	자비로운
험담하는	축복하는
비판적인	격려하는
짜증 난	감사하는
몰아붙이는	참을성 있는
잔소리하는	격려하는

부주의한 말의 위험성

고등학교 3학년 때 댈러스로 수학여행을 갔다. 거기서 여러 친구들과 어울려, 번지점프를 하는 한 남자를 구경했다. 그곳은 몇 십 미터 상공에서 떨어지는 당시 미국에서 가장 높은 번지점프 시설 중 하나였다. 내가 기억하기로는 그랬다. 우리는 직원들이 한 남자의 발목에 줄을 묶는 모습을 지켜보았다. 곧바로 그 남자는 까마득한 점프대에서 수십 미터 아래로 뛰어내렸다가 튀어 올랐다.

그 순간, 친구들 앞에서 강해 보이고 싶었던 나는 나도 모르게 불쑥 이렇게 말하고 말았다. "저 정도는 나도 할 수 있어. 하지만 여기에 40달러나 쓸 수는 없지." 아마도 그 시절의 나는 내가 번지점프를 할 수 있을 만큼 용감하지만 거기에 돈을 쓸 만큼 무모하지는 않다는 사실을 모두에게 보여 주고 싶었던 것 같다. 그런데 내 뒤에서 수군거리는 소리가 들리더니 우리 반의 한 여자아이가 호주머니에서 20달러짜리 지폐를 꺼내며 묻는 게 아닌가! "카일, 이걸 보태면 될까?"

'아…….' 내가 높은 곳을 지독히 싫어한다는 말을 했던가? 하지만 나는 높은 곳보다 창피한 걸 더 싫어한다. 그래서 그 20달러를 받고서 후들거리는 다리로 점프대까지 갔다. 점프대 앞에 도착해 커다란 고무 밴드를 내 발목에 묶어 내 생명을 보존해 줄 사람을 쳐다보니 안 그래도 없던 자신감이 바닥까지 떨어졌다. 그는 세븐일레븐 유니폼을 입고 있었다. 정말이다. 나는 번지점프 줄의 강도를 점검하는 데 평생을 바친 항공 공학자를 기대했지만, 이 안전요원은 마치 편의점에서 아르바이트하다가 잠시 부업하러 들른 학생처럼 보였다. 사람들이 번지점프를 하다가 죽지 않도록 해 주는 일은 기껏해야 그의 부업 같았다.

마침내 나는 점프대 위에 섰다. 한참 저 아래에 있는 친구들을 내려다보니 땅에서 볼 때보다 훨씬 더 높게 느껴졌다. 나는 그 안전요원을 돌아보며 말했다. "아, 아, 아무래도 못 하겠어요!" 하지만 그는…… 아무 말도 하지 않았다.

나는 나를 지켜보는 친구들을 다시 내려다보았다. 그러고 나서 직원에게 물었다. "저를 힘껏 떠밀어 주실래요?" 이번에도 그는…… 아무 말도 하지 않았다.

나는 다시 물었다. "그냥 살짝이라도 밀어 주실래요?" 그제야 그는 입을 열었다. "음, 고객을 미는 건 불법입니다."

"법을 잘 준수해 주셔서 고맙군요. 혹시 다른 좋은 아이디어 없으신가요?" 내 물음에 그는 잠시 생각에 잠겼다가 말했다. "눈을 감고 뛰어내리면 좀 괜찮을 수도 있어요." 그리고 이렇게 덧붙였다. "그건 누구나 할 수 있죠."

나는 속으로 생각했다. '음, 누구나 할 수 있다면 나도 할 수 있겠지, 뭐.' 그렇게 나는 눈을 감고 번지점프를 했다. 아니, 번지 추락. 정말 신났다. 아니, 정말 정말 무서웠다.

그날 나는 한 가지 중요한 가르침을 얻었다. 정말 말조심하자! "저 정도는 나도 할 수 있어. 하지만 여기에 40달러나 쓸 수는 없지"라는 말을 함부로 내뱉었다가는 자칫 수십 미터 아래로 떨어질 수 있다.

예수님도 부주의한 말에 대해 경고하셨다. "내가 너희에게 말한다. 이 부주의한 말 한 마디 한 마디가 되돌아와서 너희를 괴롭힐 것이다. 결산의 날이 올 것이다. 말에는 막강한 힘이 있다. 말에 신중을 기하여라. 말이 너희를 구원할 수도 있고, 너희를 저주할 수도 있다."마 12:36-37, 메시지

예수님은 우리가 신중하게 하지 않는 말까지 포함해 우리가 하는 모든 말을 매우 중요하게 여기신다. 그분은 심지어 우리가 부주의하게 한 말에도 '생사를 결정하는 힘이 있다'고 경고하신다. 따라서 우리는 다른 사람에게 하는 부주의한 말뿐 아니라 자신에게

하는 부주의한 말에도 관심을 기울여야 한다. 우리에게 상처를 준 말이 우리 삶의 배경음악이 되어 버리는 경우가 너무도 많다.

한 교사에게서 "넌 똑똑하지 못해"라는 말을 듣고 난 뒤부터 그 말을 매일 스스로에게 하게 될 수 있다. 처음에는 남이 한 말이지만, 우리가 그 말을 반복해서 하면 우리 마음속에 그것에 관한 신경 경로가 굳어진다. 아버지에게서 "넌 아무것도 해낼 능력이 없어"라는 말을 듣고 나서, 그 거짓말을 자신의 주제곡으로 삼아 반복적으로 자신에게 부를 수 있다.

잊지 말라. 우리가 진실로 믿은 거짓은 마치 진실인 듯 우리 삶에 실질적인 영향을 미친다. 거짓을 믿고 그 거짓을 자신에게 말하면 그 거짓에 우리를 지배할 힘을 부여하는 것이다. 우리가 자신에게 부주의하게 한 말을 사로잡아 진리로 대체해야 한다.

진리로 거짓을 대체하라

우리의 말이 우리 자신을 공격하게 만들지 말고, 매일 아침 우리의 삶을 향해 하나님의 진리를 말함으로써 말의 힘을 사용할 수 있어야 한다.

지금부터 설명하겠지만 회의적으로 생각할 독자들이 많을 줄 안다. 자기 긍정에 관한 자기 계발 전문가들의 조언을 따랐다가 아무런 효과도 보지 못한 독자들은 고개를 가로저을 것이다. 하지만 여기서는 그런 것을 말하는 것이 아니다. 당신의 삶을 향해 당신 자신의 말을 하라는 뜻이 아니다. 당신의 삶을 향해 '하나님의' 말씀을 선포하라는 뜻이다. 그럴 때 진정한 효과가 있다. 당신의 생각을 사로잡아 거짓을 하나님의 진리로 대체해야 한다. 자신을 향해 하나님의 말씀을 계속해서 선포하면 뇌에서 새로운 신경 경로가 형성된다. 그러면 결국 자동적으로 거짓 대신 진리를 생각하게 된다.

우리는 하나님의 말씀을 씨앗으로 여겨야 한다. 실제로 하나님이 그러라고 말씀하셨기 때문이다.

> 이는 비와 눈이 하늘로부터 내려서 그리로 되돌아가지 아니하고 땅을 적셔서 소출이 나게 하며 싹이 나게 하여 파종하는 자에게는 종자(씨앗)를 주며 먹는 자에게는 양식을 줌과 같이 내 입에서 나가는 말도 이와 같이 헛되이 내게로 되돌아오지 아니하고 나의 기뻐하는 뜻을 이루며 내가 보낸 일에 형통함이니라.
> / 이사야 55장 10-11절

하나님의 말씀은 씨앗과 같으며, 그 씨앗은 언제나 열매로 이어진다. 바로 이 씨앗을 심는 것이 우리가 해야 하는 일이다. 즉 하나님 말씀의 씨앗을 우리의 마음과 삶 속에 심어야 한다.

하나님 말씀의 씨앗을 심었는데 열매가 당장 나타나지 않는가? 씨앗을 심어 봐야 아무런 소용이 없는 것 같은가? 그 답답함을 충분히 이해한다. 하지만 열매가 맺히는 과정이 어떠한지를 기억해야 한다. 농부는 씨앗을 뿌리고 나서…… 기다린다. 언젠가는 열매가 맺히기에 인내심이 필요하다.

우리가 진리와 생명의 말을 할 때마다 우리의 마음속에 씨앗이 심긴다. 그런 말을 하는 것은 곧 생명을 낳는 생각에 물을 주는 것이다.

〔 비유 〕

말의 정원

머나먼 땅에 '말Words의 정원'이라 불리는 신비로운 정원이 있었다. 그 정원이 처음부터 그 이름으로 불렸던 것은 아니다. 사실, 그 정원이 그 이름을 얻게 된 사연이 꽤 흥미롭다.

근처 마을에 사는 모든 주민은 각자 자신의 정원이 있었다. 어떤 정원에는 아름다운 꽃과 채소가 가득했지만, 어떤 정원은 잡초로 뒤덮여 있었다. 그 마을 주민들은 자신의 정원에서 무엇이 자랄지가 자신의 말로 결정된다는 사실을 깨닫지 못했다. 그들은 자신의 입에서 나온 말 한마디 한마디가 자신의 정원에 심기는 씨앗이라는 사실을 몰랐다. 참되고 친절한 말, 탁월하고 칭찬받을 만한 말, 격려하는 말, 연민 가득한 말은 꽃과 과일나무가 되었다. 반면, 부정적이고 가혹하고 참되지 않은 말은 가시나무와 잡초가 되었다.

각 정원의 중심에는 '망상활성계 급수 시스템'이라는 샘이 있었다. 이 샘은 독특한 방식으로 정원 곳곳에 물을 공급했다. 무엇이든 해당 정원에서 가장 잘 자라는 식물에 물을 주었다. 꽃이 만발하면 꽃에 물을 주었고, 잡초가 무성해지면 잡초에 물을 주어 잡초가 더 자라게 했다.

하루는 릴리라는 아가씨가 정원의 비밀을 발견했다. 그녀는 한때 예쁜 꽃이 가득했던 자신의 정원이 잡초로 뒤덮인 것을 알아챘다. 마을 주민들은 자녀가 청소년이 되어서야 알아챈 그 사실을 그녀는 결혼도 하기 전에 알아챘다. 그녀는 자신의 정원에 무성해진 잡초 때문에 화를 내다가 정원의 비밀을 발견했다. 그녀는 정원을 그토록 엉망으로 만든 자신에게 욕을 하면서 소리를 질렀다. 그 순간 갑자기 땅에서 솟아나는 작은 싹이 보였다. 그녀는 독한 말을 계속했고, 또 다른 잡초의 싹이 솟아났다.

릴리는 자신이 하는 말과 정원의 상태 사이에 연관성이 있지 않을까 생각했다. 그리고 확실하게 파악할 방법을 드디어 찾아 냈다. "에밀리!" 릴리가 외쳤다. 에밀리는 그녀의 학교 친구로, 그녀가 아는 가장 친절한 사람이었다. 릴리는 에밀리의 정원으로 달려갔다. 역시 그곳에는 꽃과 과일나무가 가득했다.

릴리는 확실해질 때까지 이 비밀을 자신만 알고 있는 편이 좋겠다고 판단했다. 다음 한 달 동안 그녀는 말을 신중하게 했다. 일부러 생명과 진리의 말을 하기 시작했다. 다른 주민에게 친절한 말을 했고, 주변에 아무도 없을 때는 자신에게 온유한 말을 했다. 감사의 기도를 드렸고, 늘 감사할 거리를 찾았다. 아침에 일어나면 찬양을 부르면서 하루를 시작했다.

첫 주가 지난 뒤에는 별다른 차이가 없었다. 순간, 잘하지 못한 자신을 꾸짖을까 하는 생각이 들었다. 하지만 꾹 참고서 자신에게 은혜와 격려의 말을 건넸다. 오래지 않아 아름다운 꽃들이 피어나는 게 보이기 시작했다. 망상활성계 급수 시스템이 물 주는 방향을 잡초에서 꽃 쪽으로 바꾸기 시작했다. 그러자 꽃은 무성해지고 잡초는 사라지기 시작했다.

마을 주민들은 릴리의 정원을 '말의 정원'이라 부르기 시작했다. '자기가 하는 말'의 힘을 망각하지 않기 위해서였다. 말의 정원은 숨 막히도록 아름다운 색깔과 향기의 집합소였다. 그곳은 사방에서 사람들이 찾아와 감탄을 연발하는 낙원이 되었다.

내가 한 말을 내가 먹는다

우리는 잠언 18장 21절의 앞부분을 살펴보았다. "죽고 사는 것이 혀의 힘에 달렸나니." 자, 이번에는 뒷부분이다. "혀를 쓰기 좋아하는 자는 혀의 열매를 먹으리라." 영어에선 자신이 한 말을 취소하거나 책임져야 할 때 "네가 한 말을 네가 먹게 될 거야 $^{\text{You're going to have to eat your words}}$"라는 표현을 쓰는데, 이 성경 구절의 뜻이 바로 이것이다. 말은 씨앗과 같아서, 우리는 어떤 씨앗을 심든 그 씨앗에서 맺힌 열매를 먹게 된다. 자신의 삶을 향해 독한 죽음의 말을 하고 그 열매를 먹어 왔는가? 이제 우리 자신을 향해 하나님의 말씀을 선포해야 할 때이다. 그러면 그 씨앗에서 우리의 삶을 가장 좋은 쪽으로 바꿔 줄 열매가 맺힐 것이다.

구체적으로 예를 들어 보겠다. 당신에게 특별한 재능이 없어서 세상에 아무 기여도 할 수 없다는 말을 들었는가? 이후 그 거짓말을 오랫동안 스스로에게 반복해서 말했는가? 하지만 이제는 아침마다 당신의 삶을 향해 에베소서 2장 10절의 진리를 선포하며 하루를 시작할 수 있다. "나는 하나님의 걸작이야! 하나님은 내가 행할 선한 것들을 준비하셨어! 그래서 나는 오늘 큰일을 이룰 거야!" 이러한 선포는 단순히 긍정적이고 희망적인 생각이 아니다. 이는 하나님의 진리, 곧 당신의 삶에 관한 엄연한 사실이다. 당신이 이 진리를 생각하고 선포하면 삶이 이 진리대로 펼쳐질 것이다.

혹시 매일같이 자신은 최악의 죄인이라고 스스로에게 말해 왔는가? 그런 말을 자신에게 계속해서 하면 결국 당신은 그 말을 믿게 되고, 진정 과거에 묶인 죄수로 전락한다. 그렇다면 이런 상황에서 어떻게 벗어날 수 있을까? 로마서 8장 1절에 기록된 하나님의 진리를 자신에게 선포하라. "나는 그리스도 안에 있으니 이제 내게 정죄함은 없어! 진리는, 내가 하나님의 은혜로 자유로워졌고 그분의 은혜가 충분하다는 거야. 따라서 이제부터 나는 자유롭게 살 거야!"

사람들에게 상처를 입었다면 원망을 품고 살기가 쉽다. 마음 문을 닫고 아무도 믿지 않게 되기 쉽다. 아무도 믿을 수 없다고 스스로에게 말하면 어제의 고통이 아침마다 새롭게 펼쳐진다. 하지만 그런 생각을 사로잡아 고린도후서 9장 8절과 요한복음 1장 16절의 진리로 대체하면 삶이 변할 수 있다. "나는 하나님의 은혜로 충만해진 그분의 자녀야! 나는 그 은혜를 넘치도록 받았기에 다른 사람들에게 많은 것을 나눌 수 있어!"

삶에 지쳐서 매일같이 자신을 향해 "너무 피곤해. 너무 어려워. 더는 못하겠어"라고 말하고 있는가? 그런 독한 씨앗을 그만 심고, 마태복음 11장 28-30절과 골로새서 1장 11절에 기록된 하나님의 진리로 대체해 보라. "피곤할 때 예수님께 나아가면 그분 안에서 쉼을 얻을 수 있어. 내가 끝까지 견뎌 내도록 그분이 필요한 모든 힘을 넉넉히 주실 것을 나는 믿어!"

세상에서 벌어지는 일이나 당신의 삶에서 벌어질지 모르는 일로 인해 항상 노심초사하며 두려움과 불안 속에서 살고 있는가? '만약 ~하면 어쩌지?'가 당신 일상에 흐르는 배경음악인가? 자신에게 그런 말을 자꾸 하면 아직 일어나지도 않은 일에 대해 걱정만 하며 살 수밖에 없다. 그럴 땐 자신에게 어떤 진리를 선포해야 할까? 베드로전서 5장 7절의 하나님의 진리를 선포하면 제격이다. "오늘 나는 걱정하거나 불안해하지 않겠어! 나는 그런 사람이 아니야. 나는 모든 염려를 하나님께 맡겼고 그분이 나를 돌보실 줄 알기에 두려워하지 않겠어!"

외롭다고 느끼는가? 아무도 당신에게 신경 쓰지 않는다고 스스로에게 말하고 있는가? 하지만 히브리서 13장 5절에 담긴 하나님의 진리는 다르게 말한다. "하나님은 절대 나를 떠나지도 버리지도 않으셔. 그래서 나는 외롭지 않아. 나는 이 진리대로 살 거야!"

당신의 삶을 향해 절망적인 말을 쏟아 내고 있는가? "돌이킬 수 없어. 내 삶은 너무 오랫동안 망가져 왔어. 절대 더 좋아질 일은 없을 거야." 하지만 하나님의 말씀에 따르면 전혀 그렇지 않다. 로마서 5장 4-5절과 고린도전서 2장 9-12절의 진리를 스스로에게 상기시켜야 한다. "하나님은 내게 확실한 소망을 주시는 분이야! 하나님은 날 사랑하셔서 날 위해 상상도 할 수 없는 것을 예비하셨어!"

다시 말하지만 이러한 선포는 인간적인 자기 최면이 아니다. 하나님의 초자연적인 능력을 가져오는 선포다. 거짓에 맞서 하나님의 진리를 우리의 삶에 선포하는 것이다. 하나님은 말씀으로 세상을 창조하셨고, 우리는 그분의 말씀으로 우리가 사는 세상을 재창조한다. 하나님은 우리 입에서 나오는 말이 생사를 가를 힘이 있다고 말씀하신다. 그러니 우리는 생명의 말을 하기로 선택해야 한다.

진리를 소리 내어 말하라

우리 자신을 향해 하나님의 진리를 계속해서 선포하면 새로운 신경 경로가 뚫린다. 단, 농부처럼 인내심을 발휘해야 한다는 점을 명심하라. 시간이 지날수록, 낡은 자멸적 생각보다 하나님의 생각을 하기가 점점 더 쉬워진다.

조용히 속으로 생각하는 것보다 소리 내어 말할 때 뇌의 더 많은 부분이 작용한다는 사실이 과학적으로 밝혀졌다. 말을 할 때 뇌는 여러 부분의 활동들을 복합적으로 소율하게 된다. 속으로 생각하는 것은 개념 형성과 관련이 있지만, 그 생각을 말할 때는 음성 생성 과정도 이루어진다.

예를 들어, 전두엽의 브로카 영역 Broca's area 은 주로 음성 생성과 발음에 관여하고, 측두엽의 베르니케 영역 Wernicke's area 은 말과 글로 된 언어를 이해하는 기능을 한다. 우리가 뭔가를 소리 내어 말할 때 두 영역은 함께 작용한다. 우리 뇌의 운동피질 motor cortex 은 말하는 능력을 조율하며, 생각을 소리 내어 말할 때 활성화된다. 청각피질 auditory cortex 은 소리를 처리하는데, 우리가 소리 내어 말할 때는 활성화되지만, 속으로만 생각할 때는 그렇지 않다.

또한 소리 내어 말하는 것이 뇌의 해마 hippocampus 작용을 통해 기억 보존 및 회상 능력을 향상시킨다는 점이 증명되었다. 감정 처리에 관여하는 편도체와 복내측 전전두피질 ventromedial prefrontal cortex 영역은 우리가 생각이나 감정을 소리 내어 표현할 때 활성화된다. 이것이 무엇을 의미할까? 바로 소리 내어 말하는 것이 치료 효과가 있다는 뜻이다.

이런 뇌 과학 이야기가 복잡하게 느껴진다면, 이것 하나만 기억하라. 소리 내어 말하는 것이 더 강력하다는 사실이 과학적으로 증명되었다는 것이다. 그러니 하나님의 진리를 마음속으로만 생각하지 말고, 소리 내어 자신에게 선포하라.

하나님 말씀을 선포할 때 일어나는 일

에스겔은 마른 뼈들의 골짜기를 홀로 마주하고 있었다. 그때 하나님은 그에게 말을 하라고 명령하셨다. 눈앞에 있는 해골들과 달리 그에게는 들을 귀가 있었다. "이에 내가 명령을 따라 대언하니."

그러자 어떤 일이 벌어졌을까?

> 대언할 때에 소리가 나고 움직이며 이 뼈, 저 뼈가 들어맞아 뼈들이 서로 연결되더라 내가 또 보니 그 뼈에 힘줄이 생기고 살이 오르며 그 위에 가죽이 덮이나 그 속에 생기는 없더라.
> / 에스겔 37장 7-8절

에스겔이 말을 하자 효과가 즉시 나타났다. 뼈들이 들썩이며 하나로 합쳐지기 시작했다. 그리고 뼈 위로 근육과 살과 피부가 달라붙었다. 효과가 있었지만 충분하지는 않았다. 아직 "생기는 없더라." 그래서 이제 어떻게 해야 할까?

> 또 내게 이르시되 인자야 너는 생기를 향하여 대언하라 생기에게 대언하여 이르기를 주 여호와께서 이같이 말씀하시기를 생기야 사방에서부터 와서 이 죽음을 당한 자에게 불어서 살아나게 하라 하셨다 하라 이에 내가 그 명령대로 대언하였더니 생기가 그들에게 들어가매 그들이 곧 살아서 일어나 서는데 극히 큰 군대더라.
> / 에스겔 37장 9-10절

다시 한 번 하나님은 에스겔에게 말할 것을 명령하셨다. 에스겔은 하나님이 하시는 말씀을 잘 들었다가 그대로 말했다. 말을 한 뒤에는 하나님이 행하시는 일을 지켜보았다. 그리고 다시 하나님이 하시는 말씀에 귀를 기울였다가 그대로 말했다. 그러고 나서 또다시 하나님이 행하시는 일을 관찰했다.

우리도 그렇게 해야 한다. 우리도 하나님이 하시는 말씀에 귀를 기울였다가 그대로 말해야 한다. 그렇게 말하기를 계속해서 반복해야 한다. 그렇게 할 때 하나님이 마른 뼈들의 골짜기에서 행하셨던 일을 우리에게도 행해 주실 것이다.

하나님은 죽음의 땅에 생명을 가져오셨고, 우리에게도 똑같이 해 주실 것이다. 말씀으로 우리의 어둠 속에 빛을 비추실 것이다. 하나님의 말씀은 인간의 그 어떤 말보다 강력하다. 우리가 들었던 모든 말과 우리가 스스로에게 했던 그 어떤 말보다 강력하다. 우리가 하나님의 말씀을 믿고 자신을 향해 소리 내어 계속해서 선포하면 그 말씀이 다른 모든 말을 뒤덮을 것이다. 한번 해 보라. 그러고 나서 하나님이 어떤 일을 행하시는지 지켜보라.

chapter 12.

아침을 주도해,
하루의 방향을 정하다

"삶은 고해苦海다."

이 문장은 《아직도 가야 할 길 The Road Less Traveled》의 첫 줄이다. 이 책은 〈뉴욕 타임스〉 베스트셀러 목록에 가장 오랫동안 이름을 올린 작품으로 기네스북에도 등재되었다.[1] 내가 마지막으로 확인했을 때, 이 책은 694주간 베스트셀러 목록에 올라 있는 상태였다. 무려 13년이 넘는 기간이다.[2] 나는 이 문장으로 이번 장을 시작하는 것이 적절하다고 생각했다.

실제로, 삶이 고해라는 말에 누구나 고개를 끄덕일 것이다. 그 이유는 당연하다. 정말로 삶은 힘들기 때문이다. 살다 보면 숱한 난관이 찾아온다. 최소한 하루에 한 번꼴로 어려움이 닥치는 듯하다. 혹시 알파벳 철자 하나마다 그 알파벳으로 시작하는 난관이 존재하는 것은 아닐까?

다음 목록을 보고 내 말이 틀렸는지 확인해 보라.

A   여드름 Acne
B   남의 음식 한 입만 달라는 사람들 Bite people
C   입을 벌리고 쩝쩝거리는 사람들 Chewers

D   추월 차선에서 느리게 운전하는^{Driving} 차

E   텅 빈^{Empty} 화장실 휴지걸이

F   비행기 기내에서 풍기는 음식^{Food} 냄새

G   번철^{Griddle}로 인한 발 부상 : 드라마 〈오피스^{The Office}〉 팬이라면 이해할 것이다.

H   겸손한 척 자랑하는 사람들^{Humble braggers}

I   시댁 식구 또는 처가 식구^{In-laws}

J   정크 메일^{Junk mail}

K   잘난 척하는 사람^{Know-it-all}

L   어두운 곳 바닥에 놓여 있는 레고들^{Legos}

M   의미 없는 회의^{Meeting}

N   "기분 나쁘게 듣지는 마^{No offense}"라고 말하는 사람들

O   남의 말에 자기 경험을 덧붙여 한 수 위인 척하는 사람들^{One-uppers}

P   주차 공간 두 칸을 차지하는 사람^{Park in two parking spots}

Q   양자 물리학^{Quantum physics} 퀴즈

R   '모두에게 회신^{Reply all}' 버튼을 눌러 버린 이메일

S   소리 내며 먹는 사람^{Slurper}

T   교통 체증^{Traffic jam}

U   말이 너무 많은 우버 기사^{Uber driver}

V   애매모호한^{Vague} 소셜 미디어 댓글

W   항상 뒤늦게 생각나는 재치 있는 한마디^{Witty}

X 끝없이 지체되는 급행 차선 X-press lane

Y 끝없이 이어지는 수다 Yak attack

Z 줌 Zoom 통화

나는 이 목록을 단 몇 분 만에 만들었다. 분명 재미를 위한 목록이기도 했지만, 이처럼 사소한 어려움들을 나열하는 것만으로도 어느 정도는 마음의 위안을 얻을 수 있었다. 하지만 진짜 목록은 다음과 같이 무시무시하다.

A 불안 Anxiety

B 괴롭힘 Bullying

C 암 Cancer

D 이혼 Divorce

E 식이장애 Eating disorder

F 재정난 Financial difficulties

G 은혜 없는 Graceless 종교

H 위선 Hypocrisy

I 불임 Infertility

J 실직 Job Loss

우울한 목록이다. 그래서 여기서 그만두려고 한다. 하지만 이쯤 하면 삶이 정말로 고해라는 사실을 실감했을 것이다. 이런 것에 대해 생각하다 보면 부정적인 생각의 소용돌이에 휩싸이기 쉽다. 하지만 우리는 기쁘게 살기를 원한다.

기쁨 가득한 삶은 단순히 '우리'가 원하는 것만이 아니다. 이는 우리를 위한 하나님의 뜻이다. "항상 기뻐하라 쉬지 말고 기도하라 범사에 감사하라 이것이 그리스도 예수 안에서 너희를 향하신 하나님의 뜻이니라."살전 5:16-18

우리는 항상 기뻐하기를 원한다. 그러지 않으면 하나님의 뜻을 놓치기 때문이다. 하나님이 우리를 위해 예비하신 풍성한 삶을 놓치기 때문이다. 하나님이 원하시는 사람이 될 수 없기 때문이다.

그런데 어떻게 해야 기뻐할 수 있을까? 시련이 꼬리에 꼬리를 무는 세상 속에서 어떻게 기쁨으로 살 수 있을까? 하루 종일 우리에게 날아올 것이 빤한 시험들을 어떻게 이겨 낼 수 있을까? 부딪힐 수밖에 없는 까다로운 사람들에게 어떻게 인내심을 발휘할 수 있을까? 어떻게 하면 참되고 하나님을 영화롭게 하는 생각을 마음속에 가득 채울 수 있을까? 회복되기에는 너무 늦었다고 말하는 머릿속의 목소리들을 어떻게 떨쳐 낼 수 있을까? 아끼는 사람들에게 집중할 힘과 에너지를 어디서 얻을 수 있을까? 삶이 너무 버겁게 느껴질 때 어떻게 버틸 수 있을까?

아침을 주도함으로 시작할 수 있다. 중학교 시절 감독님은 항상 방과 후가 아닌 이른 아침 시간에 우리를 소집해 연습을 시켰다. 우리는 동이 틀 무렵에 훈련장에 모였고, 감독님은 우리를 일렬로 세워 죽음의 달리기를 시켰다. 뛰는 우리를 향해 "아침을 주도해라!"라고 운동장이 떠나갈 듯 고함을 지르면서 말이다. 물론 우리 대부분은 아침을 주도하기는커녕 겨우 쓰러지지 않을 만큼 버틸 뿐이었다.

시간이 지나면서 이 말에 큰 지혜가 담겨 있음을 깨달았다. 내가 아침에 하는 생각들은 하루 종일 이어지는 생각의 패턴을 정립해 준다. 아침에 의식적으로 내 생각들을 사로잡으면 내 하루의 방향이 옳은 방향으로 정해진다. 그런데 문득 궁금해졌다. '나만 이런가? 아니면 이 현상을 뒷받침하는 어떤 과학적 사실이 있는 걸까? 나 같은 아침형 인간만 이런 걸까, 아니면 하나님이 우리를 이렇게 지으신 걸까?'

당신의 아침 루틴은?

당신은 아침형 인간이 아닌가? 아침을 주도하라는 말에 살짝 언짢았는가? 아침은커녕 점심시간까지도 잠에서 깨지 못하는가? 이해한다. 그렇다 해도 계속해서 내 말을 들어 보라. 당신의 아침은 일찍 시작되지 않을지 모른다. 그렇다 해도 당신의 아침은 여전히 당신의 하루 중 가장 중요한 시간이다. 아침에 나머지 시간의 방향이 정해지기 때문이다.

이 말은 단지 내 의견이 아니라 엄연한 사실이다. 〈하버드 비즈니스 리뷰 *Harvard Business Review*〉에 따르면, 고도로 생산적인 사람들의 92퍼센트가 정해진 아침 루틴을 따른다.³ 그들이 다소 유별나게 보일지는 몰라도, 그들은 분명 무언가 중요한 것을 알고 있다. 꾸준하고 의도적인 아침 루틴이 스트레스를 줄이고 에너지 수준을 높인다는 사실은 이미 연구로 입증되었다.⁴ 아침 루틴은 불안을 줄이는 데도 도움이 된다.⁵ 한 연구에 따르면 "평균적으로, 아침 습관을 꾸준히 지키는 응답자들의 연봉은 그렇지 못한 응답자들보다 약 12,500달러 더 많았다." 돈 버는 일보다 사랑에 더 관심이 많은 사람들을 위한 연구 결과도 있다. 일기 쓰기를 포함한 아침 루틴을 지키는 사람들 중 75퍼센트 이상이 행복한 성생활을 영위하고 있다고 응답했다.⁶

〈포브스 Forbes〉지 인터뷰에서 《성공한 사람들의 기상 후 1시간 My Morning Routine》의 공저자인 벤자민 스폴 Benjamin Spall 과 마이클 잰더 Michael Xander 는 다음과 같이 설명한다.

> 꼭 하기로 미리 결정한 것을 처음 몇 시간 단 몇 분도 좋다 동안 하면서 긍정적인 아침 시간을 가지면, 분명한 의도를 가지고 아침을 시작하는 것이다. 분명한 의도로 아침을 시작하면 아침의 '승리'를 하루 종일 이어 갈 수 있다.⁷

아침 루틴이 중요하지만 아무 루틴이나 다 좋은 것은 아니다. 종일 정신이 흐트러진 채로 혹은 "스트레스 반응을 촉발시켜 종일 과민한" 채로 살고 싶다면 가장 좋은 아침 루틴은 눈뜨자마자 휴대폰을 확인하는 것이다.⁸ 이것은 과학적으로 증명된 사실이다. 그 이유를 설명하는 것은 내 능력 밖의 일이지만, 분명한 것은 뇌와 관련이 있다는 사실이다.

아침에 눈을 뜨면 뇌는 델타파에서 세타파를 거쳐 알파파로 변화한다. 이 세타파와 알파파 단계에서 중요한 일들이 일어난다. 하지만 눈을 뜨자마자 휴대폰을 보면 세타파와 알파파 단계를 건너뛰고 곧바로 베타 단계, 즉 깨어나 정신이 또렷한 상태가 된다.⁹

휴대폰을 보는 것이 하루를 시작하기에 가장 좋은 방식이 아니라면 어떻게 해야 할까? 스티브 잡스 Steve Jobs 는 아침에 거울을 보는 루틴을 유지했다. 매일 아침 그는 거울 속을 들여다보면서 자신에게 물었다. '오늘이 내 인생의 마지막 날이라면 과연 내가 오늘 하려는 것을 하고 싶을까?' 여러 날 동안 답이 '아니다'라면 그것은 삶 속의 뭔가를 바꿔야 한다는 신호였다.¹⁰

로마 황제 마르쿠스 아우렐리우스 Marcus Aurelius 는 생각을 의도적으로 다스리며 하루를 시작했다. 잠재적인 어려움들을 미리 그려 보고, 닥쳐올 문제들을 어떻게 극복하며 어떤 덕목으로 마주할지 차분히 생각하며 하루를 시작한 것이다.¹¹

많은 책이 스티브 잡스와 마르쿠스 아우렐리우스 같은 인물들의 아침 루틴을 다룬다. 하지만 나는 성경이 아침에 관해 무엇을 말하며, 우리의 믿음의 영웅들이 하루를 어떻게 시작했는지가 궁금했다.

* 아브라함은 아침 일찍 일어나 번제에 쓸 나무를 쪼개고 나서 예배할 장소로 출발했다. 창 22:3-5

* 모세는 예배하고 하나님을 만나기 위해 아침 일찍 일어났다. 출 24:4; 34:4

* 기드온은 여호와의 은혜를 입기 위해 아침 일찍 일어났다. 삿 6:38; 7:1

* 히스기야는 아침에 다른 무엇보다도 먼저 하나님을 예배했다. 대하 29:20

* 욥은 아침에 일찍 일어나 자녀를 위해 번제를 드리는 것을 습관으로 삼았다. 욥 1:5

* 이사야는 "아침마다" 깨어나 하나님의 말씀을 듣고 그분께 아뢰었다. 사 50:4

* 시편 곳곳에서 아침에 관해 이야기한다.
  — "여호와여 아침에 주께서 나의 소리를 들으시리니 아침에 내가 주께 기도하고 바라리이다." 시 5:3
  — "나는 주의 힘을 노래하며 아침에 주의 인자하심을 높이 부르오리니 주는 나의 요새이시며 나의 환난 날에 피난처심이니이다." 시 59:16
  — "여호와여 오직 내가 주께 부르짖었사오니 아침에 나의 기도가 주의 앞에 이르리이다." 시 88:13
  — "아침에 나로 하여금 주의 인자한 말씀을 듣게 하소서 내가 주를 의뢰함이니이다 내가 다닐 길을 알게 하소서 내가 내

영혼을 주께 드림이니이다." 시 143:8

예수님은 어떠하셨는가? "새벽 아직도 밝기 전에 예수께서 일어나 나가 한적한 곳으로 가사 거기서 기도하시더니."막 1:35

생각을 사로잡아 참되고 선하고 사랑받을 만하고 덕이 있고 기릴 만한 것에 마음을 고정하면서 하루를 시작하는 것은, 그날의 생각의 방향을 정하는 가장 좋은 방법이다. 마음을 새롭게 함으로 변화되어 하루를 시작할 때, 남은 시간 동안 세상의 패턴에 휩쓸리지 않을 가능성이 훨씬 더 커진다.

아침을 얻는 자, 하루를 얻는다

이것은 심리학자들이 '프라이밍 priming'이라고 부르는 현상 때문이다. 벽에 페인트를 칠하기 전, 초벌 페인트 primer를 발라 본 적이 있다면 알 것이다. 초벌 페인트는 보이지 않지만, 보이는 것 아래에 엄연히 존재한다는 것을. 그리고 보이지 않는 그것 때문에 보이는 것이 달라진다는 것을 말이다.

네덜란드 연구가 두 명이 비슷한 실험을 진행했다. 한 그룹의 학생들에게 트리비얼 퍼슈트 Trivial Pursuit 보드게임 질문 42개를 던졌다. 질문을 받기 전, 피실험자 절반은 자신이 대학교수라면 어떤 인생이 펼쳐질지에 대해 5분간 생각하는 시간을 가졌다. 나머지 절반은 5분 동안 축구에 대해 생각했다. 그 결과, 축구 그룹은 42.6퍼센트의 정답률을 기록했고, 교수 그룹은 55.6퍼센트의 정답률을 기록했다.[12] 교수 그룹이 더 똑똑해서가 아니었다. 그들은 단지 사전에 프라이밍된 것이다.

우리가 하루를 시작하는 방식은 그날의 나머지 시간을 위한 프라이밍이 된다. 우리의 첫 생각은 밤에 잠들 때까지 하게 될 생각들의 기반을 마련한다. 만약 아침에 성경 읽기와 기도를 우선순위에 둔다면, 우리는 뇌에 하나님 중심의 생각들을 채우는 것이다. 그러면 하루의 남은 시간 동안 어떤 일이 벌어질까?

물론 우리는 난관에 부딪힐 것이다. 삶은 실제로 힘들고 어렵기 때문이다. 하지만 하나님 중심의 생각을 하는 것이 훨씬 더 쉬워질 것이다. 참되고 경건하고 옳고 정결하고 사랑받을 만하고 칭찬받을 만하고 덕이 있고 기릴 만한 시각을 갖게 된다. 아침은 하루의 흐름을 결정한다. 그리고 그 하루하루가 쌓여서 인생이 된다.

하나님 앞에서 애통하기

느부갓네살왕과 바벨론 군대는 예루살렘성을 침공하여 파괴할 때 먼저 아무도 밖으로 나갈 수 없고 아무도 도우러 들어올 수 없도록 성을 포위했다. 결국 예루살렘 주민들은 굶어 죽기 시작했다. 심지어 제사장들과 장로들도 먹을 음식이 없었다. 애 1:19 사람들은 다만 입에 풀칠할 음식이라도 구하기 위해 기꺼이 보물을 내놓았다. 애 1:11 어떻게든 목숨을 부지하기 위해 어떤 이들은 심지어 사람까지 먹었다. 애 4:10

선지자 예레미야는 하나님께로 돌아가지 않으면 무시무시한 결과가 따를 것이라고 백성들에게 수없이 경고했지만 그들은 귀담아듣지 않았다. 그들은 예레미야에게 그만 떠들라고 면박을 주었다. 그러는 사이에 예레미야의 무시무시한 예언은 현실로 이루어지고 있었다.

예레미야는 한때 눈부시게 아름다웠던 예루살렘성의 거리를 거닐었다. 그의 가슴이 미어졌다. 그는 이스라엘 백성이 먹을 것을 찾아 쓰레기 더미를 뒤지는 광경을 지켜보았다. 죽음의 악취가 진동했다. 그는 눈물을 쏟으며 예루살렘이 내려다보이는 한 동굴에 올라갔다. 그는 기도하고 싶었지만, 그 순간 어떻게 기도해야 할지 알 수 없었다.

이런 마음이 당신도 공감이 가는가? 당신 안에도 애통할 것이 가득해, 아픔을 잊기 위해 다른 일에 정신을 쏟는 것이 매일의 주된 목표가 되었을지도 모른다. 하지만 견딜 수 없는 비참한 생각들이 밀려드는 날에는 내가 겪는 일이나 느끼는 감정을 어떻게 표현해야 할지 막막할 것이다. 기도? 하나님께 무슨 말을 해야 할지 모르겠다. 예레미야가 바로 그런 상황이었다. 그도 무슨 말을 해야 할지 모른 채 동굴 안에 앉아 있었다.

그러다 마침내 그는 히브리어 알파벳 순서대로 하나님께 아뢰기 시작했다. 한 번에 한 글자씩 자신의 고통을 하나님께 토로했다. 그렇다. 앞서 안 좋은 일들을 알파벳 시로 나열한 것은 내 아이디어가 아니었다. 예레미야에게서 빌려온 것이다. 약 2,600년 전, 그는 훗날 예레미야애가로 불리게 될 책에서 그렇게 했다.

옥스퍼드사전은 "애통^{lament}"을 "슬픔의 격정적인 표현"으로 정의한다. 예레미야애가가 바로 그런 노래이다. 단, 중간에 뜻밖의 반전이 있다. 예레미야애가는 매우 의도적인 방식으로 구성되어 있다. 총 다섯 개의 장으로 되어 있는데, 1, 2, 4, 5장은 각각 22절로 된 애통의 시이다. 이 중간에 낀 3장에서 예레미야는 하나님께 찬양과 감사를 드린다. 예레미야애가는 우리가 무엇을 해야 할지를 잘 보여 준다. 삶이 처음부터 끝까지 슬픔과 좌절, 실망으로 가득할 때 우리는 애통하는 가운데서도 여전히 하나님께 감사하고 예배할 수 있다.

애통을 담은 네 개의 장은 각각 22개의 히브리어 알파벳으로 시작하는 문장으로 이루어졌다. 앞서 나는 영어 알파벳 순서대로 세상의 문제점들을 나열했다. 예레미야는 히브리어 알파벳 순서대로 그런 목록을 '네 번'이나 만든 것이다.

아침마다 자신에게 무엇을 말하는가

이 애통의 한복판에서 예레미야는 믿음과 찬양과 예배의 아름다운 언어들을 써 내려갔다. "이것을 내가 내 마음에 담아 두었더니 그것이 오히려 나의 소망이 되었사옴은."애 3:21

예레미야가 무엇을 하고 있는지 알겠는가? 지금 그는 생각을 사로잡고 있다. '어려운 상황과 끔찍한 일이 가득하지만 나는 다른 것을 생각하기로 선택할 것이다.' 예레미야는 무엇을 곱씹을지 스스로 선택했고, 그렇게 생각의 방향을 바꾸자 소망이 찾아왔다.

예레미야가 무엇을 생각할지 선택할 때 그가 초점을 맞춘 것 중 하나는 '아침'이었다. 그는 하나님을 기억했다. 아침마다 새로워지는 그분의 크신 사랑과 자비를 떠올렸다.애 3:23 예레미야는 아침에 무엇을 했을까? 그는 하나님에 관한 참되고 선하고 옳은 진리를 자신에게 선포했다. "내 심령에 이르기를."24절 지난 장에서 우리는 자기에게 하는 말이 중요하다는 점을 배웠다.

다시 묻고 싶다. 당신은 자신에게 무슨 말을 하고 있는가?

삶이 뜻대로 풀리지 않을 때 자신에게 무슨 말을 하는가? 병원에서 암이 재발했다는 말을 들을 때 자신에게 무슨 말을 하는가? 남편이 그냥 친구처럼 지내는 상대라고 생각했던 사람에게 은밀한 문자 메시지를 보냈다는 사실을 알게 될 때 자신에게 무슨 말을 하는가? 산부인과에 정기 검진을 받으러 갔다가 태아의 심장박동이 없다는 사실을 듣게 될 때 자신에게 무슨 말을 하는가? 10년 이상 근무했던 회사에서 갑자기 전화가 와서 "내일부터 출근하지 않아도 됩니다"라는 말을 들을 때 자신에게 무슨 말을 하는가?

삶이 기대했던 대로 펼쳐지지 않을 때 자신에게 무슨 말을 하는가? 우리가 우리 자신에게 하는 말, 특히 하나님에 관해 하는 말은 우리의 태도와 행동을 결정하고 우리의 관계들과 미래를 형성한다. 예레미야는 동이 트거나 알람이 울리기 전에 당신의 방으로 들어온다. 이른 아침, 당신을 깨워 생각을 사로잡으라고 가르친다. 우리에게 각자 자신을 향해 아침마다 새로워지는 하나님의 자비에 관해 말하라고 가르친다.

거기서 시작하되, 거기에 머물지는 말고

예레미야는 자신의 감정을 하나님께 솔직히 털어놓으면서 시작한다. 명심하라. 생각을 사로잡는 것은 그 생각을 찬찬히 관찰하는 데서 시작된다. 여기서 예레미야는 하나님이 부당하시다고 불평하면서 이렇게 묻는다. "하나님, 왜 이런 일이 일어나는 겁니까?"

공감이 갈 것이다. 삶이 힘들어지면, 하나님이 능력은 있지만 우리에게 신경을 쓰시지 않거나, 우리에게 신경은 쓰시지만 인생의 문제들을 어찌할 능력은 없는 분인 것처럼 느껴진다.

오래전 한 마트 주차장에 차를 댔다. 그날은 바람이 몹시 세차게 부는 날이었다. 내가 차에서 내릴 때 엄청난 강풍에 내 차문이 바로 옆에 주차되어 있던 새 자동차를 때리고 말았다. 그 차에 꽤 큰 흠집이 났다. 나는 전화번호를 적은 메모지를 남긴 뒤에, 보험사에 전화를 걸어 상황을 설명했다. 그러자 보험사 직원은 이렇게 말했다. "아, 그건 선생님 잘못이 아닙니다." 나는 고개를 갸웃거리며 이렇게 말했다. "상대방 차주는 마트 안에 있었어요. 그러니 그 사람에게 잘못을 물을 수는 없을 것 같아요. 이건 제 잘못입니다." 보험사 직원이 내 말을 끊었다. "아니에요. 이건 하나님의 행위 Act of God: '천재지변'을 뜻하는 관용구 예요." 나는 혼란스러웠다. "그러니까 이게 하나님의 잘못이라는 건가요? 하나님께 잘못을 물어야 한다고요?" 그는 웃음을 터뜨렸다. "맞아요. 법적으로 그래요. 보험업계에서는 이런 걸 하나님의 행위라고 불러요. 선생님의 잘못도 상대방 차주의 잘못도 아니랍니다. 이건 하나님의 행위예요."

많은 사람이 삶이 힘들어지면 당연하다는 듯 하나님을 탓한다. 일이 잘 풀리면 "봐, 내가 무엇을 해냈는지!", 일이 잘 풀리지 않으면 "봐, 하나님이 무슨 짓을 하셨는지!"라고 말한다. 나쁜 일은 하나님이 하신 일이고 좋은 일은 내가 한 일이다. 우리는 하나님을 탓한다. 그리고 이것이 예레미야가 몇 구절에 걸쳐 하고 있는 것이다. 그는 하나님에 대한 좌절감과 실망감을 표출하고 있다.

> 나를 이끌어 어둠 안에서 걸어가게 하시고 빛 안에서 걸어가지
> 못하게 하셨으며 종일토록 손을 들어 자주자주 나를 치시는도다
> 나의 살과 가죽을 쇠하게 하시며 나의 뼈들을 꺾으셨고 고통과
> 수고를 쌓아 나를 에우셨으며 나를 어둠 속에 살게 하시기를 죽은 지
> 오랜 자 같게 하셨도다.
> / 예레미야애가 3장 2-6절

우리는 자신에게 예레미야처럼 말하기 쉽다. '왜 하필 나야? 왜 하나님은 나한테 이렇게 모질게 하시는 거지? 왜 하나님은 내 형편이 나아지게 해 주시지 않는 거야?' 우리는 이렇게 신세한탄을 하며 하루를 시작하기 쉽다. 우리가 통제할 수 없는 것들에 시선을 고정하며 하루의 문을 여는 것이다.

하지만 이런 생각은 우리를 어디론가 이끌고 간다. 애통은 우리를 하나님께로 이끌어 갈 수도 있고, 하나님으로부터 멀어지게 할 수도 있다. 그것은 우리가 이런 생각으로 무엇을 하는지에 달려 있다. 이런 생각은 우리를 절망과 낙심, 우울증으로 몰아갈 수도 있고, 하나님을 더 의지하는 삶으로 이끌 수도 있다.

성경은 우리의 고통과 슬픔을 하나님께 표현해도 괜찮다고 분명히 말한다. 하지만 예레미야 선지자와 많은 시편 기자들에게서 배울 수 있는 교훈은 이것이다. 거기서 시작할 수 있지만 거기에 머물러서는 안 된다는 것이다.

우리의 감정과 바꾸고 싶은 상황을 하나님께 솔직히 아뢰는 것은 좋다. 하지만 거기에 머물러서는 안 된다. 의식적으로 생각의 방향을 바꾸어야 한다. 실망감을 표현하는 것과 실망감에 사로잡혀 있는 것은 전혀 다르다. 답답함을 하나님께 솔직히 표현하는 것과 계속해서 불평하는 것은 전혀 다르다.

예레미야애가 1-2장에서 예레미야는 솔직한 애통을 보여 주지만, 3장에서는 계속해서 이 신경 경로에 따라 살면 어떻게 되는지를 보여 준다. "내 고초와 재난 곧 쑥과 담즙을 기억하소서 내 마음이 그것을 기억하고 내가 낙심이 되오나."애 3:19-20 실망스러운 일을 계속해서 기억하며 곱씹으면 우리의 마음속에 독한 원망의 뿌리가 자라기 시작한다. 하나님과 다른 사람들이 우리를 실망시켰다고 생각하며 그 일을 끊임없이 되새기면 낙심으로 이어지고 결국 우울증에 빠질 수 있다.

매일 아침, 우리는 그날 우리에게 찾아올 난관과 문제에 관한 우리의 생각을 바꿀 수 있다. 내가 아는 한 젊은 부부가 열대 지방으로 신혼여행을 갔다. 그들이 돌아온 뒤 나는 그 남편에게 "신혼여행은 어땠나요?"라고 물었다. 그러자 그는 이렇게 대답했다. "말도 마세요. 날씨가 최악이라 내내 호텔 방에 갇혀 있었어요. 그냥 집에 있었으면 돈은 아꼈을 텐데." 그런데 나중에 아내를 보고 똑같이 물었더니 전혀 다른 답변이 돌아왔다. "멋진 여행이었어요. 조용하고 아늑한 쉼을 누렸어요. 호텔 방에서 룸서비스를 이용했는데, 정말 낭만적이었어요."

이 두 사람이 과연 같은 곳으로 함께 신혼여행을 다녀온 것이 맞나 싶었다. 둘은 전혀 다른 반응을 보였지만 사실 같은 상황을 경험했다. 차이는 어디에서 왔을까? 두 사람은 각자 자신에게 전혀 다른 이야기를 전한 것이다.

예레미야가 자신에게 선포한 세 가지 진리

하나님의 긍휼은 무궁하시다. 예레미야가 스스로에게 들려준 첫 번째 말이다.

> 여호와의 인자와 긍휼이 무궁하시므로 우리가 진멸되지
> 아니함이니이다 이것들이 아침마다 새로우니.
> / 예레미야애가 3장 22-23절

"긍휼"이라는 단어는 어머니의 태를 떠올리게 한다. 예레미야는 하나님이 강하신 동시에 자상하시다는 사실을 스스로에게 일깨운다. 몇 구절 뒤 그는 이렇게 썼다. "주님은 한번 가면 영영 돌아오지 않는 분이 아니시기 때문이다. 그분은 엄하시나, 또한 자애로우시다."애 3:31, 메시지

이 말이 무슨 의미인지 당신은 잘 알 것이다. 지금까지의 삶이 혹독했으나 오히려 그 삶을 통해 상상조차 못했던 하나님의 자애로움을 발견했으리라. 힘든 하루가 될 것을 알면서도 아침에 일어나 하루를 시작하는 당신은, 스스로에게 어떤 말을 하는가? "하나님의 긍휼은 무궁하다. 더욱이 그분의 긍휼은 아침마다 새롭다." 예레미야는 하나님의 긍휼이 아침마다 새롭다고 선포한다. 이렇게 무궁하고 항상 새로운 하나님의 긍휼을 확신하는 것이 바로 아침을 주도할 수 있는 길이다.

여기서 '새롭다'라는 단어는 같은 종류의 새로움이 아닌 전혀 다른 종류의 새로움이다. 이를테면 어제 아침에 달걀 프라이를 먹었는데 오늘 아침에 새로운 달걀 프라이를 먹는 상황이 아니다. 어제 아침에 달걀 프라이를 먹었지만 오늘은 와플을 먹는 상황에 더 가깝다. 이것은 새로우면서도 다른 것이다. 하나님께 요리를 맡기면 그분은 절대 남는 음식을 주시는 법이 없다. "하나님, 오늘 메뉴는 뭔가요?" 우리는 아침마다 이런 기대감으로 눈을 뜰 수 있다. 날마다 새로운 긍휼이 우리에게 찾아올 것이다.

단순히 자신에게 하는 말에 대해 생각하는 것만으로는 부족하다. 특별히 '아침'에 자신에게 하는 말에 대해 생각해야 한다. 아침에 이렇게 말할 수 있다. '또다시 길고 고된 하루가 시작되었군. 할 일이 너무 많아서 분명 다 마치지 못할 거야. 또다시 사람들에게 실망감을 안겨 줄 게 뻔해.' 이렇게 말하면 뇌에 프라이밍을 해 실제로 그런 하루가 펼쳐진다. 짜증 나는 것을 찾으면 그것을 찾게 된다. 확증 편향이 어떻게 작용하는지 기억하는가? 우리가 생각을 정하면 우리의 뇌는 그 생각을 뒷받침해 줄 증거를 찾는다.

하지만 우리는 하나님의 새로운 자비와 긍휼을 떠올리며 하루를 시작할 수 있다. 그러면 우리의 뇌는 하루 중에 이런 자비와 긍휼을 경험할 수 있는 방법들을 찾게 된다.

하나님의 성실하심이 비할 데 없이 크시다. 예레미야가 스스로에게 들려준 두 번째 말이다.

> 이것들(하나님의 긍휼)이 아침마다 새로우니 주의 성실하심이 크시도소이다.
>
> / 예레미야애가 3장 23절

분명한 말하건대, 심지어 우리가 보거나 느낄 수 없을 때도 하나님은 역사하고 계신다. 물론 우리는 난관과 시련을 만날 것이다. 감당할 수 없는 상황이라고 느껴질 수 있다. 건강이나 가정, 자녀, 직업과 관련해 바꾸고 싶은 게 너무 많을 때는 기뻐하고 감사하기가 어려울 수 있다. 기도해도 당장 응답되지 않으면 하나님이 전혀 듣지 않으시는 것처럼 느껴질 수 있다.

그저 애통하고만 싶은 상황에서 어떻게 항상 기뻐하고 감사할 수 있는가? 눈에 보이는 상황이 아니라 예수님께 소망을 두는 것이 그 열쇠이다. 오로지 하나님의 주권적인 다스리심을 바라봐야 한다. 어떤 상황 속에서도 하나님이 우리의 선을 위해 역사하실 수 있다고 믿어야 한다. 성실하신 하나님이 하겠다고 말씀하신 일을 반드시 행하시리라 믿어야 한다. 선하신 하나님이 지금 이 순간에도 우리의 삶에서 선을 행하고 계신다고 믿어야 한다. 예수님이 돌아오셔서 만물을 새롭게 하실 때 하나님의 성실하심이 궁극적으로 온전히 증명되리라 믿어야 한다.

"주의 성실하심이 크시도소이다." 하나님께 이렇게 선포하며 하루를 시작하면 그것은 곧 이렇게 말하는 것이다. '오늘 무슨 일이 생길지 나는 알 수 없다. 누가 나를 실망시킬지, 누구를 믿을 수 있

을지 나는 모른다. 하지만 한 가지만큼은 확실히 안다. 하나님은 신뢰할 수 있다.'

하나님은 나의 기업이시다. 이 진리로 인해 나는 기꺼이 기다린다. 예레미야가 스스로에게 들려준 세 번째 말이다.

여호와는 나의 기업이시니 그러므로 내가 그를 바라리라.
/ 예레미야애가 3장 24절

예레미야의 요지는 하나님 한 분으로 충분하다는 것이다. 그분만이 그를 만족시킬 수 있다. 그에게는 그분 외에 다른 어떤 것도 필요치 않다. 그래서 그는 하나님을 기다리기로 결심한다.

내가 가장 좋아하는 추수감사절 음식은 어머니가 손수 만든 어머니표 국수 요리이다. 어느 해인가, 놀랍게도 국수가 좀 남았다. '오, 만복의 근원이신 하나님을 찬양합니다!' 그날 저녁 늦게 냉장고를 열고선 누나가 남은 국수를 다 가져가 버린 것을 알게 되었다. '하나님, 왜요?' 나는 좌절하여 곧장 누나에게 문자 메시지를 보냈다. 누나는 남은 음식을 전부 노숙인 쉼터에 가져다주었다고 했다. "훌륭해. 정말 잘했네." 나는 겉으로는 좋은 일이라고 말했지만, 속으로는 '아니, 자기 국수나 나누지 왜 남의 국수 가지고 생색을 내?' 하고 불만을 터뜨렸다.

다음 해, 추수감사절이 되었다. 어머니는 어김없이 국수 요리를 만들었지만, 저녁 식사에 서른 명이 넘는 손님이 집에 왔다. 국수를 보고 머릿수를 세어 본 나는 양이 충분하지 않다고 판단했다. 그래서 아무도 보지 않을 때, 몰래 국수를 조금 그릇에 담아 식사 전에 냉장고 안쪽 깊은 곳에 숨겨 두었다.

모두가 저녁을 먹고 미식축구 중계를 보고 탁구를 치는 동안, 나는 내내 국수 생각뿐이었다. 내 몫이 따로 마련되어 있었고, 나는 그것을 기다리고 있었다. 모두가 떠나고 아내가 잠들기를 기다려야 했다. 마침내 때가 되었고, 내 몫의 국수가 거기에 있었다. 나는 그것을 기다렸고…… 그것은 준비되어 있었으며…… 기다린 뒤에 맛보는 국수는 정말 맛있었다. 기다릴 가치가 있었다.

하나님은 이와 비교할 수 없을 만큼, 간절히 기다릴 가치가 있는 분이시다. 예레미야는 굶어 죽어 가고 있는 사람들, 약간의 음식을 구하기 위해 보물을 팔고 있는 사람들에게 이 글을 썼다. 하지만 사실상 그는 이렇게 말한다. "지금은 힘들지만 하나님은 여전히 우리의 기업이시다. 그러니 우리는 그분을 기다려야 한다."

삶이 힘들어질 때 자신에게 무슨 말을 하는가? 누가 혹은 무엇이 당신의 기업인가? 혹시 이런 생각을 하고 있는가? '결혼만 하면 행복해질 수 있어. 나는 배우자를 기다리고 있어.' '나는 아이를 기다리고 있어.' '나는 유산 상속을 기다리고 있어.' '나는 승진을 기다리고 있어. 승진만 하면 만족이 찾아올 거야.' 그렇지 않다. 하나님이 당신의 기업이다. 오직 하나님만으로 충분하다.

찰스 스펄전^{Charles Spurgeon}은 상실을 겪은 사람들에게 예레미야애가의 이 구절로 설교를 했다.

그리스도인들이여, 여러분은 많은 것을 잃었습니다. 하지만 여러분의 기업은 잃지 않았습니다. 여러분의 하나님이 여러분의 전부이십니다. 따라서 다 잃어도 하나님을 잃지 않았다면 모든 것이 남아 있는 것입니다. 하나님이 전부이시기 때문입니다. 이 본문은 하나님이 우리 기업의 겨우 일부라고 말하지 않습니다. 하나님은 우리 기업 전체이십니다. …… 이렇게 상상해 보십시오. 낮이어서 해가 밝게 빛나고 있는데 제가 초 하나에 불을 붙입니다. 그런데 누군가가 바람을 불어 그 촛불을 꺼 버립니다. 그러면 촛불이 꺼졌다고 해서 제가 주저앉아 울까요? 전혀 아닙니다. 해가 밝게 빛나는 동안에는 그렇게 하지 않을 것입니다. 하나님이 제 기업이라면, 제가 이 땅의 위안을 조금 잃는다 해도 불평하지 않을 것입니다. 하늘의 위로가 남아 있기 때문입니다.[13]

누군가 혹은 무언가가 와서 우리의 촛불을 꺼 버려도 태양은 여전히 밝게 빛난다. 애통의 한복판에서도 우리에게는 감사할 이유가 있다. 물론 이 태도를 유지하는 것은 결코 쉽지 않다. 삶은 분명 고해이기 때문이다. 생각을 사로잡지 않고서는 이 태도를 유지할 길이 없다. 그렇다면 생각을 어떻게 사로잡아야 하는가? 진리를 기억하고 자신에게 그 진리를 선포하여 아침을 주도하는 것이 열쇠이다.

chapter 13.

모든 순간,
영원을 생각하며 살아가다

그 일은 피자헛에서 일어났다. 그곳에서 나는 좋은 남편이 되겠노라 약속하며 여자 친구의 아버지에게 그녀와의 결혼 허락을 구했다. 반면에 아도니람 저드슨 Adoniram Judson 은 여자 친구가 비참한 죽음을 맞을 수 있다고 말하며 그녀의 아버지에게 결혼 허락을 구했다. 두 경우가 달라도 너무 다르다.

아도니람 저드슨은 미국 최초의 해외 선교사 중 한 명으로 활동할 예정이었다. 1800년대 초, 스물네 살의 그는 앤 Ann 과 사랑에 빠져 있었다. 결혼하고 싶었지만, 그녀가 자신과 함께 험하고 적대적인 선교지로 갈 의향이 있어야만 했다. 아도니람은 앤의 아버지에게 결혼 허락을 구하는 편지를 보냈다. 다음은 그 편지의 일부이다.

이제 여쭙고자 합니다. 내년 이른 봄, 따님과 헤어져 이 세상에서는 다시 만나지 못하게 될지라도 허락하시겠습니까? 따님이 이교도의 땅으로 떠나, 선교사로서 혹독한 고난과 고통을 겪는 것을 허락하시겠습니까? 따님이 망망대해의 위험과 인도 남부 기후로 인해 풍토병에 노출되고, 온갖 궁핍과 고난, 수모와 모욕, 박해,

어쩌면 비참한 죽음까지도 감내하도록 허락하시겠습니까? 하늘 보좌를 떠나 따님과 아버님을 위해 죽으신 그분을 위해, 멸망해 가는 수많은 영혼을 위해, 시온과 하나님의 영광을 위해 이 모든 것을 허락하시겠습니까? 하늘나라에서 곧 따님을 만나리라는 소망을 품고 이 모든 것을 허락하시겠습니까? 그때 따님은 의의 면류관을 쓰고 있을 것입니다. 그 면류관은 따님의 희생으로 영원한 고통과 절망에서 구원받은 영혼들이 구주께 올리는 찬양으로 더욱 빛나고 있을 것입니다.[1]

당신이 앤의 아버지라면 어떻게 대답하겠는가? 그 아버지는 사실상 이렇게 답했다. "딸의 뜻에 맡기겠네."

아도니람과 앤은 1812년 결혼하여 인도로 향하는 배에 올랐고, 1813년에는 버마에 도착했다. 그리고 그곳에서 잇단 고난을 겪었다. 그 편지는 그의 생각보다 더 예언적이었던 셈이다. 1824년, 아도니람은 감옥에 갇혔다. 감옥에서 그는 알아보기 힘들 정도로 쇠약해졌고 고문으로 불구가 되었다. 밤이 되면 간수들은 아도니람의 발을 한데 묶고는 공중으로 들어 올렸다. 등과 머리만이 겨우 땅에 닿았다. 그는 섭씨 40도가 넘는 폭염 속에서 모기떼에 산 채로 뜯기면서 그런 자세로 잠을 청해야 했다.

아도니람이 감옥에 있는 동안 앤은 아이를 가졌다는 사실을 알았다. 임신한 앤은 매일 감옥까지 약 3킬로미터의 거리를 걸어와 남편의 석방을 간청했지만 그 바람은 이루어지지 않았다. 결국 아도니람은 감옥에서 18개월을 보냈다. 딸 마리아가 태어났지만 앤은 병이 깊어져 젖이 말라 버렸다. 결국 간수들은 아도니람과 앤에게 자비를 베풀었다. 아도니람은 매일 밤 2시간씩 감옥 밖으로 나가 근처 마을에서 아이에게 젖을 먹여 줄 수유모를 구할 수 있었다. 마침내 아도니람은 감옥에서 풀려났다. 하지만 곧바로 아내의 임종을 지켜보게 되었다. 그리고 6개월 뒤, 딸 마리아도 세상을 떠났다. 나중에 아도니람은 재혼을 했는데, 두 번째 아내도 선교지에서 죽었다. 아도니람은 일곱 자녀를 버마 땅에 묻고 나서 61세를 일기로 세상을 떠났다.

이 이야기를 들으면 우리는 본능적으로 그들을 안타깝게 여긴다. 그런데 의문이 든다. '정말 그래야 할까? 우리가 그들을 불쌍히 여겨야 할까, 아니면 오히려 우리 자신을 불쌍히 여겨야 할까?' 이 질문은 잠시 미뤄 두고, 먼저 우리는 "위의 것"을 생각해야 한다.

모든 사람이 언젠가 반드시 죽는다

결말을 미리 얘기해서 김빠지게 만들 생각은 없지만, 당신은 죽을 것이다. 어니스트 베커 Ernest Becker 는 《죽음의 부정 The Denial of Death》에서 우리가 생각하기 싫어하는 한 가지가 있다면 그것은 바로 죽음이라고 말한다. 베커는 인간 행동의 상당 부분이 죽음이라는 현실을 외면하거나 피하려는 시도에서 비롯된다고 주장한다.

곧, 우리는 세상에서 가장 반박할 수 없는 사실, 즉 언젠가 자신이 죽는다는 사실을 부정하려 애쓴다는 것이다.[2]

우리는 죽음에 관한 이야기를 좋아하지 않는다. 오죽하면 '죽음'이라는 단어를 직접 꺼내지 않고 죽음에 관해 말할 방법들을 찾아낼 정도다. 사람들은 누군가가 "세상을 떠났다", "저세상으로 갔다", "세상을 등졌다"와 같은 표현을 쓴다.

우리가 죽음이라는 단어를 말하지 않고서 죽음에 관해 말하기 위해 이런 표현을 만들어 낸 것은 죽음이 완전한 끝처럼 보이기 때문이다. 하지만 전혀 그렇지 않다. 그리고 죽음에 대해 생각하지 않으면 삶에 대해 제대로 생각할 수 없다. 죽음은 단순히 문일 뿐이다. 이생은 내세를 위한 준비이며, 죽음은 이생에서 내세로 가는 방법이다.

죽음에 대한 생각을 피하다 보니 우리는 주로 이 땅에서의 삶에만 몰두하게 되었다. 이 책이 당신에게 생각에 대해 깊이 사고하라고 촉구하고 있지만, 아마 당신의 관심은 온통 '죽음 이전의' 삶에만 집중되어 있었을 것이다. 그러나 우리 존재를 그런 식으로 생각하는 것은 결코 현명한 방법이 아니다.

야고보서 4장 14절은 이렇게 묻는다. "너희 생명이 무엇이냐 너희는 잠깐 보이다가 없어지는 안개니라." 곰곰이 생각해 보니, 이것은 좋은 사고 훈련이 될 듯하다. 주방이든 화장실이든 공중에 페브리즈를 몇 번 뿌려 보라. 아예 1분 정도 손잡이를 잡고 있어도 좋다. 그리고 나서 그 뿌린 것이 얼마나 빨리 사라지는지 보라. 야고

보는 우리의 인생이 이와 같다고 말한다. 그런데 왜 영원에 대해서는 하나도 생각지 않고 찰나의 안개에 골몰하는 데 그 많은 시간과 에너지를 허비하고 있는가?

영원을 생각하는 것은 마치 옷의 첫 단추를 끼우는 일과도 같다. 일단 첫 단추에 집중해서 맞는 구멍에 끼우면 나머지 단추는 알아서 제자리에 끼워진다. 하지만 첫 단추에 집중하지 않으면 모든 단추가 잘못된 자리에 끼워진다. 영원을 의식적으로 생각하지 않으면 다른 모든 것에 대한 생각이 올바로 자리 잡지 못한다.

이 세상의 생각 패턴은 모두 이 세상에서 벌어지는 일에 초점을 맞춘다. 반면, 영원한 생각 패턴은 보이는 세상 너머에 대한 생각이다. 이 생각은 우리를 불안하게 만드는 상황이나 관계, 우리의 관심을 빼앗으려는 스크린, 우리를 절망에 빠뜨리는 재정 상태, 우리를 유혹하는 순간의 쾌락에 대해 올바른 생각을 하게 해 준다.

40세에 죽든 80세에 죽든 이 땅에서 보내는 우리의 시간은 우리의 영원한 삶에 비하면 지극히 짧다. 천국에서 5만 년을 살고 나서 이 땅에서의 삶을 돌아본다면 이 삶은 그때껏 산 삶 전체의 0.1퍼센트도 되지 않을 것이다. 물론 내가 정확히 계산한 건 아니지만 무슨 말인지 알 것이다. 사람이 40세에 죽으면 우리는 비극이라고 말한다. 하지만 영원의 시각에서 보면 이 땅에서의 삶은 아무리 길어도 다 순간의 안개처럼 보일 뿐이다. 아마 천국에 가면 이 땅에서 40세에 죽은 것과 80세에 죽은 것이 매한가지로 다가올 것이다. 이런 시각에서 모세는 놀라운 지혜를 담아 기도했다. "우리에게 우

리 날 계수함을 가르치사 지혜로운 마음을 얻게 하소서." 시 90:12

얼마 전 나는 '죽음의 시계 Death Clock'라는 웹 사이트를 발견했다. 이용 방법은 간단하다. 몇 가지 정보만 입력하면 사망 예상일이 나온다. 나는 설교 예화를 위해 한번 해 봤다가 다시 했더니 수명이 무려 9년이나 줄어들었다! 내가 뭘 다르게 했는지 모르겠지만, 새로운 사망 예상일은 2065년 5월 11일이다. 그 웹 사이트에는 초 단위로 카운트다운이 되는 시계가 있다. 내게 몇 초가 남았는지를 볼 수 있다. 물론 계산이 틀려도 환불은 없다.

사망일을 확실히 알고 남은 날을 정확하게 셀 수 있다면 좋을지도 모르겠지만, 그럴 수는 없다. 우리는 단지 끝이 오고 있다는 것만 안다. 따라서 끝을 생각하며 살아야 한다.

지금까지 우리는 우리의 생각에 대해 생각했다. 이것은 바로 사도 바울이 우리에게 하라고 권면한 것이기도 하다. 단, 그는 '지금'보다는 주로 '다가올 것'에 대해 생각하라고 말한다. 다가올 것을 생각하면 지금 일어나는 것에 대해 올바로 생각하게 된다.

> 위의 것을 생각하고 땅의 것을 생각하지 말라 이는 너희가 죽었고 너희 생명이 그리스도와 함께 하나님 안에 감추어졌음이라 우리 생명이신 그리스도께서 나타나실 그 때에 너희도 그와 함께 영광 중에 나타나리라.
>
> / 골로새서 3장 2-4절

끝을 생각하는 지혜

이생이 얼마나 짧고 내세가 얼마나 긴지를 생각하면 '끝을 생각하며 사는 것'이 지극히 당연하다. 영원을 생각하라.

그런데 우리 대부분은 끝을 생각하지 않는다. 끝을 생각하지 않는 편이 쉽다. 예수님은 이생에만 눈이 멀어 내세를 무시한 한 남자 이야기를 들려주셨다. 누가복음 12장에서 우리는 사람들이 영원의 시각에서 삶을 보도록 가르치시는 예수님을 만날 수 있다. 예수님은 우리의 육체를 죽일 힘이 있는 사람들을 두려워하지 말고 "죽인 후에 또한 지옥에 던져 넣는 권세 있는 그를 두려워하라"고 가르치신다. 눅 12:5

그때 무리 중 한 사람이 영원에 관한 예수님의 가르침을 듣다가 이런 부탁을 한다. "선생님 내 형을 명하여 유산을 나와 나누게 하소서." 눅 12:13 예수님이 영원에 관해 가르치시는 동안 이 남자의 관심은 이 땅의 일시적인 것에만 쏠려 있었다.

예수님은 무리에게로 몸을 돌려 한 가지 비유를 전해 주신다.

> 한 부자가 그 밭에 소출이 풍성하매 심중에 생각하여 이르되 **내가** (내) **곡식 쌓아 둘 곳이 없으니** (내가) **어찌할까** 하고 또 이르되 **내가 이렇게 하리라** (내가) **내 곳간을 헐고 더 크게 짓고** (내가) **내 모든 곡식과** (내) **물건을 거기 쌓아 두리라** 또 내가 내 영혼에게 이르되 영혼아 여러 해 쓸 물건을 많이 쌓아 두었으니 평안히 쉬고 먹고

> 마시고 즐거워하자 하리라 하되 하나님은 이르시되 어리석은 자여 오늘 밤에 네 영혼을 도로 찾으리니 그러면 네 준비한 것이 누구의 것이 되겠느냐 하셨으니 자기를 위하여 재물을 쌓아 두고 하나님께 대하여 부요하지 못한 자가 이와 같으니라.
>
> / 누가복음 12장 16-21절

이 남자는 자신의 재산으로 무엇을 할지에 관해 자신과 대화를 나누고 있다. 그의 생각은 온통 넘쳐 나는 재물로 무엇을 할지에만 사로잡혀 있다. 그는 자신이 가장 사랑하는 사람, 곧 자신과 대화하면서 불과 두 구절 17-18절에서만도 '나'를 아홉 번이나 언급한다. NIV "내가," "내 곡식," "내 곳간," "내 물건" 등등. 그는 오직 자신에게만 집중한다. 또한 철저히 일시적인 것에만 몰두한다. 다가올 것에 대한 생각은 전혀 없다. 오로지 자신의 일시적인 쾌락과 안락에 대한 생각뿐이다.

그때 하나님이 그의 이름을 부르신다. 아마도 하나님이 사람에게 붙이실 수 있는 최악의 이름이 아닐까 싶다. 하나님은 이 남자를 "어리석은 자"라고 부르신다. 왜일까? 그가 끝을 생각하며 살지 않고 있기 때문이다. 그의 죽음의 시계가 똑딱거리기 시작한다. 이 땅에서의 60년 인생이 영원한 나라에서의 6,000만 년 인생으로 넘어갈 시간이다. 하지만 그는 영원에 대해 생각하거나 영원을 준비하는 데 단 1초도 쓰지 않았다. 이것이 바로 성경에서 말하는 '어리석은 자'의 결정적인 특징이다.

예수님의 비유 속 남자는 자신의 영원한 목적지를 조금도 생각하지 않았다. 물론 그는 미래를 계획하고 있었지만 그의 머릿속에 있는 미래는 '이생'의 미래뿐이었다. 분명 그는 주변 사람들에게 전략적 사상가로 통했을 것이다. 하지만 그는 안개 같은 미래에 대해서만 전략적으로 생각했다. 그는 '모든 상황에 대비해야 해'라고 생각하며 더 큰 곳간을 지었지만 예수님은 그가 죽음에 대비하지 않았기에 어리석은 자라고 말씀하신다. 그는 장기적으로 생각하되 충분히 장기적으로는 생각하지 않은 탓에 어리석은 자였다. 그는 향후 30년에 초점을 맞추었다. 하지만 향후 300억 년은?

당신이 영원에 대해 얼마나 많이 생각하는지 잠시 생각해 보라. 이 질문에 대한 대답에 따라 당신이 어리석은 자인지 아닌지가 갈릴 것이다.

예수님은 이 비유를 전한 뒤에 제자들에게 이렇게 말씀하셨다. "내가 너희에게 이르노니 너희 목숨을 위하여 무엇을 먹을까 몸을 위하여 무엇을 입을까 염려하지 말라."녹 12:22 우리의 생각을 사로잡을 때는 봉급 인상이나 꿈에 그리던 집 장만, 멋진 휴가, 안정된 은퇴 이상의 것을 생각해야 한다. 우리가 늘 생각하는 것들이 끝난 후에 찾아오는 것을 생각해야 한다.

삶에 대해 걱정하지 말라고? 좋다. 하지만 대신 무엇을 해야 하는가? "너희 소유를 팔아 구제하여 낡아지지 아니하는 배낭을 만들라 곧 하늘에 둔 바 다함이 없는 보물이니 거기는 도둑도 가까이 하는 일이 없고 좀도 먹는 일이 없느니라."녹 12:33

끝을 생각하며 살고 있는가? 당신의 관계와 재정, 일정을 돌아보라. 즉 당신이 시간과 에너지를 어떻게 사용하는지 돌아보라. 그것들을 볼 때 당신이 내세를 준비하기 위해 이생을 사용하고 있다고 말할 수 있을까? 우리는 이 땅의 것들이 아니라 "위의 것을 생각"골 3:2 해야 한다.

생의 마지막 순간, 나의 고백은 무엇일까?

언젠가 당신과 나는 이 땅에서 마지막 말을 하게 될 것이다. 당신의 마지막 말은 무엇일까?

사도 바울의 마지막 편지는 제자 디모데에게 쓴 것이다. 이 땅에서의 바울의 시간이 얼마 남지 않았을 때였다. 역사가 유세비우스Eusebius에 따르면, 바울은 곧 네로 황제의 통치 아래 참수형을 당할 예정이었다. 바울은 디모데후서의 다음 글을 쓸 때 참혹한 처형이 자신을 기다리고 있음을 알았다.

> 전제와 같이 내가 벌써 부어지고 나의 떠날 시각이 가까웠도다 나는 선한 싸움을 싸우고 나의 달려갈 길을 마치고 믿음을 지켰으니 이제 후로는 나를 위하여 의의 면류관이 예비되었으므로 주 곧 의로우신 재판장이 그 날에 내게 주실 것이며 내게만 아니라 주의 나타나심을 사모하는 모든 자에게도니라.

/ 디모데후서 4장 6-8절

무엇에 삶을 쏟아붓고 있는가

바울은 "전제$^{drink\ offering}$와 같이 내가 벌써 부어지고"라고 말한다. 하지만 이 표현은 우리에게 큰 의미로 다가오지 않는다. "전제"라는 단어를 읽을 때 고작 청량음료를 떠올린다. 하지만 디모데는 이 편지를 읽을 때 바울이 구약의 희생 제사 제도를 말하고 있음을 알았다. 전제는 사람이 하나님께 드릴 수 있는 가장 볼품없고 초라한 제물이었다. 바울이 자신의 삶을 이렇게 묘사한 것은 이런 뜻이다. "내가 대단한 사람은 못 되지만 하나님의 제단 위에 내 삶을 부었다. 내 전부를 그분께 드렸다."

당신과 나는 무언가의 제단 위에 우리의 삶을 붓고 있다. 문제는 우리가 무엇을 위해 삶을 바치고 있느냐는 것이다.

나는 목사이다 보니 수많은 장례식을 집전했다. 때로는 만나 본 적도 없는 사람의 장례식을 집전하기도 했다. 나는 항상 유족들을 미리 만나 장례식 때 나눌 이야기를 듣는다. "고인에 대해 좀 더 알고 싶습니다. 고인은 생전에 무엇에 열정을 품으셨나요? 무엇을 위해 사셨나요?"

내가 이런 질문을 하기 시작한 지 얼마 되지 않았을 때 30대의 나이에 교통사고로 세상을 떠난 한 젊은이의 장례식을 준비한

적이 있다. 내 질문에 침묵이 흘렀다. 모두가 누군가가 나서서 무슨 말이라도 해 주길 바라며 주변을 두리번거렸다. 마침내 고인의 어머니가 침묵을 깼다. "제 아들은 모자를 몹시 좋아했어요."

"야구 모자 같은 거요?"

"아무 모자나요." 어머니는 자신이 무사히 대답한 것에 안도하는 눈치였다. 나는 미소를 지으며 말했다. "아, 모자를 좋아했군요. 달리 또 해 주실 말씀은 없나요?"

또다시 긴 침묵이 흘렀다. 어머니는 한참 만에 다시 입을 열었다. "언제 시간 되면 우리 집에 오셔서 아들이 수집한 모자들을 구경하시면 좋을 텐데요." 그러자 다들 고인의 모자 사랑에 관해 자세한 이야기를 덧붙이기 시작했다.

나는 이런 식의 대화를 정말 많이 해 봤다. 그런데 모자 수집이 아닌 자동차 수집 이야기를 듣는다고 해서 조금이라도 덜 슬퍼지지 않는다. 때로 사람들은 이렇게 말한다. "아, 고인은 못 말리는 스포츠 팬이었어요." "집 꾸미는 걸 좋아했던 분이었죠." 물론 취미를 갖는 것은 좋은 일이다. 하지만 그게 다인가? 다른 건 없는가? 제발 다른 것도 있다고 말해 달라. "고인은 골프를 사랑했어요." "연애 소설을 좋아했죠." "드라마라면 사족을 못 썼죠."

사실 묻고 싶었다. "한평생을 살다 간 사람에 관해 할 이야기가 기껏 드라마 이야기밖에 없나요?" 혹시나 해서 말하자면, 지금 우리는 한 사람의 인생을 정리하는 것에 관한 이야기를 하고 있다. 골프의 가치에 관해 논하자는 것이 아니다.

이런 순간마다 나 역시 영원에 대해 생각하는 시간이 너무 없다는 것을 절실히 깨닫고 반성하게 된다. 나도 '내 친구와 가족이 나에 관해 무슨 말을 하게 될까?'와 같은 질문은 좀처럼 던지지 않는다.

몇 분간 눈을 감고 장례식장의 작은 방을 머릿속에 그려 보라. 방 한가운데에 당신이 침대에 누워 있다. 당신을 둘러싸고 3~7개의 의자가 놓여 있고, 거기 당신의 가족이나 친구가 앉아 있는 모습을 상상해 보라. 그들에게 내가 이런 질문을 던진다. "고인에 대해 말해 보세요. 어떤 사람이었나요? 무엇에 열정을 품었나요? 무엇을 위해 살았나요?" 그때 그들이 무슨 말을 할 것 같은가? 당신은 어떤 제단에 삶을 쏟아붓고 있는가? 이 물음에 대해 생각하도록 노트를 마련했다. 3분만에 끝내지 말고, 마음을 다해 숙고하라.

죽음, 위대한 항해의 시작

바울이 디모데에게 보낸 편지에서 다음 문장은 죽음을 이해하는 데 도움을 준다. "나의 떠날 시각이 가까웠도다." 여기서 "떠날"은 '출항할'로 번역할 수도 있다.

바울은 자신의 죽음을 이야기한다. 그런데 그가 사용한 단어는 '끝'을 의미하지 않는다. 오히려 '시작'의 의미를 담고 있다. 바울은 삶을 마무리하는 것이 아니라 항해를 시작하려고 한다. 죽음은 끝이 아니라 다음 세상으로 떠나는 것이다. 죽음은 새로운 시작이며, 위대한 다음 세상의 시작인 셈이다. 죽음을 이런 식으로 생각하면 다른 모든 것에 대한 생각이 바뀐다.

바울은 죽음을 두려워하지 않고 오히려 기대한다. 그는 빌립보서 1장 21절에서 이렇게 썼다. "이는 내게 사는 것이 그리스도니 죽는 것도 유익함이라." 사는 것이 좋지만 죽는 것은 더 좋다. 살아 있으면 계속해서 하나님을 위해 살 수 있어서 좋지만, 죽으면 그분과 더 온전히 함께할 수 있으니 더욱 좋다. 바울은 계속해서 이렇게 말한다. "세상을 떠나서 그리스도와 함께 있는 것이 훨씬 더 좋은 일이라 그렇게 하고 싶으나 내가 육신으로 있는 것이 너희를 위하여 더 유익하리라."23-24절

예수님으로 인해 우리는 영원을 떠올릴 때 두려움에 떨 필요가 없다. 오히려 우리는 천국에 대해 생각할 때 소망과 기쁨과 평안을 얻는다. "위의 것"을 생각할수록 신경 회로가 굳건해지고 기대와 갈망이 더욱 커진다.

천국에 대해 생각하기가 어려운 이유는 머릿속에 그리기가 어렵다는 점이다. 오랫동안 준비해 온 휴가를 떠나는 날을 손꼽아 기다려 본 적이 있는가? 기다리는 동안 무엇을 하는가? 휴가지의 사진들을 본다. 방문할 리조트 관련 유튜브 동영상을 본다. 리조트 발코니에서 보는 경관을 담은 사진을 인터넷에서 찾아 배경 화면으로 설정한다. 온라인 여행 리뷰 플랫폼을 들어가고, 가고 싶은 명소나 맛집, 참여해 보고 싶은 현지 체험 등을 알아본다.

조사를 할수록 휴가가 어떨지 상상하게 되고, 그럴수록 기대감이 고조된다. 사실, 그런 이미지를 떠올리고 관련 동영상을 보는 것만으로도 뇌의 보상 시스템이 활성화되어 쾌락과 관련된 신경 전달 물질인 도파민이 분비된다. 이것이 달력에 휴가 날짜를 표시하면 일상생활이 훨씬 밝아지는 이유이다.

물론 천국에 대해 이렇게 생각하려 해도 머릿속에 잘 그려지지 않을 것이다. 바울이 이사야 64장 4절을 인용해 고린도전서 2장

9절에서 말한다. "하나님이 자기를 사랑하는 자들을 위하여 예비하신 모든 것은 눈으로 보지 못하고 귀로 듣지 못하고 사람의 마음으로 생각하지도 못하였다." 비록 우리의 마음이 천국을 온전히 이해할 수는 없지만, 잠시 시간을 내어 천국에 대해 묵상해 보는 것은 어떤가?

사람들은 천국에 가면 이 땅의 육체적 즐거움을 모두 잃을까 걱정한다. 하지만 그런 육체적 즐거움을 창조하신 분이 바로 하나님이시다. 나는 지금 우리가 경험하는 것들이 샘플에 불과하다고 믿는다. 마치 아이스크림 가게에서 한 입만 시식하는 것과도 같다. 이생의 가장 큰 즐거움조차도 우리가 천국에서 경험하게 될 것의 샘플에 불과하다.

천국은 말할 수 없이 아름다운 곳이다. 사도 요한은 "신부가 남편을 위하여 단장한 것"처럼 천국이 우리를 위해 준비되었다고 말한다.^{계 21:2} 거리와 담과 문은 귀한 보석으로 만들어졌다고 한다. 천국은 숨 막히도록 아름다운 경관과 창조 세계의 극치일 것이다. 이 세상의 가장 아름다운 부분들을 창조하신 하나님이 우리를 위한 장소를 준비하고 계신다. 미국 국립공원의 봉우리들과 세계 7대 불가사의는 다가올 볼거리의 예고편에 불과하다. 결국 모든 것이 같은 건축가의 작품이다.

요한계시록 21장은 천국을 길이와 너비와 높이가 12,000스다디온^{약 2,200킬로미터, 현대인의성경}에 달하는 도성으로 묘사한다. 이는 높이가 약 78만 층 빌딩과도 같다는 뜻이다! 도시보다 시골살이를 선호한다 해도 걱정할 필요가 없다. 그런 사람을 위한 장소도 있다. 요한계시록은 우리가 그 성에 들락거릴 수 있다고 말한다. 탐험할 것이 끝도 없이 많을 것이다. 요한계시록 6장과 19장은 천국의 말들을 묘사한다. 다른 동물에 대한 언급은 없지만 분명 다른 동물도 있으리라고 본다. 이사야 11장에서 새 세상의 늑대와 사자, 어린양에 관해 말하고 있기 때문이다. 천국에 가서 사자와 곰을 보는 상상을 해 보라. 누가 아는가? 공룡과 새로운 종들도 있을지!

천국이 그토록 아름다운 이유는 이것이다. "그 성은 해나 달의 비침이 쓸 데 없으니 이는 하나님의 영광이 비치고 어린양이 그 등불이 되심이라."계 21:23 솔직히, 이것이 정확히 어떤 것인지는 나도 모른다. 하지만 하루라도 빨리 이것을 경험하고 싶다.

또한 천국은 즐거운 쉼의 장소다. 우리에게 이런 쉼이 얼마나 필요한지 모른다. 우리는 무거운 짐을 짊어지고 정신없이 뛰어가는 삶을 살고 있다. 어떻게 지내냐는 물음에 다들 "피곤해요. 할 일이 너무 많아요"라고 대답한다. 우리에게는 쉼이 필요하며, 하나님은 그것을 약속하신다. "지금 이후로 주 안에서 죽는 자들은 복이 있도다 하시매 성령이 이르시되 그러하다 그들이 수고를 그치고 쉬리니 이는 그들의 행한 일이 따름이라 하시더라."계 14:13 스트레스나 압박감, 청구서, 마감일이 전혀 없고 그저 완벽한 쉼만 있는 영원은 어떤 것일지 상상해 보라.

어떤 사람들은 천국이 따분하고 비생산적인 곳일까 봐 걱정한다. 4,973년 동안 구름 위에 앉아 빈둥거리면 얼마나 지루할까? 절대 그럴 일이 없다! 천국은 의미 있는 섬김의 장소일 것이다. "하나님과 그 어린양의 보좌가 그 가운데에 있으리니 그의 종들이 그를 섬기며."^{계 22:3}

천국은 사랑의 관계를 나누는 장소일 것이다. 먼저 간 부모, 자녀, 조부모, 믿음의 형제자매들과 다시 만나는 기쁨을 상상해 보라. 우리는 이 땅에서 가까이했던 이들보다 훨씬 더 많은 이들을 천국에서 만나 사랑하게 될 것이다. 이 땅에서 사랑했던 이들과 다시 만날 뿐 아니라 새로운 우정도 쌓을 것이다. 마태복음 8장에서 예수님은 천국에서 사람들이 아브라함, 이삭, 야곱과 함께 앉게 될 것을 말씀하신다. 생각해 보라. 하와를 처음 봤을 때 무슨 생각을 했는지 아담의 입으로 직접 들을 날이 너무도 기다려진다. 노아에게서 방주 이야기도 듣고 싶다. 마리아에게서 예수님을 키우던 이야기도 듣고 싶다. 내가 만나고 싶은 사람은 성경 속 위인들만이 아니다. C. S. 루이스와 등산을 하고, 해리엇 터브먼^{Harriet Tubman}과 마주 앉아 커피를 마시고, 피트 마라비치^{Pete Maravich}와 농구 시합을 하고, 짐 엘리엇^{Jim Eliot}과 탐험을 하면 어떤 기분일까?

천국은 아무런 방해도 받지 않는 예배의 장소일 것이다.

> 또 내가 들으니 허다한 무리의 음성과도 같고 많은 물소리와도 같고 큰 우렛소리와도 같은 소리로 이르되 할렐루야 주 우리 하나님 곧 전능하신 이가 통치하시도다 우리가 즐거워하고 크게 기뻐하며 그에게 영광을 돌리세.

/ 요한계시록 19장 6-7절

혹시 실망할 사람도 있을지 모르겠지만 우리는 천사들의 잔잔한 하프 연주나 들으며 빈둥거리지 않을 것이다. 우리도 함께 찬양할 것이며, 우리의 찬양은 많은 물소리와 같고 큰 우렛소리와 같을 것이다. 왜 우리는 전에 없는 방식으로 하나님을 예배하게 될까? 그분을 전에 없이 깊이 알게 될 것이기 때문이다.

우리가 지금은 거울로 보는 것같이 희미하나 그 때에는 얼굴과 얼굴을 대하여 볼 것이요 지금은 내가 부분적으로 아나 그 때에는 주께서 나를 아신 것같이 내가 온전히 알리라.
/ 고린도전서 13장 12절

이것이 천국의 하이라이트다. 우리는 하나님과 얼굴을 마주하게 될 것이다. 우리가 내내 갈망했던 방식, 하지만 이생에서는 불가능했던 방식으로 그분을 알게 될 것이다.

바울은 이 땅에서의 시간이 얼마 남지 않았을 때 디모데에게 "나의 떠날 시각이 가까웠도다"라고 말했다. 그는 바로 이런 삶을 향해 떠날 참이었다. 그러니 죽는 것이 오히려 유익일 수밖에! 바울이 떠날 날을 손꼽아 기다렸던 것은 어서 천국에 들어가고 싶었기 때문이다. 하지만 우리는 그렇지 못할 때가 많다.

당신이 주말여행을 떠났는데 호텔에 도착해 보니 기대와 달라

마음이 상한다고 해 보자. 카펫은 해져 있다. 벽지는 군데군데 벗겨져 있다. 천장은 싸구려 마감재로 되어 있다. 혹시나 미니 냉장고가 있을까 싶었는데 역시나 없다. 기분이 상한 채로 침대 위에 쓰러지는데…… 아, 이렇게 불편한 침대가 또 있을까? 한숨이 터져 나온다.

'그래도 이곳에 주말 내내 있을 테니 수리를 해야겠어.' 그렇게 팔을 걷어붙이고 작업을 하다가 '이왕 할 바에 제대로 하자'는 생각이 든다. 카펫을 걷어 내고 벽지를 벗기고 천장을 뜯어내고 침대를 내다 버릴 인부들을 고용한다. 통장을 털어 마호가니 마루를 깔고, 최고급 대형 냉장고와 최첨단 스마트 침대를 주문한다. 그렇게 하다 보니 돈이 다 떨어진다. 하지만 거실의 텔레비전이 집의 텔레비전만큼 스마트하지 않은 것을 보고 75인치 평면 스크린 텔레비전을 신용카드 할부로 긁는다.

마침내, 둘째 날이 끝날 무렵에 모든 것이 원하는 상태가 된다. 당신은 침대에 누워 기분 좋은 한숨을 내쉰다. '휴, 고생한 보람이 있군.' 다음 날 아침, 당신은 체크아웃 시간이 오전 11시라는 문자 메시지 알람에 눈을 뜬다.

물론 이것은 말도 안 되는 시나리오다. 하지만 영원에 대해 생각하지 않는 삶이 정확히 이와 같다. 우리는 잠시 나타났다가 이내 사라지는 이생이라는 안개에 모든 시간과 돈과 에너지를 쏟아부으면서 우리가 영원히 살게 될 삶은 무시하고 있다.

완주의 힘, "위의 것"을 생각하는 것

바울은 자신의 마지막 편지에서 이렇게 썼다. "나의 달려갈 길을 마치고 믿음을 지켰으니." 그는 "위의 것"을 생각함으로써 마지막까지 굳건히 사명을 완수할 힘을 얻었다.

앞서 나는 선교사 부부 아도니람과 앤의 사연을 소개하면서 이렇게 물었다. 우리는 그들을 불쌍히 여겨야 할까, 아니면 우리 자신을 불쌍히 여겨야 할까? 그들이 당한 일을 생각하면 불쌍한 마음이 들 수밖에 없다. 감옥에 갇히고, 고문을 당하고, 자식들이 죽어 나갔다. 너무도 안타까운 인생이다. 영원의 시각으로 보기 전까지는 말이다. 하지만 이생이 안개라면 그들의 선택은 지극히 합당한 선택이었다.

앤도 그렇게 생각했다. 그녀는 자신이 어떤 운명 속으로 들어가는지를 분명히 알고서도 그 삶을 선택했다. 그녀는 아도니람을 따라갈지 말지 결정하는 과정에서 가장 친한 친구인 리디아 킴블 Lydia Kimble 에게 편지를 썼다.

> 하나님의 섭리가 막지 않는 한 나는 기꺼이 이교도들이 사는 땅에서 남은 생을 보내려 해. 맞아, 리디아, 이곳에서의 모든 안락과 즐거움을 포기하고, 가족들과 친구들을 향한 정을 내려놓았어. 그리고 하나님이 섭리 가운데 나를 두시기로 정하신 곳으로 가기로 결심했어.[3]

앤은 자신의 안락과 즐거움을 포기하기로 선택했다. 그녀는 아도니람을 따르겠다고 했을 때, 가족과 친구들에게 영원히 작별 인사를 고하게 될 것임을 알았다. 우리는 그녀를 불쌍히 여기지만 그녀는 스스로를 불쌍히 여기지 않았다. 오히려 그녀가 우리를 불쌍히 여기지 않을까 하는 생각이 든다. 우리는 이 세상의 일시적인 겉모습에 온통 사로잡혀, 진정 중요하고 영원히 지속되는 것을 위해 살지 않는다. 예수님은 이렇게 말씀하셨다. "내 이름을 위하여 집이나 형제나 자매나 부모나 자식이나 전토를 버린 자마다 여러 배를 받고 또 영생을 상속하리라."마 19:29

우리가 "위의 것"을 생각하지 않으면 무엇을 놓치는가? 영원의 관점에서 앤은 자신의 삶을 투자한 방식에 후회하지 않았다. 영원을 생각하며 현재를 살면 언제나 옳은 결정을 내리게 된다.

버마로 가기로 한 저드슨 부부의 결심은 어떤 결과를 낳았을까? 아도니람은 무려 40년 가까이 박해와 고난을 겪어야 했다. 하지만 그 모든 것은 일시적이었다. 영원히 남는 것들이 있었다. 바로 성경 전체를 버마어로 번역한 일이다. 물론 그는 일곱 자녀를 먼저 떠나보내는 아픔을 겪었지만, 그가 버마에서 생을 마감했을 때, 그곳에는 그가 전한 복음 덕분에 하나님의 자녀가 된 현지인이 7,000명 넘게 있었다.

오늘날 버마에는 아도니람과 앤이 항해를 시작했던 그날을 기점으로 세워진 교회가 3,700개 이상 있다. 몇 년 전, 어느 예배 설교 시간에 나는 저드슨 부부 이야기를 전했다. 그 예배가 끝나자 청년 셋이 다가와 인사를 했다. 놀랍게도 그들은 미국으로 파송된 버마 선교사들이었다. 세 사람 모두 버마의 같은 교회에서 예수님을 영접했다고 한다. 그리고 그 교회의 이름은…… 저드슨교회Judson Church였다.

우리의 생각이 바뀌면 우리의 삶이 바뀌며, 우리가 "위의 것" 보다 더 많이 생각해야 할 것은 없다.

그리스도 안에서 확실한 승리

우리는 이 책을 시작하며 우리 마음이 끊임없이 형성되고 있다는 보편적인 진리를 먼저 이야기했다. 매일 수많은 생각이 덮쳐와 우리를 불안, 주의 산만, 분노, 잘못된 쾌락, 절망과 같은 세상의 패턴에 우리를 억지로 끼워 맞추려 한다. 우리는 이런 생각 패턴이 어떻게 우리의 감정을 만들어 내고, 행동을 이끌며, 궁극적으로 우리 삶의 방향을 결정하는지 살펴보았다.

하지만 동시에 우리는 놀라운 약속을 발견했다. 우리가 생각의 무기력한 희생자가 아니라는 사실이다. 그리스도의 능력과 우리 마음의 새로워짐을 통해, 우리는 파괴적인 생각 패턴에서 벗어나 진정한 변화를 경험할 수 있다.

다시 한번 말하지만, 이것은 단순히 긍정적인 사고방식이나 자기 계발 전략이 아니다. 오히려 이것은 우리의 뇌를 재배선하는 과정을 하나님과 함께 해 나가는 것이다. 모든 생각을 사로잡아 그리스도께 복종시키는 작업, 곧 하나님의 말씀이 우리의 신경 경로를 다시 형성하고 우리의 현실을 재정의하도록 내어 드리는 것이다.

우리 앞에 놓인 도전은 크지만, 그만큼 약속 또한 크다. 우리의 생각이 더는 우리를 옭아매지 않고, 오히려 우리 삶을 향한 하나님의 목적을 향해 힘껏 나아가게 하는 삶을 상상해 보라. 나쁜 습관은 사라지고, 관계가 회복되며, 감정이 치유되고, 삶의 목적을 발견하며, 헤아릴 수 없는 평안이 우리의 일상이 되는 그런 삶 말이다.

자, 그렇다면 다음 단계는 무엇인가?

1. 초점을 맞출 생각 패턴 한 가지를 선택하라. 불안인가? 주의 산만인가? 툭하면 마음이 상하고 화가 나는 성향인가? 무엇이든 그것을 하나님 앞에서 솔직하게 인정하라.
2. 이런 생각을 사로잡는 연습을 시작하라. 우리가 논한 전략들을 사용하라. 곧 의도적이고 의식적인 노출, 성경 묵상, 기도, 생각 멈추기 기법들을 활용하라. 명심하라. 이것은 연습할수록 향상되는 기술이다.
3. 진실을 말해 주는 사람들을 가까이하라. 당신이 하나님의 진리를 잊었을 때 기억나게 해 줄 공동체를 찾으라.
4. 자신에게 인내심을 가지라. 신경 경로는 하루아침에 다시 배선되지 않는다. 작은 승리를 축하하고 꾸준히 전진하라.

5. 근원에 연결된 상태를 유지하라. 우리 믿음의 주요 온전케 하시는 분인 그리스도께 붙어 있지 않으면 마음을 새롭게 하려는 우리의 모든 노력은 헛수고일 뿐이다.

마음을 새롭게 하기 위한 이 여행 속으로 한 발을 내딛으면서 당신은 혼자가 아님을 기억하라. 당신 안에서 선한 일을 시작하신 하나님은 그 일을 끝까지 마치실 만큼 신실하시다. 하나님은 당신을 반대하시는 분이 아니라 당신을 위하시는 분이다. 그리고 당신이 내면에서부터 변화되는 것을 기뻐하신다.

마음의 전쟁은 분명 실재하지만, 그리스도 안에서 승리는 확실하다. 천 리 길도 한 걸음부터이다. 이 경우에는, 단 하나의 생각에서 시작된다. 자, 당신은 어떤 생각으로 첫걸음을 떼겠는가?

부록

[생각 일기 쓰는 법]

　이 책을 마무리하며, 생각 일기를 쓰라고 권하고 싶다. 생각을 사로잡는 과정은 내 생각의 힘을 이해하고, 내가 무슨 생각을 하며 살아왔는지 깊이 들여다보는 데서부터 시작되기 때문이다.
　잠시 당신의 마음이 수많은 생각으로 가득 찬 방대한 도서관이라고 상상해 보라. 어떤 생각은 한 세대에서 다음 세대로 이어져 온 오래된 생각처럼, 먼지가 수북이 앉아 있다. 언제 어떻게 얻었는지도 모를 생각들이지만, 그저 항상 그 자리에 있다. 따끈따끈한 신간도 있다. 가장 인기 있고 최신 유행하는 생각들이 당신의 관심을 끌려 한다. 어떻게 손에 넣었는지 기억나지 않는 조악한 통속 소설처럼 저급한 생각들도 있다. 그런 생각을 가지고 있다는 것이 창피하겠지만, 그것들은 분명히 거기에 있다.

이제 당신이 이 생각 도서관의 사서라고 생각해 보라. 당신의 생각들을 마지막으로 점검한 적은 언제인가? 무엇이 당신의 마음속 가장 중요한 자리를 차지하고 있는지 잠시 멈춰 살펴보려 한 적이 있는가?

바로 이때 생각 일기가 필요하다. 우리는 우리 뇌의 도서관에 어떤 생각들을 허락했는지 의도적으로 살펴봐야 한다. 그런 생각이 우리에 관한 모든 것을 빚어내고 있기 때문이다. 그리고 우리가 어떤 생각을 하고 있는지 모르면 그 생각을 사로잡을 수 없다.

아래는 생각 일기를 쓰는 데 도움이 되는 활동이다. 당신의 생각 패턴을 솔직하고 용기 있게 인식한다면, 마음의 태도를 새롭게 하기 시작할 수 있다. 심호흡을 하고, 마음의 준비를 하고, 기록할 도구를 잡으라. 이제 당신의 생각 일기를 쓰면서 당신의 마음속에 진정 무엇이 있는지 확인할 시간이다.

1단계 『 생각 포착하기 』

* 하루 중 당신의 생각에 집중할 시간 세 번을 정하라.
  — 예 : 아침에 눈뜨자마자 / 샤워할 때 / 출근할 때 /
     잠자리에 들기 직전 / 소셜 미디어를 볼 때
* 작은 노트나 휴대폰의 메모 앱에 3분간 생각을 적으라.
* 떠오른 각 생각의 유발 요인을 파악하여 적으라.
* 기록 예시
  — 시간 : 이른 아침
  — 생각 : 오늘 해야 할 수많은 일들에 압도당한다.
  — 생각 유발 요인 : 휴대폰의 일정 알림

2단계 『 생각 분류하기 』

* 포착한 생각들을 다시 살펴보라.
* 긍정적, 부정적, 중립적 생각으로 분류하라.
* 생각들에 어떤 패턴이 있는지 살펴보라.
* 기록 예시
  — 생각 : 오늘 해야 하는 수많은 일들
  — 범주 : 부정적
  — 주제 : 아침에 밀려오는 압박감

3단계 『 생각과 감정 연결하기 』

* 그 생각을 감정에 연결하라.
* 그 생각이 유발하는 감정의 빈도와 강도를 고려하여 1부터 10까지 점수를 매겨 보라. 그 감정은 보통 얼마나 자주 나타나며, 대략 얼마나 오래 지속되는가?
* 기록 예시
   — 생각 : 오늘 해야 하는 수많은 일들 / 부정적
   — 감정 : 불안, 짜증
   — 점수 : 6

4단계 『 생각 점검하기 』

* 다음과 같은 질문으로 그 생각을 점검하라.
   — 이 생각은 어느 정도로 진실한가? 1부터 10까지의 점수를 매겨 보라.
   — 이 생각에 대한 성경적 관점은 무엇인가?
* 이 단계를 완성하면 다음과 같은 형식이어야 한다.
   — 생각 : 너무 많은 할 일
   — 진실 점수 : 3
   — 성경적 관점 : "너희 염려를 다 주께 맡기라 이는 그가 너희를 돌보심이라." 벧전 5:7

5단계 『 생각 전환하기 』

* 의도적이고도 새로워진 방식으로 생각을 재구성하라.
* 예시 : '오늘 해야 할 일이 많지만 하나님이 다 아시고, 필요한 힘과 은혜를 때마다 주실 것이다.'

주

chapter 1.

1. Dallas Willard, "For Such a Time as This: Part 6: Living Without Hurry and Worry," YouTube, 2021년 5월 22일, www.youtube.com/watch?v=ta_A1Po-xaE.

2. Caroline Leaf, "Take Your Thoughts Captive…Here's How," Preach It Teach It, 2018년 12월 31일, https://preachitteachit.org/articles/take-your-thoughts-captive-heres-how/amp/. 우리가 매일 얼마나 많은 생각을 하는지에 관한 연구가 정확한 과학적 연구는 아니라는 점을 고려하라. 예를 들어, 2020년의 한 연구는 "사람들은 대개 하루에 6,000개 이상의 생각을 한다"라는 결론을 제시했다. Crystal Raypole, "How Many Thoughts Do You Have Each Day? And Other Things to Think About," Healthline, 2022년 2월 28일, www.healthline.com/health/how-many-thoughts-per-day.

3. Jonathan Haidt, *The Happiness Hypothesis: Finding Modern Truth in Ancient Wisdom* (New York: Basic

Books, 2006), 1-5, 13-17. 조너선 하이트,《조너선 하이트의 바른 행복》(부키 역간).

4. Margarit Brigham, "Breaking 80 with Visualizations and Belief," Golf State of Mind, 2011년 4월 29일, https://golfstateofmind.com/breaking-80-with-visualizations-and-belief/.

chapter 2.

1. Donald L. Unger, "Does Knuckle Cracking Lead to Arthritis of the Fingers?," *Arthritis and Rheumatism* 41, no. 5 (1998): 949-950, https://pubmed.ncbi.nlm.nih.gov/9588755/; Steve Mirsky, "Crack Research: Good News About Knuckle Cracking"도 보라. *Scientific American*, 2009년 12월 1일, www.scientificamerican.com/article/crack-research/.
2. Robert L. Swezey, Stuart E. Swezey, "The Consequences of Habitual Knuckle Cracking," *Western Journal of Medicine* 122 (1975): 377-379, www.ncbi.nlm.nih.gov/pmc/articles/PMC1129752/pdf/westjmed00297-0049.pdf.
3. David E. Rumelhart, "Schemata: The Building Blocks of Cognition," *Theoretical Issues in Reading Comprehension*, Rand J. Spiro 등 편집. (New York: Routledge, 1980), 33-58.

chapter 3.

1. Brian Koppelman, "Seth Goodin 1/1/19," *The Moment* podcast, 2019년 1월 1일, 50:43, www.podcast24.fi/episodes/the-moment-with-brian-koppelman/seth-godin-1-1-19.
2. "What Seth Godin Said About *See You at the Top*," *This Is Broken*, 2024년 11월 12일 확인, www.thisisbroken.co.uk/books/see-you-at-the-top/.
3. Seth Godin의 웹 사이트, www.sethgodin.com에서 인용.
4. Charlotte Nickerson, "Mere Exposure Effect in Psychology: Biases and Heuristics"를 보라. Simply Psychology, 2023년 10월 10일 업데이트, www.simplypsychology.org/mere-exposure-effect.html.
5. Rebecca L. Collins 외, "Watching Television Predicts Adolescent Initiation of Sexual Behavior," *Pediatrics* 114, no. 3 (2004): 280-289.
6. L. Rowell Huesmann 외, "Longitudinal Relations Between Children's Exposure to TV Violence and Their Aggressive and Violent Behavior in Young Adulthood: 1977-1992," *Developmental Psychology* 39, no. 2 (2003): 201-221, www.apa.org/pubs/journals/releases/dev-392201.pdf.
7. Gráinne M. Fitzsimons 외, "Automatic Effects of Brand Exposure on Motivated Behavior: How Apple Makes You 'Think Different,'" *Journal of Consumer Research* 35, no. 1 (2008): 21-35, https://academic.oup.com/jcr/article-abstract/35/1/21/1847975?redirectedFrom=fulltext.

8. Paul J. Wright 외, "A Meta-Analysis of Pornography Consumption and Actual Acts of Sexual Aggression in General Population Studies," *Journal of Communication* 66, no. 1 (2016): 183-205, https://academic.oup.com/joc/article-abstract/66/1/183/4082427?redirectedFrom=fulltext.

9. Dale Kunkel, Brian L. Wilcox, "Children and Media Policy: Historical Perspectives and Current Practices," *Handbook of Children and the Media*, 2nd ed., Dorothy G. Singer, Jerome L. Singer 편집 (Los Angeles: Sage, 2011), 569-594.

10. Pilar Aparicio-Martinez 외, "Social Media, Thin-Ideal, Body Dissatisfaction and Disordered Eating Attitudes: An Exploratory Analysis," *International Journal of Environmental Research and Public Health* 16, no. 21 (2019): 4177, https://pmc.ncbi.nlm.nih.gov/articles/PMC6861923/.

11. E. Alison Holman 외, "Media Exposure to Collective Trauma, Mental Health, and Functioning: Does It Matter What You See?" *Clinical Psychological Science* 8, no. 1 (2019): 111-124, https://bpb-us-e2.wpmucdn.com/faculty.sites.uci.edu/dist/0/590/files/2024/01/Holman-et-al-Clinical-Psych-Science-Online-First-87ecc6f394ba3586.pdf.

12. *NAS Exhaustive Concordance*, Bible Hub, 2024년 11월 12일 확인, https://biblehub.com/hebrew/3820.htm.

13. *Vine's Complete Expository Dictionary of Old and New Testament Words*, Merrill Unger 편집 (Nashville: Thomas Nelson, 1996), 109.

14. John Bunyan, *The Holy War Made by Shaddai upon Diabolus for the Regaining of the Metropolis of the World* (Boston: Thomas, 1817), 9.

15. "Music and Health: What You Need to Know," National Center for Complementary and Integrative Health, 2024년 11월 12일 확인, www.nccih.nih.gov/health/music-and-health-what-you-need-to-know.

16. Sandra Garrido 외, "Musical Prescriptions for Mood Improvement: An Experimental Study," *The Arts in Psychotherapy* 51 (2016): 46-53, www.sciencedirect.com/science/article/abs/pii/S0197455616301071.

17. Nina Avramova, "How Music Can Change the Way You Feel and Act," CNN Health, 2019년 2월 20일 업데이트, www.cnn.com/2019/02/08/health/music-brain-behavior-intl/index.html.

18. Jacob Jolij, Maaike Meurs, "Music Alters Visual Perception," PLOS ONE, 2011년 4월 21일, https://journals.plos.org/plosone/article?id=10.1371/journal.pone.0018861.

19. Craig A. Anderson, Nicholas L. Carnagey, "Exposure to Violent Media: The Effects of Songs with Violent Lyrics on Aggressive Thoughts and Feelings," *Journal of Personality and Social Psychology*, 84, no. 5 (2003): 960-971, www.apa.org/pubs/journals/releases/psp-845960.pdf; Raymond Surette, "Performance Crime and Justice"도 보라. *Current Issues in Criminal Justice* 27, no. 2 (2015): 195-216, www.tandfonline.com/doi/abs/10.1080/10345329.2015.12036041.

20. H. Bringman 외, "Relaxing Music as Pre-Medication Before Surgery: A Randomised Controlled

Trial," *Anaesthesiologica Scandinavica* 53, no. 6 (2009): 759-764, https://onlinelibrary.wiley.com/doi/abs/10.1111/j.1399-6576.2009.01969.x.

21. M. Soledad Cepeda 외, "Music for Pain Relief," *Cochrane Database of Systematic Reviews* 19, no. 2 (2006), https://pubmed.ncbi.nlm.nih.gov/16625614.

22. Jack Flynn, "18 Average Screen Time Statistics [2023]: How Much Screen Time Is Too Much?," Zippia, 2023년 3월 10일, www.zippia.com/advice/average-screen-time-statistics/.

23. Sudheer Kumar Muppalla 외, "Effects of Excessive Screen Time on Child Development: An Updated Review and Strategies for Management," *Cureus* 15, no. 6 (2023), www.ncbi.nlm.nih.gov/pmc/articles/PMC10353947.

chapter 4.

1. Susan Pinker, "Does Facebook Make Us Unhappy and Unhealthy?," *Wall Street Journal*, 2017년 5월 25일 업데이트, www.wsj.com/articles/does-facebook-make-us-unhappy-and-unhealthy-1495729227.

2. Max Woolf, "18+ Mobile Photography Statistics for 2024"를 보라. PhotoAid, 2024년 10월 15일 업데이트, https://photoaid.com/blog/mobile-photography-statistics/.

3. Denise Dador, "'Selfie Wrist' Injuries Becoming More Common, Doctor Says"를 보라. ABC Eyewitness News, 2018년 12월 10일, https://abc7.com/selfies-selfie-injury-wrist-hand/4932142/.

4. Karl Kinnel, "How Many Selfies Are Taken a Day in 2024? Facts and Statistics"에 인용, Eksposure, 2022년 7월 22일, www.eksposure.com/selfie-statistics/.

5. Michael Smith, "Studies Show That Children Just Want to Be Famous," Liberty Voice, 2013년 8월 3일, https://guardianlv.com/2013/08/studies-show-that-children-just-want-to-be-famous/.

6. Kendra Cherry, "How Social Comparison Theory Influences Our Views on Ourselves"를 보라. Very Well Mind, 2024년 5월 21일 업데이트, www.verywellmind.com/what-is-the-social-comparison-process-2795872.

7. Brian A. Feinstein 외, "Negative Social Comparison on Facebook and Depressive Symptoms: Rumination as a Mechanism," *Psychology of Popular Media Culture* 2, no. 3 (2013), 161-170, https://psycnet.apa.org/record/2013-25137-002.

8. Jessica Brown, "Happy Couples Post Less About Their Relationships on Social Media"를 보라. Indy 100, 2016년 12월 17일, www.indy100.com/news/happy-couples-post-less-social-media-facebook-twitter-instagram-7481496.

9. Charles H. Cooley, *Human Nature and the Social Order* (New York: Scribner, 1902), 184.

chapter 5.

1. Daniel McFadden, "You Choose"에 인용, *Economist*, 2010년 12월 16일.
2. McFadden, "You Choose"에 인용.
3. Barry Schwartz, *The Paradox of Choice: Why More Is Less* (New York: Ecco, 2004), 2.
4. Neil Postman, *Amusing Ourselves to Death: Public Discourse in the Age of Show Business* (New York: Penguin, 1985). 닐 포스트먼, 《죽도록 즐기기》(굿인포메이션 역간).
5. Nicholas Carr, *The Shallows: What the Internet Is Doing to Our Brains* (New York: Norton, 2010), 193-194. 니콜라스 카, 《생각하지 않는 사람들》(청림출판 역간).
6. Brett McCracken, *The Wisdom Pyramid: Feeding Your Soul in a Post-Truth World* (Wheaton, IL: Crossway, 2021), 41-42. 브렛 맥크라켄, 《지혜 피라미드》(성서유니온선교회 역간).
7. Andrew K. Przybylski, Netta Weinstein, "Can You Connect with Me Now? How the Presence of Mobile Communication Technology Influences Face-to-Face Conversation Quality"를 보라. *Journal of Social and Personal Relationships* 30, no. 3 (2013): 237-246, https://journals.sagepub.com/doi/full/10.1177/0265407512453827.
8. T. S. Eliot, "Burnt Norton," *Four Quartets* (New York: Harcourt, Brace, 1943), 17.
9. Simon Kemp, "The Time We Spend on Social Media"에 인용, Data Reportal, 2024년 1월 31일, https://datareportal.com/reports/digital-2024-deep-dive-the-time-we-spend-on-social-media.
10. "How Much Time Do US Adults Spend Watching TV"에 인용, Marketing Charts, 2023년 3월 31일, www.marketingcharts.com/television/tv-audiences-and-consumption-229018.
11. Rebecca Moody, "Screen Time Statistics: Average Screen Time by Country"에 인용, Comparitech, 2024년 3월 20일 업데이트, www.comparitech.com/tv-streaming/screen-time-statistics/.
12. Michael Winnick, "Putting a Finger on Our Phone Obsession"에 인용, Dscout People Nerds, 2024년 11월 12일 확인, https://dscout.com/people-nerds/mobile-touches.
13. Jeffrey M. Jones, "Church Attendance Has Declined in Most U.S. Religious Groups," Gallup, 2024년 3월 25일, https://news.gallup.com/poll/642548/church-attendance-declined-religious-groups.aspx. 이 갤럽 조사 결과, 개신교 교인들의 약 44퍼센트는 매주 혹은 거의 매주 교회에 간다. 이는 56퍼센트는 한 달에 한 번 가거나(13퍼센트), 거의 가지 않거나(27퍼센트), 전혀 가지 않는다는(16퍼센트) 뜻이다. 가톨릭 신자들의 경우 수치는 더 낮다. 가톨릭 신자의 약 33퍼센트는 매주 혹은 거의 매주 교회에 나간다. 이는 67퍼센트는 한 달에 한 번 가거나(17퍼센트), 거의 가지 않거나(32퍼센트), 전혀 가지 않는다는(18퍼센트) 뜻이다.

14. Ronald Rolheiser, *The Holy Longing: The Search for a Christian Spirituality* (New York: Doubleday, 1999), 32.
15. C. S. Lewis, *The Screwtape Letters* (New York: Macmillan, 1976), 22. C. S. 루이스, 《스크루테이프의 편지》(홍성사 역간).
16. Lewis, *Screwtape Letters*, 66. C. S. 루이스, 《스크루테이프의 편지》(홍성사 역간).
17. M. G. Siegler, "Eric Schmidt: Every 2 Days We Create as Much Information as We Did Up to 2003"를 보라. Tech Crunch, 2010년 8월 4일, https://techcrunch.com/2010/08/04/schmidt-data/.

chapter 6.

1. Oliver Burkeman, "The Age of Rage: Are We Really Living in Angrier Times," *The Guardian*, 2019년 5월 11일, www.theguardian.com/lifeandstyle/2019/may/11/all-fired-up-are-we-really-living-angrier-times.
2. Susan Krauss Whitbourne, "Is Our Society Getting Increasingly Angry?," *Psychology Today*, 2010년 10월 12일, www.psychologytoday.com/us/blog/fulfillment-any-age/201010/is-our-society-getting-increasingly-angry.
3. Sarah Lyall, "Why Is Everyone So Angry? We Investigated," *New York Times*, 2022년 1월 14일, www.nytimes.com/2022/01/14/insider/why-is-everyone-so-angry-we-investigated.html.
4. Alvin Powell, "Soothing Advice for Mad America," *Harvard Gazette*, 2020년 8월 14일, https://news.harvard.edu/gazette/story/2020/08/a-closer-look-at-americas-pandemic-fueled-anger.
5. Dustin Grove, "A Recent Rise in Rage: Why Are We So Angry?," WTHR, 2023년 11월 9일 업데이트, www.wthr.com/article/news/local/why-are-we-so-angry-indianapolis-indiana/531-5d27ad39-a540-41d1-9012-75202da6654a.
6. Elizabeth Chang, "Americans Are Living in a Big Anger Incubator: Experts Have Tips for Regulating Our Rage," *Washington Post*, 2020년 6월 20일, www.washingtonpost.com/lifestyle/wellness/anger-control-protests-masks-coronavirus/2020/06/29/a1e882d0-b279-11ea-8758-bfd1d045525astory.html.
7. Charles Duhigg, "The Real Roots of American Rage," *The Atlantic*, 2019년 1/2월, www.theatlantic.com/magazine/archive/2019/01/charles-duhigg-american-anger/576424/.
8. Sarah N. Garfinkel 외, "Anger in Brain and Body: the Neural and Physiological Perturbation of Decision-Making by Emotion"을 보라. *Social Cognitive and Affective Neuroscience* 11, no. 1 (2015): 150-58, https://pmc.ncbi.nlm.nih.gov/articles/PMC4692323/.
9. Amy F. T. Arnsten 외, "The Effects of Stress Exposure on Prefrontal Cortex: Translating Basic

Research into Successful Treatments for Post-Traumatic Stress Disorder"을 보라. *Neurobiology of Stress* 1 (2015): 89-99, www.sciencedirect.com/science/article/pii/S2352289514000101.

10. Elizabeth Dougherty, "Anger Management: Scientists Probe Wrath's Nature in the Hope of Devising Cures," *Harvard Medicine*, 2011년 여름, https://magazine.hms.harvard.edu/articles/anger-management.

11. Virgil Zeigler-Hill, Todd K. Shackelford 편집, *Encyclopedia of Personality and Individual Differences* (Cham, Switzerland: Springer, 2020), Jeremy Sutton, "18 Effective Thought-Stopping Techniques (& 10 PDFs)"에 인용, Positive Psychology, 2024년 2월 2일, https://positivepsychology.com/thought-stopping-techniques/.

12. Kyle Benson, "The Anger Iceberg," Gottman Institute, 2024년 6월 26일 업데이트, www.gottman.com/blog/the-anger-iceberg/.

chapter 7.

1. Joy Davidman, *Smoke on the Mountain* (Philadelphia: Westminster, 1954), 24.

2. Arielle Feger, "Digital Makes Up Over Three-Quarters of Total Ad Spend in the US"에 인용, eMarketer, 2024년 8월 27일, www.emarketer.com/content/digital-makes-up-over-three-quarters-total-ad-spend-us.

3. Jon Clifton and Julie Ray, "What's the Happiest Country on Earth," Gallup, 2024년 3월 20일, https://news.gallup.com/poll/612125/happiest-country-earth.aspx.

4. Dan Witters, "U.S. Depression Rates Reach New Highs," Gallup, 2023년 5월 17일, https://news.gallup.com/poll/505745/depression-rates-reach-new-highs.aspx.

5. Michel Hansenne, "Valuing Happiness Is Not a Good Way of Pursuing Happiness, but Prioritizing Positivity Is: A Replication Study," *Psychologica Belgica* 61, no. 1 (2021): 306-14, www.ncbi.nlm.nih.gov/pmc/articles/PMC8588931/.

6. Roland Zahn 외, "The Neural Basis of Human Social Values: Evidence from Functional MRI," *Cerebral Cortex* 19, no. 2 (2008): 276-283, https://pmc.ncbi.nlm.nih.gov/articles/PMC2733324/; Alex Korb, "The Grateful Brain: The Neuroscience of Giving Thanks"도 보라. *Psychology Today*, 2012년 11월 20일, www.psychologytoday.com/us/blog/prefrontal-nudity/201211/the-grateful-brain.

7. Korb, "Grateful Brain."

8. Robert A. Emmons, Michael E. McCullough, "Counting Blessings Versus Burdens: An Experimental Investigation of Gratitude and Subjective Well-Being in Daily Life," *Journal of Personality and Social Psychology* 84, no. 2 (2003): 377-389, https://greatergood.berkeley.edu/pdfs/

GratitudePDFs/6Emmons-BlessingsBurdens.pdf.
9. A. J. Jacobs, *Thanks a Thousand: A Gratitude Journey* (New York: TED Books/Simon & Schuster, 2018), 1-6.

chapter 8.

1. Taylor Branch, *Parting the Waters: America in the King Years, 1954-36* (New York: Simon & Schuster, 1988), 143-205.
2. "Long-Term Trends in Deaths of Despair," Joint Economic Committee, 2019년 9월 15일, www.jec.senate.gov/public/index.cfm/republicans/2019/9/long-term-trends-in-deaths-of-despair.
3. "'Diseases of Despair' Have Soared over Past Decade in US," BMJ Open, 2020년 11월 10일, https://blogs.bmj.com/bmjopen/2020/11/10/diseases-of-despair-have-soared-over-past-decade-in-us/.
4. "Long-Term Trends."
5. Dan Witters, "U.S. Depression Rates Reach New Highs," Gallup, 2023년 5월 17일, https://news.gallup.com/poll/505745/depression-rates-reach-new-highs.aspx.
6. Jessica Booth, "Anxiety Statistics and Facts," *Forbes*, 2023년 10월 23일 업데이트, www.forbes.com/health/mind/anxiety-statistics/.
7. Matthew D. Lieberman et al., "Putting Feelings into Words: Affect Labeling Disrupts Amygdala Activity in Response to Affective Stimuli," *Psychological Science* 18, no. 5 (2007): 421-28, https://pubmed.ncbi.nlm.nih.gov/17576282/.
8. Shiting Yuan 외, "Neural Effects of Cognitive Behavioral Therapy in Psychiatric Disorders: A Systematic Review and Activation Likelihood Estimation Meta-Analysis," *Frontiers in Psychology* 13 (2022), https://pmc.ncbi.nlm.nih.gov/articles/PMC9112423/.
9. Emma B. Jones, Louise Sharpe, "Cognitive Bias Modification: A Review of Meta-Analyses," *Journal of Affective Disorders* 223 (2017): 175-83, https://pubmed.ncbi.nlm.nih.gov/28759865/.
10. Sterling Whitaker, "Here Are the Lyrics to Jelly Roll's 'Need a Favor'"에 인용, Taste of Country, 2023년 11월 8일, https://tasteofcountry.com/jelly-roll-need-a-favor-lyrics/.
11. Martin Luther King Jr., *The Autobiography of Martin Luther King Jr.*, Clayborne Carson 편집 (New York: Warner Books, 1998), 76.
12. "Never Alone," 작사 작곡 미상, Baylus B. McKinney 편곡, 1895.

chapter 10.

1. Jennifer Crocker 외, "Downward Comparison, Prejudice, and Evaluations of Others: Effects of Self-Esteem and Threat," *Journal of Personality and Social Psychology* 52, no. 5 (1987): 907-916, https://pubmed.ncbi.nlm.nih.gov/3585702/.
2. "Marriage and Couples," Gottman Institute, 2024년 11월 12일 확인, www.gottman.com/about/research/couples/.
3. "The Sound Relationship House," Gottman Institute, 2024년 11월 12일 확인, www.gottman.com/blog/the-sound-relationship-house-the-positive-perspective/.
4. "Way Maker," Sinach (Osinachi Kalu Okoro-Egbu), 2015.
5. *A Beautiful Mind* (DreamWorks, 2001), Ron Howard 감독, Akiva Goldsman, Sylvia Nasar 각본, www.imdb.com/title/tt0268978/quotes/.
6. Hanjoo Kim, Michelle G. Newman, "Worry and Rumination Enhance a Positive Emotional Contrast Based on the Framework of the Contrast Avoidance Model"을 보라. *Journal of Anxiety Disorders* 94 (2023), www.ncbi.nlm.nih.gov/pmc/articles/PMC10071830/.

chapter 12.

1. M. Scott Peck, *The Road Less Traveled: A New Psychology of Love, Traditional Values, and Spiritual Growth* (New York: Touchstone, 1978). "Most Weeks on Bestseller List"를 보라. Guinness World Records, 2024년 11월 12일 확인, www.guinnessworldrecords.com/world-records/67373-most-weeks-on-best-seller-list. M. 스캇 펙,《아직도 가야 할 길》(열음사 역간).
2. Jennifer Schuessler, "Inside the List"를 보라. *New York Times*, 2011년 3월 11일, www.nytimes.com/2011/03/20/books/review/InsideList-t.html.
3. Amantha Imber, "What Super Productive People Do Differently"에 인용, *Harvard Business Review*, 2020년 12월 8일, https://hbr.org/2020/12/what-super-productive-people-do-differently.
4. Morgan Smith, "3 Morning Habits to Help You Be Happier and More Productive at Work, According to Psychologists"를 보라. CNBC, 2022년 12월 19일 업데이트, www.cnbc.com/2022/12/18/psychologists-morning-habits-to-help-you-be-happier-more-productive.html.
5. "Why Routines Are Good for Your Health," Piedmont, 2024년 11월 12일 확인, www.piedmont.org/living-real-change/why-routines-are-good-for-your-health.
6. Jessica Jones, "Habits That Shape Our Daily Life," Sleep Judge, 2020년 8월 10일, https://www.thesleepjudge.com/benefits-of-a-morning-routine/; Shayanne Gal and Rachel Premack, "The

Dramatically Different Morning Routines of Americans at Every Income Level"도 보라. *Business Insider*, 2018년 6월 11일, www.businessinsider.com/rich-middle-class-low-income-morning-routines-2018-6.

7. Melody Wilding, "What You Can Learn from the Morning Routines of Super Productive People," *Forbes*, 2018년 5월 16일, www.forbes.com/sites/melodywilding/2018/05/16/what-you-can-learn-from-the-morning-routines-of-productive-people/.

8. Jay Rai, "Why You Should Stop Checking Your Phone in the Morning (and What to Do Instead)," *Forbes*, 2021년 4월 2일, www.forbes.com/sites/forbescoachescouncil/2021/04/02/why-you-should-stop-checking-your-phone-in-the-morning-and-what-to-do-instead/.

9. Rai, "Why You Should Stop."

10. Claudia Khaw, "I Copied Steve Jobs' Morning Routine for a Week, from Diet to Outfit. Here's How It Went"에 인용, Vulcan Post, 2022년 10월 19일, https://vulcanpost.com/805652/review-steve-jobs-apple-ceo-morning-routine-malaysia/.

11. "The Power of Pessimism"을 보라. Einzelgänger, 2019년 7월 24일, https://einzelganger.co/the-power-of-pessimism/.

12. Ap Dijksterhuis, Ad van Knippenberg, "The Relation Between Perception and Behavior, or How to Win a Game of Trivial Pursuit," *Journal of Personality and Social Psychology* 74, no. 4 (1998): 865–877, www.researchgate.net/publication/13710149_The_Relation_Between_Perception_and_Behavior_or_How_to_Win_a_Game_of_Trivial_Pursuit.

13. Charles Spurgeon, "Memory—The Handmaid of Hope," Metropolitan Tabernacle Pulpit, vol. 11, 1865년 10월 15일, www.spurgeon.org/resource-library/sermons/memory-the-handmaid-of-hope/#flipbook/.

chapter 13.

1. Edward Judson, *The Life of Adoniram Judson* (New York: Ansom D. F. Randolph, 1883), 20.
2. Ernest Becker, *The Denial of Death* (New York: Free Press, 1973). 어니스트 베커, 《죽음의 부정》(복복서가 역간).
3. James D. Knowles, *Memoir of Mrs. Ann H. Judson: Late Missionary to Burmah* (Boston: Lincoln & Edmands, 1829), 43.

모든 생각을 사로잡아 그리스도께